Anton Rauscher (Hrsg.)
Gustav Gundlach 1892–1963

BEITRÄGE ZUR KATHOLIZISMUSFORSCHUNG

In Verbindung mit Bernhard Casper, Alexander Hollerbach, Hans Maier, Rudolf Morsey und Konrad Repgen

herausgegeben von
ANTON RAUSCHER

Reihe A: Quellentexte zur Geschichte des Katholizismus
Band 2

Redaktion:
Katholische Sozialwissenschaftliche Zentralstelle
Mönchengladbach

FERDINAND SCHÖNINGH
PADERBORN · MÜNCHEN · WIEN · ZÜRICH

Gustav Gundlach
1892–1963

Herausgegeben und erläutert von
ANTON RAUSCHER

1988

FERDINAND SCHÖNINGH
PADERBORN · MÜNCHEN · WIEN · ZÜRICH

CIP-Titelaufnahme der Deutschen Bibliothek

Beiträge zur Katholizismusforschung. — Paderborn; München; Wien; Zürich: Schöningh
Reihe A, Quellentexte zur Geschichte des Katholizismus / hrsg. von Anton Rauscher. Red.: Kath. Sozialwiss. Zentralstelle Mönchengladbach.
NE: Rauscher, Anton [Hrsg.]; Abt.

Gundlach, Gustav:
Gustav Gundlach: 1892—1963 / hrsg. u. erl. von Anton Rauscher. — Paderborn; München; Wien; Zürich: Schöningh, 1988
(Beiträge zur Katholizismusforschung: Reihe A, Quellentexte zur Geschichte des Katholizismus; Bd. 2)
ISBN 3-506-70862-7
NE: Rauscher, Anton [Hrsg.]

Bd. 2. Gundlach, Gustav: Gustav Gundlach. — 1988

Printed in Germany. Herstellung: Ferdinand Schöningh, Paderborn.

ISBN 3-506-70862-7

INHALTSVERZEICHNIS

EINLEITUNG

Gustav Gundlach SJ (1892–1963) gehört zu den Klassikern der katholischen Soziallehre.[1] Er hat maßgeblich auf die Sozialverkündigung der Kirche eingewirkt und die Wahrheiten und Werte, die Normen und Prinzipien des gesellschaftlichen Lebens herausgearbeitet. Wenn heute von christlicher Auffassung über den Menschen und über die Gesellschaft die Rede ist, dann hat er daran wesentlichen Anteil.

Dies gilt bereits für das Rundschreiben Pius XI. „Quadragesimo anno" (1931), ist doch die Enzyklika, wie sein Ordensbruder Oswald von Nell-Breuning bezeugt, „geradezu gesättigt mit Gundlachschem Gedankengut"[2]. Insbesondere gehen Name und Formulierung des Subsidiaritätsprinzips auf ihn zurück. Am meisten freilich sind die Ideen Gundlachs über die Soziallehre Pius XII. (1939–1958) wirksam geworden. Er erstellte die Entwürfe für die vielen Ansprachen und Verlautbarungen, auch für die berühmt gewordenen Weihnachtsansprachen. Dieser Papst veröffentlichte zwar nicht eine Sozialenzyklika, aber wie keiner seiner Vorgänger wandte er sich den Ordnungsaufgaben und Problemen im Zusammenleben der Menschen zu.

Gundlach war so sehr in den Dienst an der Sozialverkündigung der Kirche hineingenommen, daß er außer seiner Dissertation „Zur Soziologie der katholischen Ideenwelt und des Jesuitenordens" – mit dieser Untersuchung wurde er 1927 an der Berliner Universität zum Doktor der Staatswissenschaften promoviert – kein größeres Werk herausbrachte. Allerdings griff er mit zahlreichen Aufsätzen und Vorträgen immer wieder in die öffentliche Diskussion ein. Erst nach seinem Tode wurde dieses Schrifttum gesammelt und in zwei stattlichen Bänden veröffentlicht.[3]

---

[1] Zur Biographie vgl. *Anton Rauscher,* Gustav Gundlach (1892–1963), in: Zeitgeschichte in Lebensbildern, Bd. 2, hrsg. von *Rudolf Morsey,* Mainz 1975, S. 159–176. – *Johannes Schwarte,* Gustav Gundlach S.J. (1892–1963). Repräsentant und Interpret der katholischen Soziallehre während der Pontifikate Pius' XI. und Pius' XII., Paderborn 1975.

[2] *Oswald von Nell-Breuning* S.J., Der Königswinterer Kreis und sein Anteil an „Quadragesimo anno", in: Soziale Verantwortung. Festschrift für *Goetz Briefs* zum 80. Geburtstag, hrsg. von *J. Broermann* und *Ph. Herder-Dorneich,* Berlin 1968, S. 580.

[3] *Gustav Gundlach S.J.,* Die Ordnung der menschlichen Gesellschaft, hrsg. von der Katholischen Sozialwissenschaftlichen Zentralstelle Mönchengladbach, Erster und Zweiter Band, Köln 1964.

Seine Stimme hatte im deutschen Katholizismus und weit darüber hinaus Gewicht. Viele, die in der Kirche, Wirtschaft und Gesellschaft, in der Politik Verantwortung trugen, suchten das Gespräch mit Gundlach und seinen Rat.

Die Zeit, in der Gundlach wirkte, war äußerst bewegt, ja stürmisch. Er erlebte hautnah das Ringen um die junge deutsche Demokratie im Staat von Weimar mit, die von den Parteien auf der Linken und auf der Rechten mit allen Mitteln bekämpft wurde. Gewiß waren die kirchentreuen Katholiken für Ideologien und politische Extreme weniger anfällig, was die Ergebnisse der Reichstagswahlen bestätigen. Aber auch im Katholizismus gab es Kräfte, die politisch nicht gefestigt waren und nach neuen Ufern Ausschau hielten, die auch auf sozialem Gebiet, zumal nach der Weltwirtschaftskrise von 1929 und ihren katastrophalen Folgen für Wirtschaft und Beschäftigung von fragwürdigen Parolen erfaßt wurden. Der christliche Weg der Sozialreform gegenüber liberalistischen und sozialistischen Lösungsversuchen war noch nicht hinreichend geklärt.

Was die katholische Soziallehre betrifft, so hatte ohne Zweifel das Rundschreiben „Rerum novarum" Leo XIII. (1891) bahnbrechend gewirkt und der christlich-sozialen Bewegung in Deutschland gewaltigen Auftrieb gegeben. Für lange Jahrzehnte blieb es das einzige päpstliche Dokument, das sich mit der Sozialen Frage auseinandersetzte. Vorher hatten schon engagierte Katholiken, insbesondere der Mainzer Bischof Wilhelm Emmanuel von Ketteler, die Arbeiterfrage als die zentrale Herausforderung der arbeitsteiligen Industriegesellschaft erkannt. Auf der Fuldaer Bischofskonferenz im Jahre 1869 erklärte er, die Soziale Frage berühre das depositum fidei, also den Glauben. Erst auf dem Zweiten Vatikanischen Konzil wurde diese Einsicht verbindlich, wenn es in der Pastoralkonstitution heißt, die Kirche setze ihre Hoffnung nicht auf Privilegien und könne auch auf die Ausübung von legitim erworbenen Rechten verzichten, auf zwei Dinge aber nicht: in wahrer Freiheit den Glauben zu verkünden und ihre Soziallehre kundzumachen („Gaudium et Spes" Nr. 76).

Neben Ketteler hat in Deutschland eine ganze Reihe bekannter Persönlichkeiten, Priester und Laien, an der Erarbeitung der christlichen Positionen zu den brennenden sozialen Aufgaben und Problemen in Wirtschaft und Gesellschaft, auch in der Auseinandersetzung mit dem damals herrschenden Liberalismus und dem sich rasch ausbreitenden revolutionären Sozialismus mitgewirkt. Erinnert sei an die Bemühungen von Franz Hitze und Georg von Hertling um die Sozialpolitik im Deutschen Reichstag, an die Bedeutung, die das Staatslexikon der Görres-Gesellschaft für die soziale und politische Bewußtseinsbildung der Katholiken hatte.

Zu denen, die in der katholischen Sozialwissenschaft Maßstäbe setzten, zählte der Jesuit Heinrich Pesch. Noch im vorgerückten Alter hatte er bei

Adolph Wagner und Gustav Schmoller in Berlin Nationalökonomie studiert, weil er spürte, daß die christlichen Wertpositionen in sozialen Fragen nur in Kenntnis der wirtschaftlichen und gesellschaftlichen Tatbestände und Zusammenhänge zur Geltung gebracht werden können. Pesch wurde zum Begründer des „Solidarismus“, eines Gesellschaftssystems, das nicht beim Individuum, auch nicht bei einem Kollektiv ansetzt, sondern beim „Menschen inmitten der Gesellschaft“. Damit war die Grundlage gewonnen, von der aus Fehlentwicklungen und ebenso Fehldeutungen der Gesellschaft analysiert und beurteilt werden konnten. Ohne diese Grundlage hätten sich die katholische Soziallehre und die christlich-soziale Bewegung schwergetan. Christliche Anthropologie und die Grundsätze der Moraltheologie reichen nämlich als solche noch nicht aus, um auf die sozialen Ordnungsprobleme überzeugende Antworten geben zu können.

Gundlach wurde vom Jesuitenorden dazu ausersehen, das Erbe Peschs fortzuführen. Er erkannte von Anfang an die Bedeutung des Solidarismus. In dem Vorlesungsmanuskript, das noch während seiner Lehrtätigkeit an der Ordenshochschule Valkenburg (Niederlande) entstanden war und an dem er nach seiner Berufung zum Professor für Sozialethik und Soziologie an der 1929 neu errichteten Philosophisch-Theologischen Hochschule St. Georgen in Frankfurt/Main weiterarbeitete, grenzte er die „solidarischen Gesellschaftssysteme“ gegenüber den individualistischen und kollektivistischen ab.

Allerdings wurde der Solidarismus damals eher als Denkrichtung bzw. Schulmeinung des Jesuitenordens angesehen, auch wenn in der Weimarer Zeit katholische Sozial- und Wirtschaftswissenschaftler in wachsender Zahl von diesen Positionen angezogen wurden. Dies gilt vor allem für den „Königswinterer Kreis“, der 1930 vom Generaldirektor des Volksvereins für das katholische Deutschland, dem späteren Bischof von Aachen, Josef van der Velden, ins Leben gerufen wurde und dem neben Gundlach Theodor Brauer, Götz Briefs, Paul Jostock, Oswald von Nell-Breuning und Heinrich Rommen u. a. angehörten. Es gab auch prominente katholische Sozialwissenschaftler wie Johannes Messner, Wilhelm Scherer oder der Dominikaner Eberhard Welty, die sich nicht dem Solidarismus als Gesellschaftssystem verpflichtet fühlten.

Unter diesen Umständen wurde es für die katholische Soziallehre von großer Bedeutung, daß Gundlach darauf bedacht war, den Solidarismus durch die personale Sozialphilosophie zu vertiefen und innerlich zu begründen. Alle seine Bemühungen mündeten in der Erkenntnis: Die menschliche Person ist Ursprung, Träger und Ziel allen gesellschaftlichen Lebens. Dieser personale Grund der Gesellschaft war dem christlichen Denken durchaus familiär, hatte doch schon Thomas von Aquin die Einsicht ausgesprochen, daß die Person das Vollkommenste in der ganzen

Natur sei. Auf diesen personalen Grund konnten sich alle Richtungen und Schulmeinungen verständigen und einigen. Diese personale Sicht und Begründung konnte auch von der Sozialverkündigung der Kirche aufgenommen werden, wie es mit dem System des Solidarismus kaum möglich und auch gar nicht wünschenswert gewesen wäre, weil die Sozialverkündigung der Kirche eben gerade nicht ein „System" ist. Die Päpste Pius XII. und Johannes XXIII., ebenso die Pastoralkonstitution des Konzils haben die Einsicht, daß die menschliche Person Ursprung und Ziel des gesellschaftlichen Lebens ist, sich zu eigen gemacht.[4]

Der Personalismus der katholischen Soziallehre hat die Kirche in besonderer Weise befähigt, mit all jenen Kräften das Gespräch zu suchen, die nach den Schrecknissen des Zweiten Weltkriegs und inmitten der andauernden Bedrohung des Menschen durch totalitäre Mächte die Besinnung auf die Würde des Menschen und seine unantastbaren Rechte förderten. Die Menschenrechtserklärung der Vereinten Nationen aus dem Jahre 1948 brachte eine Rückkehr zu dem vorstaatlichen Recht als Kern der Menschenrechtsidee, das im christlichen Denken eine lange Tradition besitzt. Wenn heute Johannes Paul II. im Namen Gottes die Würde und die Rechte jedes Menschen einfordert, dann kann er auf jene Grundlagen zurückgreifen, die Gundlach mitgelegt hat.

Gesellschaft ist zutiefst personales Leben, das Mitteilen, das Geben und Nehmen der je eigenen Wertfülle, die Verbundenheit in der Verwirklichung der gemeinsamen Lebenszwecke, die von den Personen ausgeht und an ihre Entfaltung und Vervollkommnung zurückgebunden ist. Gundlach wurde nicht müde, den personalen Grund des gesellschaftlichen Lebens und auch den personalen Charakter der Institutionen, insbesondere von Familie, Privateigentum und Staat, zu betonen und von diesem Fundament her die konkreten Aufgaben und Probleme in Wirtschaft, Gesellschaft und Politik anzugehen. Ob es sich um die Auseinandersetzung mit dem Liberalismus und dem Sozialismus handelte, um die gerechte Ordnung der Arbeits- und Lohnbedingungen, um die Fragen der Mitbestimmung und der Eigentumsbildung in Arbeitnehmerhand, um die Durchsetzung des Gemeinwohls im Staat gegenüber den Gruppeninteressen, um die Grundlagen und Funktionsbedingungen der Demokratie, um den Frieden und die Zusammenarbeit der Völker, nicht zuletzt um die Kirche und ihre Aufgabe in der Welt, immer galt Gundlachs Sorge dem Ziel, daß auch in der modernen Gesellschaft der Mensch als Person und Bild Gottes der Mittelpunkt bleibt und nicht irgendwelchen Zweckmäßigkeits- und Nützlichkeitsüberlegungen, auch nicht ideo-

---

[4] *Pius XII.*, Rundfunkbotschaft vom 24. Dezember 1942. Abgedruckt bei Utz-Groner, Nr. 227. – *Johannes XXIII.*, Enzyklika Mater et Magistra (1961), Nr. 218–220. – *Pastoralkonstitution Gaudium et Spes*, Nr. 12–16 und besonders Nr. 25.

logischen Rücksichten oder dem Machtkalkül irgendwelcher Gruppierungen geopfert werde.

Die folgende Auswahl der Texte wurde unter dem Gesichtspunkt getroffen, daß sich der Leser ein zuverlässiges Bild über die Ideen und die Anliegen Gundlachs machen kann. Die Vorbemerkungen zu den Abschnitten, auch zu einzelnen Texten, wollen den zeitgeschichtlichen Hintergrund bzw. Anlaß verdeutlichen.

Die Texte sind den beiden Bänden entnommen, die nach dem Tode Gundlachs von der Katholischen Sozialwissenschaftlichen Zentralstelle in Mönchengladbach herausgebracht wurden. Bei den Beiträgen, deren Überschriften in der Regel im Original belassen wurden, werden die Fundstellen der Erstveröffentlichung sowie in den Sammelbänden angegeben. Entsprechend den redaktionellen Richtlinien für die Reihe sind Textanmerkungen Gustav Gundlachs nicht wiedergegeben, es sei denn, sie würden zum Verständnis der Stelle notwendig sein.

I. DIE GRUNDLAGEN DES GESELLSCHAFTLICHEN LEBENS UND DIE CHRISTLICHE ORDNUNGSAUFGABE

Durch das gesamte Schrifttum Gundlachs zieht sich wie ein roter Faden die Bemühung, mit der menschlichen Person, die auf „Mitsein" angelegt ist, die gottgegebenen Seins- und Wertstrukturen des gesellschaftlichen Lebens aufzuweisen. Die Theozentrik des katholisch-sozialen Denkens und Verstehens, die er bereits in seiner Dissertation gegenüber den innerweltlichen Ansätzen des Liberalismus und des Sozialismus herausarbeitete, besagt, daß die Gesellschaft, daß die allen Menschen gemeinsamen und sie in ihrem Handeln einenden „Menschtumswerte" und die gesellschaftlichen Institutionen nicht erklärbar und auch nicht möglich sind ohne den Bezug zu Gott als dem Schöpfer des Menschen und seiner Gesellschaftlichkeit.

Hier wird die christliche Position deutlich gegenüber weltimmanenten Deutungen des gesellschaftlichen Lebens, wie dies in den großen ideologischen Strömungen individualistischer und ebenso kollektivistischer Herkunft geschieht, wie dies aber auch in manchen Entwürfen von Wissenschaften wie der Soziologie und der Nationalökonomie erfolgt, die die Interdependenz der Kultursachgebiete vergessen, die von ihnen entdeckten Gesetzmäßigkeiten verabsolutieren und die sogenannte „reine Theorie" vertreten – wertfrei, deshalb auch ohne Bezug zur Ethik und zur Transzendenz.

Erkenntnistheoretisch gehörte Gundlach zu den großen Naturrechtslehrern. Die katholische Soziallehre stützt sich auf die beiden Erkenntnisquellen: die Offenbarung und die Vernunft. Nach Gundlach ist der Mensch in der Lage, mit seiner Vernunft die „Natur", das heißt das Wesentliche, die Wahrheiten und Werte des gesellschaftlichen Lebens zu erkennen, die sich im Wandel der Geschichte durchhalten. Gundlach hatte einen scharfen Blick für die wirtschaftlichen, sozialen und politischen Verhältnisse und ihre Veränderungen; er hatte auch ein feines Gespür dafür, wie die Menschen dachten, welche Auffassungen und Einstellungen es gab, was sich an geistig-kulturellen und an sozialen und politischen Strömungen breitmachte oder anmeldete. Aber er blieb nie bei der Oberflächenbetrachtung stehen. Der Appell an die „normative Kraft des Faktischen" galt ihm als Bankrotterklärung des Menschen, der seiner göttlichen Bestimmung gemäß Herr der Welt und Herr der Geschichte, der Gestaltende, aber nicht der Getriebene sein soll. Auch eine „Situationsethik" bleibt schon im Ansatz unbefriedigend.

Mit der Bezeichnung der Kirche als des Lebensprinzips der menschlichen Gesellschaft greift Gundlach einen Gedanken der deutschen Romantik auf. Dies dürfe weder politisierend noch in einem supranaturalistischen Sinne verstanden werden, als ob die Welt und die Kultursachbereiche mit der ihnen von Gott gegebenen relativen Autonomie in der einen Heilswirklichkeit nicht ihr Eigengewicht behalten. Für Gundlach beinhaltet diese Aussage, daß die Kirche in der Treue zum Gott-Menschen Jesus Christus auf die Theozentrik der Schöpfung, also die gottgegebenen Wahrheiten, Werte und Normen in allen Bereichen des Zusammenlebens drängen muß.

1.

Christliche Soziallehre: Was sie ist und was sie nicht ist

In: Gesellschaftspolitische Kommentare, 2. Jg., Nr. 18, 15. 9. 1955, S. 2–6. (Band I, S. 40–49).

Christliche Soziallehre ist weder ein Anhängsel der Pastoral (Lehre von der kirchlichen Seelsorge) noch eine Fertigkeit wie etwa die Seelsorge. Sie hat primär keine Seelsorgsfunktionen. Während es die Aufgabe der Kirche ist, die Menschen zum jenseitigen Heil zu führen, hat christliche Soziallehre diese unmittelbare Aufgabe nicht. Sie soll vielmehr den Menschen das notwendige *Wissen* vermitteln, das sie befähigt, in der Welt der Arbeit, des sozialen, gesellschaftlichen und staatlichen Lebens, die Grundsätze Gottes durchzuführen.

Christliche Soziallehre untersteht dem Kriterium der Wahrheit

Aber kann denn nicht die Kirche auf eine solche Soziallehre verzichten? Sie kann es zweifellos nicht. Man hat das ja in anderen Bekenntnissen versucht. Jahrhundertelang hatte man dort keine Soziallehre. Heute bemüht man sich unter großen Schwierigkeiten darum. Die katholische Kirche aber hat seit je, wo die gesellschaftlichen Probleme drängten, eine christliche Soziallehre gefordert und entwickelt. Der Grund ist offenbar. Sie kann die Menschen nicht wie „Schafe ohne Hirten" lassen. Sie muß ihnen und ihren Gewissen Antwort auf die Probleme geben, die das gesellschaftliche und staatliche Leben stellt. Sonst vermag sie ihre eigentliche Aufgabe nicht zu erfüllen, die Menschen zu ihrer transzendenten ewigen Bestimmung zu führen.

Gerade deshalb muß die christliche Soziallehre eine wahre *Lehre* sein. Es muß ihr um die *Wahrheit* gehen. Ihre Erkenntnisquellen sind die Wahrheiten der *Offenbarung* und das *Licht der natürlichen Vernunft*, die die Wesensordnung der Dinge und des Menschen aufdeckt und innere Zusammenhänge erkennt, die letztlich auf Gott zurückgehen und unter allen Umständen gewahrt werden müssen. Um der Wahrheit willen ist christliche Soziallehre *unmittelbar auf die Erkenntnis der Dinge ausgerichtet*. Das ist ausdrücklich herauszustellen.

Denn wir haben heute – auch im katholischen Lager – Strömungen, die vor den traurigen Tatsachen unserer Zeit den Kopf verlieren oder zu verlieren drohen und kurzschlüssig handeln. Man sagt, daß *die Kirche die Massen verloren* habe und die christliche Soziallehre doch dafür da sei, um auch der Kirche jene glorialen, radikalen Forderungen zu geben, jene romantischen Ideen, die eben *andere* Leute haben. Dann werde die Kirche auch die sogenannten Massen wieder zurückgewinnen. Man unterstellt also die christliche Soziallehre nicht mehr dem Kriterium der Wahrheit, sondern irgendeinem *falsch verstandenen pastoralen, seelsorglichen Interesse.*

Dagegen muß mit aller Kraft angegangen werden. Denn es geht in der christlichen Soziallehre um die Wahrheit und um nichts anderes. Ein Nachgeben in dieser entscheidenden Frage wäre verhängnisvoll. Wenn wir es zuließen, daß seelsorgliche Ansprüche in das hineinwirkten, was christliche Soziallehre verkündet, und die Wahrheit auf sozialem und politischem Gebiet umbiegen oder wenigstens die Gefahr dazu heraufführen würden, wäre es um die christliche Soziallehre geschehen. Ein solcher seelsorglicher Radikalismus um den Preis der Wahrheit wäre zu teuer bezahlt und läßt sich auch mit keinem katholischen Mäntelchen decken; der Preis für eine Sozialromantik idealisierter Vergangenheit oder auch visionärer Zukunft am Abend oder Morgen irgendeines Zeitalters, wie sich solche Autoren das denken, wäre zu hoch. So geht es nicht. Das Kriterium der Wahrheit muß unter allen Umständen bestehenbleiben.

Hier liegen natürlich ganz große pädagogische Schwierigkeiten für alle Bestrebungen, die der Bildungsarbeit am modernen Menschen dienen. Der Mensch von heute ist eben aus allen möglichen Gründen *für die Betrachtung der reinen Wahrheit wenig vorbereitet.* Es liegt ihm wenig, logische Zusammenhänge zu sehen, Begriffe zu bilden und miteinander zu verknüpfen, wesentliche Zusammenhänge auch in ihrer Gestalt und Form zu erfassen. Das ist seine Schwäche. *Er ist zu sehr auf das rein Praktische eingestellt.* Er ist sehr schnell dabei, irgend etwas zu organisieren; aber sehr schwach im systematischen Denken, im begrifflichen Erfassen, im Hinhorchen auf die Aufgaben, die gestellt werden. Er besitzt auch nicht mehr die nötige Durchhaltekraft, um sich diesen Dingen zu widmen; kurz gesagt: Die christliche Soziallehre – darüber dürfen wir uns keinen Illusionen hingeben – bietet Schwierigkeiten besonderer Art, wenn man den Zustand des modernen Menschen und seine Vorbildung durch die Schule betrachtet.

Daher besteht auch für die christlich-soziale Bewegung ein großes Interesse daran, daß unsere Schule wieder mehr auf *Vermittlung von Wissen,* von Denken ausgeht und weniger darauf besteht, den jungen Menschen gleich zur Selbsttätigkeit anregen zu wollen. Er soll erst einmal gebotenen Stoff wissen, sich merken, erwerben, in ihn eindringen. Dann wird er auch einmal selbst gestalten können. Weil aber die Schule und unsere Zeit so ganz anders sind, hat die Kirche mit ihrer Dogmatik, aber auch mit ihrer Soziallehre besondere Schwierigkeiten. Darüber müssen sich alle klarsein.

Christliche Soziallehre untersteht objektiven Normen und Werten

Die christliche Soziallehre ist situations*ver*bunden, aber nicht situations*ge*bunden. Es gibt heute Menschen, die bei der Frage, was zu tun ist, einfachhin auf die veränderten Verhältnisse, auf die Dinge, die tatsächlich sind, hinweisen. Das ist ganz richtig. Denn im Sinn der christlichen Soziallehre gibt es nichts, was uns hindern könnte, auf die Dinge, wie sie sind, hinzuschauen. Gerade weil wir es so sehr darauf ablegen, ewige Grundsätze, bleibende Werte in die Wirklichkeit, wie sie ist, hineinzubauen, sind wir auch darauf angewiesen – mehr als alle anderen – analytisch, empirisch, ganz konkret diese Wirklichkeit, wie sie ist, auch wirklich zu erfassen.

Das ist jedoch nicht das Letzte. Das ist vor allen Dingen *nicht das Vordringliche* und niemals das, was genügt. *Das Faktische* – das, was tatsächlich ist –, die Verhältnisse, wie sie tatsächlich sind, können niemals für uns die Norm unserer Entschlüsse, unseres Gestaltungswillens sein. Sie sind die Ausgangsbasis, das Material, an dem wir unsere ewig gültigen Grundsätze, Normen und Werte durchzuführen haben. Sie sind aber *keinesfalls Norm des Handelns.* Es gibt Leute – auch im katholischen Raum –, die die konkrete Situation vergötzen, einfach vor ihr kapitulieren. Sie sagen sogar, daß das christliche Gewissen überhaupt nichts anderes zu beachten habe als die konkrete Situation. Normen, Grundsätze und ewig bleibende Werte sind nicht mehr bedeutsam. Dem Gewissen allein sei in seiner Situation die Entscheidung zu überlassen.

Ja, man geht noch weiter und behauptet, daß es eigentlich unser Tun lähme, wenn wir ewig gültige Grundsätze, bleibende Werte, notwendige und innerliche Zusammenhänge der Dinge aufstellen und beachten. So kämen wir niemals zur Aktion, während der Kommunist oder andere Leute die Wirklichkeit gestalten. Denn sie vermögen aus einem vitalen Elan zu leben, unbekümmert um Grundsätze. Sie greifen einfach hinein in die Dinge. Nun sagt man, so müsse es auch bei uns sein. Das revolutionierte christliche Gewissen müsse an die Stelle der christlichen Soziallehre mit ihren Grundsätzen und Normen treten. So geht es nicht. Solche Auffassungen sind falsch.

In jedem Augenblick steht christliche Soziallehre im Dienst jener *echten Anpassung*, die christliches Leben in der Welt immer bedeutet. Es ist jene echte Anpassung, die die Kirche seit ihrem ersten Existieren durchführt, da sie keine Sekte ist, die sich unelastisch in die Welt hineinsetzt und dann nicht mehr mit der Geschichte weiterlebt. Die Kirche ist aber auch kein Liberalismus; keine liberale Vereinigung von Leuten, die weiter nichts als einen Parallelismus ihrer religiösen Spontaneität darstellen wollen. Ihnen ist die Anpassung – Das-alles-Verstehen – das Wesen des Religiösen.

Demgegenüber ist die Kirche darauf bedacht, immer und immer wieder die ewigen *Grundsätze und Normen in den einzelnen Situationen anzuwenden und durchzuführen.* Das allein aber ist echte Anpassung, während jenes Gewissen des einzelnen, das ohne Grundsätze und Normen nur auf die konkrete Situation hinhört, überhaupt keine Anpassung im echten Sinn ist. Darin liegt auch keine richtige Meisterung des Lebens.

Die Kirche nimmt die Soziallehre auch nicht als ein Instrumentarium für kirchliche Lebenszwecke, etwa für die Fragen der Kirchenpolitik. Wenn zum Beispiel heute der Papst sagt, was Toleranz ist, ist dies dasselbe, was grundsätzlich die kirchliche Lehre immer gesagt hat; es ist *lediglich auf die heutige Zeit angewandt.* Damit erweist sie sich als echte *Lehre* und ist keineswegs eine Art Instrumentarium kirchenpolitischer Art in der jetzigen Situation, wie manche Leute behaupten.

Es ist auch nicht so, daß die Kirche sich etwa einer *Gebrauchsethik* bediene und dazu noch einer *grundsätzlichen Ethik.* Auch dies ist schon behauptet worden. Man vergißt dabei, daß die Kirche und der einzelne Christ allüberall echte Anpassung üben muß. Das ist aber keine bloße Gebrauchsethik. Vielmehr bleiben, wie schon gesagt wurde, die Grundsätze, Normen und ewigen Zusammenhänge der Dinge dieselben, aber *die Anwendung wird eine andere,* weil die Situation sich wandelt. Gleichzeitig kommen wir auch selber durch die dauernde Anwendung der ewigen Grundsätze und Normen zu einer größeren Kenntnis ihrer Tragweite und Bedeutung. Es muß daher in aller Deutlichkeit gesagt werden: *Rein Faktisches kann niemals unser Gewissen normieren* und auch nicht die christliche Soziallehre ersetzen. Diese bleibt immer eine Aussage über Wesentliches, Bleibendes und innerlich Zusammenhängendes in unseren gesellschaftlichen Verhältnissen.

Christliche Soziallehre ist personal

Christliche Soziallehre will durchaus den *Menschen als Person im Mittelpunkt der Welt* gewertet sehen. Heute gibt es jedoch Vorstellungen, die unsere Auffassungen von „Person", „Mensch", „Mensch als Herr der

Welt und über die Dinge" als überholt bezeichnen – ab und zu auch in katholischen Kreisen. Man meint, daß, im Grunde genommen, niemand weiß, was eigentlich das „Wesen des Menschen" und was eigentlich die „Person" ist. Ist es heute nicht geradezu Vermessenheit, so meinen sie, den Menschen noch so aufzufassen, daß er im Mittelpunkt der Welt und des Geschehens steht?

Man führt Tatsachen an: Man nehme das Erlebnis der heutigen Technik und ihres Produktionsprozesses, der gewissermaßen in sich selbst ruht und auch noch anfängt, sich durch maschinelle und apparathafte Veranstaltungen selbst zu steuern, zu sehen, zu fühlen und zu greifen. Wecken denn nicht solche Tatsachen den Eindruck, daß der Mensch, im Grunde genommen, gar nicht ein solcher Mittelpunkt der Dinge ist? Keineswegs ist er etwas, was darübersteht. Ist er nicht vielmehr etwas, was in steigendem Maße von der brutalen Gewalt des Produktionsprozesses, dieses sachlichen Produzierens überrollt wird? So erscheint die Technik vielen als ein Fatum (unbegreifliches Schicksal). Es bleibt uns nichts anderes übrig, als uns selbst gut zu vertragen, um dieses Schicksal gemeinsam zu erdulden.

Ein solcher Standpunkt ist für christliche Soziallehre untragbar. Wir werden immer daran festhalten müssen, daß der Mensch *Herr* der irdischen Welt ist. Auch die moderne Maschine, die sich einer Eigengesetzlichkeit und Eigensteuerung im weiten Maße erfreut, ist letztlich ja nur möglich, weil eben der Mensch existiert. Angeblich „sieht" und „greift" die Maschine – sie „sieht und greift" ja tatsächlich nicht –; aber daß sie einen solchen Eindruck macht, kommt doch daher, weil eben der „Mensch sieht und greift". So bleibt der Mensch nach wie vor – trotz aller modernen Technik – im Mittelpunkt. *Denn das Technische wäre alles nicht, wenn es nicht das Menschliche nachahmte.*

Nach wie vor bleibt der Mensch der „Herr". Ebenso bleibt die Feststellung der christlichen Soziallehre, daß der Mensch die „Mitte" ist und keineswegs nur der Ort sein darf, in dem etwas geschieht, etwas passiert. Gerade heute haben wir Strömungen, die deswegen die christliche Soziallehre liquidieren möchten. Geht sie denn nicht von falschen Voraussetzungen aus und erweckt die Illusion, daß wir da etwas machen könnten? Um der Werte des Menschen willen wird christliche Soziallehre ihren Platz behaupten und den Menschen nach wie vor sagen, daß sie selbst gegenüber diesem sogenannten Fatum etwas machen können und zu machen haben.

Was immer heute gegen christliche Soziallehre vorgebracht werden mag, bedeutet letztlich den Versuch, christliche Soziallehre, wenn auch nicht zu liquidieren, so doch sie abzuschwächen und ihren Einfluß zu mindern.

Die christliche Soziallehre – man nehme nur *Quadragesimo anno* oder *Rerum novarum* – hat immer darauf bestanden, daß die Reform des Menschen (Gesinnung) *und* der Einrichtung *gleichzeitig* sein müsse. Sie hat damit eine unverlierbare Wahrheit festgehalten, besonders heute, wo wir in einem Zuviel an Reform der Einrichtungen stecken und glauben, alles und jedes organisieren zu können oder vielleicht sogar zu müssen, und daher in Gefahr sind, das andere zu vergessen.

Es gibt allerdings auch im kirchlichen Raum Menschen, die mit dieser Auffassung nicht übereinstimmen. Wenn jemand etwa behauptet, jenes Wirtschaftssystem sei richtig, das mit einem *Minimum von Moral* auskomme, oder wenn jemand sagt, Programme gesellschaftlicher Art, die auch nur irgendwie mit einer *innerlichen Umstellung des Menschen* rechneten, seien von vornherein zum Fehlschlagen verurteilt, sind das lediglich bombastische Erklärungen vermeintlicher „Realisten". Sie vermögen nur sehr oberflächliche Menschen zu beeindrucken. Denn der Verzicht auf innerliche Umstellung der Menschen *treibt konsequent und letztlich zu Wegen und Mitteln der Diktatur,* wo man in der Meinung, selbst das Richtige zu haben, die anderen mit der Peitsche zur Bejahung der eigenen angeblich „richtigen" Auffassung zwingt.

Ganz und gar gegen die christliche Soziallehre gehen daher Auffassungen, die den Menschen als sich selbst verantwortlichen einzelnen aufgeben und keinerlei Ansprüche mehr an moralisches Verhalten stellen, ja sogar auf ein Minimum an moralischem Verhalten verzichten. Christliche Soziallehre wird immer sagen: unter den Faktoren, die am meisten das gesellschaftliche Leben zu gestalten haben, steht *an erster Stelle das Gewissen des einzelnen.* Wer immer eine Gesellschaftsform entwickeln will, die das Gewissen des einzelnen nicht mehr einspannt oder darauf eingerichtet ist, nur mit einem Minimum das Gewissen des einzelnen einzuspannen, verfehlt von vornherein das echt Menschliche. Der Zusammenhang von Reform des Menschen *und* der Einrichtungen, auf dem christliche Soziallehre besteht, ist vollständig verkannt. Wir können auf dem Wege nicht weitergehen, daß wir dauernd Institutionen entwickeln und umformen, weiterentwickeln und erweitern, ohne auch die Gesinnung der Menschen zu beeinflussen. Letztlich würde eine solche bloße Reform der Einrichtungen in einen verdeckten Individualismus einmünden. Hier liegen außerordentlich wichtige Gesichtspunkte, die aus der christlichen Soziallehre für die Gegenwart zu entnehmen sind.

Es ist nicht zu verkennen, daß man in früheren Zeiten der umgekehrten Einseitigkeit huldigte. Man verzichtete zu sehr auf eine Reform der Einrichtungen und wollte alles von bloßer Reform der Gesinnung des Menschen erhoffen. Man pochte auf die überkommene Autorität, die überfordert zur Ohnmacht wurde. Aber wir geraten in ein anderes Chaos, wenn wir nun nur noch Reform der Einrichtungen betreiben, dabei aber die Reform des Menschen vernachlässigen.

Durch die Entwicklung der Wirtschaft selbst werden wir heute auf die *Fragen der Reform des Menschen und die Notwendigkeit der Gesinnung* gedrängt. Nehmen wir einmal an, daß die Form der Massenproduktion und Mengenkonjunktur auf der Welt typisch wird. Wie sollen dann die Menschen mit den sozialen Spannungen fertig werden? Denn Streik und Klassenkampf werden ja voraussetzungsgemäß nicht mehr dasein, weil doch der ganze Prozeß der Massenproduktion und Mengenkonjunktur einen dauernden Fortgang erzwingt. Werden aber in gleicher Weise alle sozialen Spannungen fortgefallen sein? Wird wirklich die Spannung zwischen Kapital- und Lohnrate nicht mehr dasein, bloß weil alles sich in einem ungeheueren dauernden Prozeß des Produzierens bewegt und deshalb die Maschine nicht aufhört, weil sie eben nicht aufhören darf?

Wie steht es also in einer solchen Welt der Massenproduktion mit sozialen Spannungen? Wird nicht vielleicht auch hier ein Minimum von Gesinnung erforderlich sein, daß die Räder sich drehen und die Dinge beisammenbleiben? Von Amerika hören wir, daß man dort allein darum besorgt ist, die Maschinen der gesellschaftlichen Wirtschaft am Laufen zu halten. Aber man kann auch hören, daß das nicht genügt und irgendwie für die Gesinnung gesorgt werden muß. Nun sagen die Leute drüben: Natürlich können wir keine Gesinnung von objektiven Werten her pflegen. Das gibt es ja nicht. Man muß sich zufriedengeben, daß die Menschen für die Erfordernisse des Ganzen eine verständnisvolle Haltung aufbringen. Daher sind rein pragmatisch *„human relations“* (menschliche Beziehungen) zu pflegen. Das genügt.

Aber man muß sich fragen, ob das ausreicht, wenn wirklich eine Krise kommt? Das sollten sich auch die fragen, die meinen, man könne auch bei uns mit einer bloßen *pragmatischen* Gemeinnutzidee auskommen. Das reicht nicht und wird nie reichen. In den Zeiten nach dem ersten Weltkrieg haben wir eigentlich dauernd mit dieser pragmatistischen Gemeinnutzidee die Weimarer Republik aufgebaut. Was ist dabei herausgekommen? Blieben die Menschen wirklich zusammen, als die großen Krisen auftraten? Kam es nicht zur Explosion und dem bekannten Ende mit Hitler? Bloßer Pragmatismus reicht eben nicht. Reform des Menschen und seiner Gesinnung ist nötig.

Die Reform des Menschen kann nur dadurch Boden gewinnen, daß der Mensch sich auf die wahre Mitte seines Wesens besinnt, auf seine *Personalität und transzendente Bestimmung*, nicht aber dadurch, daß er eine bloß utilitaristische Gemeinnutzideologie entwickelt. Jeder hat diesen personalen Kern seines Wesens, wo immer er auch im Produktionsprozeß des ganzen gesellschaftlich-wirtschaftlichen Geschehens stehen mag. Es kommt nur darauf an, daß *jeder einzelne sich wieder auf seine innere Mitte als Person besinnt* und sie ihm innerstes Eigentum wird. Aus dieser Personwürde vor Gott ergeben sich dann die gegenseitige Achtung voreinander, das gegenseitige Geben und Nehmen, das Beispiel und die wahre, eigentliche *Koexistenz von Personen.*

Die christliche Soziallehre betont gerade diesen Punkt. „*Sozial-sein*" heißt letztlich, daß die Menschen in ihrer personalen Würde als geist- und freiheitbegabte Geschöpfe notwendig „miteinander" (sozial-gesellschaftlich) existieren und untereinander austauschen. Wo diese Anerkennung nicht mehr ist, nutzen alle „human relations" und ihre Pflege nichts. Deshalb ist dieser Punkt für alle soziale Schulungsarbeit eine ganz wichtige Angelegenheit. Denn schon in diesen kleinen Kreisen des Unterrichts und des Lernens kann das, was letzten Endes „sozial" ist, *die gegenseitige Anerkennung der personalen Existenz und Koexistenz,* praktisch geübt und bewährt werden.

Eigentum – Familie – Staat ein unteilbares Programm

Zum Schluß ist noch etwas zu sagen, worauf christliche Soziallehre heutzutage ungeheuren Wert legen muß. Wir haben in unserer *Familienpolitik* einen erfreulichen Fortschritt gemacht. Es ist aber darauf aufmerksam zu machen, daß diese Familienpolitik im Sinne christlicher Soziallehre innerlich mit einer Politik verknüpft sein muß, die auf gerechte Gestaltung des Eigentums, der Eigentumsverhältnisse und eine rechte Ordnung des Staates ausgeht. Es ist dem Christlich-Sozialen nicht damit Genüge getan, wenn ich etwa nur „Familie", nur „Eigentum" oder nur „Staat" sage. Es ist christlich-soziale Lehre und Auffassung nur dann verwirklicht, wenn ich die drei Grundinstitutionen Eigentum, Familie und Staat in ihrem inneren Zusammenhang für die Ordnung des gesellschaftlichen Lebens fördere, stütze und entwickle.

Familienpolitik erfüllt erst dann ihren Sinn, wenn wir auch die „*Eigentumspolitik*" entsprechend gestalten, so daß die Menschen in der Nutzung der materiellen Dinge *in erster Linie auf ihre persönliche Verantwortung* gestellt werden. Dieser Forderung ist mehr Realität zu geben, indem dem einzelnen mehr Eigentum in die Hand gegeben wird. Dabei braucht gar nicht in erster Linie darauf Wert gelegt zu werden, ob einer nun Eigentum an den Produktionsmitteln hat, an denen er arbeitet. Wie weit wir in diesen Aufgaben vorankommen, ob überhaupt auf eine bloß mechanische Weise, ist fraglich. Sicherlich kommen wir nicht auf eine bloß schematische Weise voran; bei den Problemen des *Miteigentums* werden wir außerordentlich stark die verschiedenen Strukturen lokaler und branchenhafter Art berücksichtigen müssen. Das ist jedoch noch nicht einmal das Vordringliche. Vordringlich und primär ist, daß einer *überhaupt Ei-*

gentum hat, das ihm erlaubt, persönliche Verantwortung für die Gestaltung seines Lebens zu übernehmen.

Auch unsere *„Staatspolitik"* muß entsprechend gesehen werden. Der Staat muß wirklich die sittliche Gemeinschaft sein, die unsere Personrechte schützt. Wenn er das nicht tut, ist er kein Staat im christlich-sozialen Sinn. Heute haben wir Schwierigkeiten mit unserer Demokratie, dieser bloßen Formaldemokratie, in der der Staat lediglich auf dem allgemeinen Wahlrecht und dem parlamentarischen Spiel der Parteien beruht. (...)

Um eine Gesellschaft freier Menschen aufzubauen und unsere gesellschaftlichen Verhältnisse von Grund auf zu ordnen, müssen wir die grundlegenden Institutionen *Privateigentum, Familie und Staat* wiederum zu einem *echten Zusammenwirken* bringen und ihnen die gebührende Mächtigkeit geben.

Die *Familie,* das wird weitgehend beklagt, ist heute nicht mehr diese Mächtigkeit. Das Zusammenwirken und Zusammenleben wird geschwächt. Man kann den Eindruck haben, daß das Schaffen und Zusammenwirken in den Betrieben eine größere soziale Realität ist als das Zusammensein und Zusammenleben der Familie. Grundsätzlich ist ein solcher Zustand natürlich verkehrt. Es müssen alle Anstrengungen gemacht werden, der Familie wieder zu der ihr zukommenden Mächtigkeit zu verhelfen.

Wie steht es mit der fundamentalen Ordnungsfunktion des *Privateigentumsrechtes* im gesellschaftlichen Leben überhaupt und in der Wirtschaft im besonderen? Man wird als „Reaktionär" verschrieen, wenn man davon spricht. Und doch ist zu betonen, daß die Person Ursprung und Ziel auch in der Wirtschaft ist und als Träger von Verantwortlichkeit im Einsatz von Hab und Gut erscheinen muß.

Auch der *Staat* hat an Mächtigkeit im christlich-sozialen Sinn verloren. Es ist sinnlos, wenn der Staat lediglich und immer mehr zum Spielball von Gruppeninteressen wird. Er muß Macht und als Träger des Gemeinwohls Autorität haben. Letzten Endes hat er den *Gebrauch der mannigfachen Personenrechte zu koordinieren.* Diese Funktion ist heute schwer gestört. Der Staat ist in Gefahr, das Kampfziel von Interessentengruppen, also kollektiver Mächte, zu werden. Das ist seiner auf den Schutz der Person gerichteten Funktion nicht günstig. Er hat Mühe, sich in seiner Eigenart zu behaupten. Warum? Weil seine natürlichen Träger, die Familien, die in gesunden Eigentumsverhältnissen in breitesten Schichten verfestigt sein sollten, den Staat nicht mehr tragen.

Hier ist ein Grundanliegen unserer Demokratie, das sowohl der bürgerliche Liberalismus wie auch der Sozialismus als proletarischer Liberalismus teils nicht in seinem vollen Gewicht, teils überhaupt nicht anerkennen. Für christlich-soziale Bewegung aber sind alle diese Dinge heute ein sehr dringliches Anliegen. Sie hat ihre eigene Problematik und eine eigene Sicht der Sachzusammenhänge, wie man sieht. So kann die christliche Soziallehre dem modernen Menschen auch in der heutigen deutschen Situation wahres Rüstzeug an die Hand geben. Vor allem verweist sie auf die *personale Würde des Menschen,* den Quellgrund alles Widerstandes gegen das Schlechte und die hoffnungsvolle Energie für das Gute. Wenn man heute die Menschen in die drei Gruppen der „rastlos Tätigen", der „von Angst Erfüllten", daß der Interessenkonflikt losbrechen und die Maschine einmal aufhören könne, und der „dem Genuß Verfallenen" aufteilen möchte, ist das nicht verpflichtend. Schließlich sind alle drei Gruppen immer dieselben Menschen. Jedenfalls ist es kein Bild des Menschen, wie es christlicher Soziallehre entspricht. Es wird auch an der christlich-sozialen Bewegung liegen, daß das wahre Gefälle des gesellschaftlichen Lebens so wird, daß die Person Ursprung und Ziel ist und von dort alles Leben in die anderen Bezirke und Einrichtungen fließen kann; nicht aber so, daß der Schwerpunkt, nachdem Person und Familie beinahe entwertet sind, dort liegt, wo er nach Gottes Willen nicht sein soll.

2.

Vom menschlichen Gemeinschaftsleben

In: Katholische Frauenbildung 53 (1952), S. 385–394. (Band I, S. 136–145).

Woher kommt und wohin zielt das menschliche Gemeinschaftsleben, das diesen Namen wirklich verdient? Es entspringt aus dem Willen zum *Frieden* und zielt hin auf den *Frieden.* Der Friede aber ist nach dem *hl. Thomas,* der hier dem *hl. Augustinus* folgt (S. TH. II.II.29,I ad I), das „ruhige Zusammenleben in Ordnung". Zwei Kernelemente machen also das menschliche Gemeinschaftsleben aus: ein Zusammenleben in *Ordnung* und ein Zusammenleben in *Ruhe.*

Das Zusammenleben in Ordnung. „Ordnung", dieses heute so oft berufene Wort, kann als Kernelement des Gemeinschaftslebens von Menschen, also von geistig-sittlichen Wesen, von Persönlichkeiten, nicht ein bloß äußerliches Gefüge von nur zahlenmäßig unterschiedenen Teilen bedeuten, sondern nur eine innere Einheit in der Mannigfaltigkeit innerlich verschiedener Glieder. Innere Einheit unter Wahrung jeder wahrhaft begründeten Verschiedenheit ist also das Wesen jeder echten Ordnung unter Menschen, ist die Aufgabe, die sich jedem menschlichen Gemeinschaftsleben stellt, wenn es dem Frieden dienen will.

Menschliches Gemeinschaftsleben ist mithin vor allem *innere Einheit.* Wie könnte dies auch anders sein? Ist doch das menschliche Gemeinschaftsleben im Lichte der Vernunft und der Offenbarung wie alles Geschaffene eine Spur, ja sogar ein Abbild der Einheit des persönlichen Gottesgeistes, des Schöpfers, der zudem, wie die Offenbarung lehrt, der drei-*einige* Gott ist. Und der Sohn Gottes, das Ewige Wort, der Logos, „durch den und in dem alles geschaffen ist, was geschaffen ist", hat auch dem menschlichen Gemeinschaftsleben sein Siegel aufgedrückt, das Siegel der Einheit seiner Persönlichkeit, die in der inneren Einheit zweier Naturen, in der geheimnisvollen Einheit gottmenschlichen Lebens unter uns erschienen und zum Haupt der Schöpfung geworden ist. Von Gott dem Schöpfer kann also kein Chaos, keine bloß äußere Einheit, sondern nur innere Einheit kommen.

Wenn man mithin gegen alle Vernunft und im Widerspruch mit der christlichen Offenbarung diesen gottgegebenen Ursprung des menschlichen Gemeinschaftslebens, seinen lebendigen Zusammenhang mit dem einheitstiftenden, persönlichen Gottesgeist, „in dem wir leben, uns bewegen und sind", leugnet oder von diesem Zusammenhang auch nur absieht, stellt man jede innere Einheit des menschlichen Zusammenlebens in Frage. Dann ist vielmehr dieses Zusammenleben innerlich ein Chaos, ist notwendigerweise lediglich ein dauerndes Gegenspiel von Interessen und Machtfaktoren, wo es im besten Fall nur eine äußere Einheit mechanischen Gleichgewichts, eine Art Waffenstillstand gibt, wo aber in jedem Fall eine innere Harmonie der Interessen, ein auch nur für die Zukunft behaupteter Friedenszustand der Gesellschaft willkürliche Annahmen wären. (...)

Was aber ist es, das als Funke des Schöpfergeistes, des persönlichen Gottes, menschliches Gemeinschaftsleben unmittelbar zu innerer Einheit verbindet? Es sind jene *unveränderlichen, in der ewigen Wesenheit des Schöpfers grundgelegten Normen und Werte der Kultur und der Religion,* die als *Menschheitszwecke* dem geistig-sittlichen Menschen, seiner Persönlichkeit, diesem eigentlichen Abbild des persönlichen Gottes, als dauernde Aufgaben und Ziele gesetzt sind. Diese zielbestimmte *Persönlichkeit* ist also der unmittelbare Ursprung menschlichen Gemeinschaftslebens. Indem sie mit jedem Menschen gegeben und als höchster menschlicher Wert zu entwickeln ist, teilen die Menschen im Streben auf die gemeinsamen Menschheitszwecke einander mit und stiften und erneuern so dauernd das Gemeinschaftsleben im ganzen Reichtum seiner bunten Fülle.

Wer also diese grundlegende und aufbauende Bedeutung der menschlichen Persönlichkeit im menschlichen Gemeinschaftsleben, sei es der natürlichen, sei es der übernatürlichen Ordnung, leugnet – wer seine Einheit in irgendeiner vorgeblich erstgegebenen, in sich selbst bestehenden Gemeinschaft als solcher sucht, kehrt die gottgegebene Struktur menschlichen Gemeinschaftslebens geradezu um und macht jede innere Einheit unmöglich. Menschliches Gemeinschaftsleben ist eben ohne die *Persönlichkeit* als Grundlage und Ansatz des Aufbaus, ohne Ehrfurcht vor ihr, ohne peinliche Wahrung ihres wesensgemäßen Eigenlebens unmöglich. Ohne sie ist nur allenfalls eine äußerliche, bloß mechanische Einheit möglich, die freilich zunächst wie alles Mechanische groß werden kann, aber trotz allem oft geradezu fanatischen Zwang zur Einheit das menschliche Zusammenleben früher oder später der Erstarrung und Auflösung überliefert.

Nur ein die wahre Persönlichkeitsnatur des Menschen verkennender pantheistischer oder pantheisierender Naturalismus, Materialismus oder auch Idealismus kann die Einheit und Totalität des menschlichen Gesellschaftslebens auf Kosten der Persönlichkeit erstreben wollen. Die Vergötzung dieser oder jener Gemeinschaft führt nämlich folgerichtig ebenso zur vernunft- und offenbarungswidrigen Leugnung des höchsten menschlichen Wertes, der Persönlichkeit, wie auch der Persönlichkeit Gottes, des Abbildes ebensowohl wie des Urbildes. Dies ist der innerste Grund, weshalb die Kirche jeglichen Kollektivismus und Totalismus verwerfen muß. Und praktisch führen solche Systeme trotz ihrem äußerlich oft so lärmend und auch so hart betonten Willen zur Gemeinschaft mit der Zeit zu einer immer größer werdenden Apathie gegenüber dem Gemeinschaftsleben bei den in ihrer Persönlichkeit vergewaltigten Menschen, zur allgemeinen Flucht in einen heimlichen und falschen Individualismus, zum skeptischen Mißtrauen gegenüber jedem Wort von Gemeinschaft, auch wo es wahr ist und aus ehrlichem Herzen kommt.

Echte Verschiedenheit

Menschliches Gemeinschaftsleben besagt, wie schon gesagt wurde, innere Einheit *unter Wahrung jeder wahrhaft begründeten Verschiedenheit.* Wo allerdings, wie im *Liberalismus* bürgerlichen oder marxistischen Gepräges, die eben dargelegte Grundlage innerer Einheit, die menschliche Persönlichkeit mit ihrer inneren Hinordnung auf die objektiven Werte der Kultur und Religion, preisgegeben wird, führt die unausweichliche Verschiedenheit zu einer hoffnungslosen, unüberbrückbaren Zerreißung der Menschen. Rein äußerliche Momente unterscheiden dann allein noch die einzelnen: Vermögen, Einkommen und die mit ihnen gegebene Macht oder Ohnmacht sind die ausschließliche Grundlage der Wertung, der sozialen Geltung und des Einflusses im öffentlichen Leben. Und wenn sich dann auch die Minderbegünstigten durch machtvolle Organisationen zu stärken suchen, so mildert dies nicht, sondern vergrößert nur noch den Riß im Zusammenleben der Menschen.

Noch schlimmer ist, daß bei Preisgabe jener Grundlage innerer Einheit auch die einzelnen Gebiete des Kulturlebens des sie innerlich verbindenden und stufenweise aufeinander hinordnenden gemeinsamen Ziels entbehren. Dadurch werden diese Gebiete, einzeln und zusammen genommen, gegen Gottes Schöpferwillen und gegen alle Vernunft nicht nur von der absolut gültigen Ordnung des Seins und der Werte und damit auch von der Sittenordnung gelöst, sondern ihre zweifellos vorhandene, im jeweils eigenen Inhalt und Ziel bestehende Verschiedenheit wird zu einem wahren Auseinanderfallen. Dann entscheiden rein äußere Faktoren, welchem Gebiet im Augenblick die höhere Bedeutung zukommt. Hatte es beispielsweise durch Jahrzehnte den Anschein, daß eine heillose *Ökonomisierung* als vorherrschende Rücksicht auf den Erwerbstrieb alles Kulturleben bestimmte, so sind wir zu einer ebenso heillosen *Politisierung* von allem und jedem gekommen, zu einer schrankenlosen Vorherrschaft des Machttriebs. Aber die so gewonnene Einheit ist rein äußerlich, ist eine unnatürliche Vereinerleiung; unter der dünnen Hülle der sogenannten Einheit fallen die einzelnen Kulturgebiete auseinander und erleiden in ihren wesensmäßigen Eigenzielen dauernde Vergewaltigung. Und ebenso folgerichtig wie zynisch wird mit der wahren inneren Einheit des menschlichen Kulturlebens in seinem gemeinsamen Ziel auch die Frage der Sittlichkeit menschlichen Tuns beiseite geschoben, ja, sie wird unlösbar: entscheidend für seine Erlaubtheit wird allein, ob es unter dem Gesichtspunkt des Erwerbstriebs oder Machttriebs erfolgreich ist.

Diese unnatürliche und unsittliche *Vereinerleiung* ist nur möglich, weil man entweder die wahre, innere Einheit des Kulturlebens leugnet und naturalistisch das menschliche Zusammenleben auf jedem Gebiet fälschlich durch rein mechanisch wirkende Gesetze, etwa im Wirtschaftsleben durch das Gesetz des Erwerbstriebs in Angebot und Nachfrage, erklärt oder weil man irgendein Gebiet und die ihm entsprechende Gemeinschaft willkürlich zur obersten macht. Aber die Gesetze des Kulturlebens, also auch des Wirtschaftslebens, sind nicht mechanischer, sondern zielmäßiger, normgerichteter Art. Was beispielsweise alles volkswirtschaftliche Geschehen zu arteigener Einheit, zu innerer Harmonie und Ausgewogenheit verbindet, ist das ihm eigene Ziel: die *dauernde materielle Bedarfsdekkung des Volkes* als Grundlage seines übrigen kulturellen und religiösen Lebens. Und was alles politische Geschehen zu arteigener Einheit verbindet, ist das ihm eigene Ziel, ist die dauernde Herbeiführung des „Gemeinwohls", des *bonum commune,* also die dauernde Verwirklichung jener äußeren Bedingungen, die der Gesamtheit der im Staat verbundenen Menschen nötig sind, um ihre Persönlichkeit in der ganzen Breite der inneren Anlage auf die Menschheitszwecke zu entwickeln, soweit hierfür die erstberufenen Kräfte der einzelnen und ihrer engeren Gemeinschaften nicht ausreichen und soweit nicht der übernatürliche Heilswille Gottes eine andere umfassende Gemeinschaft zum Dienst an der menschlichen Persönlichkeit und an der Verwirklichung ihrer Menschheitszwecke bestimmt hat, nämlich die Kirche. Indem also die einzelnen Kulturgebiete und das ihnen entsprechende menschliche Zusammenleben nach ihrer wahren Gesetzmäßigkeit und Zielmäßigkeit sich entfalten und entsprechend der wesenhaften Stufenordnung der Menschheitszwecke auf das gemeinsame Ziel, die Vervollkommnung der menschlichen Persönlichkeit als des eigentlichen Ebenbildes Gottes, stets hingeordnet bleiben, wächst das menschliche Gemeinschafts- und Kulturleben zur Ehre Gottes zu einem wahren Kosmos der Leistungen heran, zur inneren Einheit des Ganzen unter Wahrung der echten Verschiedenheit der Teile.

Nur so sind auch die wahre *Gleichheit* und *Verschiedenheit der Menschen* in ihrem Zusammenwirken wirklich begründet. Indem alle Schaffenden zur Leistung an diesem einheitlichen Kosmos berufen sind und so die allen gemeinsame Persönlichkeitsaufgabe erfüllen, sind sie alle gleich; indem aber die einzelnen Kulturgebiete in ihrer Bedeutsamkeit für das Ganze des Kosmos in objektiver Stufenordnung sich unterscheiden, ist auch die Bedeutsamkeit der dort Tätigen und ihrer Berufsgemeinschaften verschieden. Wo diese wahre Grundlage der Gleichheit und Verschiedenheit nicht mehr beachtet wird oder nicht mehr im allgemeinen Bewußtsein lebendig ist, werden alle anderen Unterschiede, die in einem stets geschichtlich gewordenen und stets konkreten Zusammenleben notwendig bestehen – ob Arbeiter mit dem Kopf oder mit der Hand, ob leitende oder ausführende Arbeit, ob größeres oder kleineres Leistungsentgelt und Einkommen, ob durch Tradition und Abstammung ausgezeichnet oder nicht –, zu bloß äußeren Tatsachen, die Macht und Zwang oder auch der Zufall geschaffen haben und die dann einerseits der Neid blind bekämpft, anderseits die Überheblichkeit blind behauptet. Unter diesem Gesichtspunkt ist es dann auch gleich, ob eine durch Privilegienstolz und Besitzmacht zerspaltene Gesellschaft die Ehre jedem schaffenden Glied des Volkes nicht gibt oder ob die Gleichmacherei und bloß äußere Einheit einer offenen oder verhüllten Massenherrschaft zwar laut vom Volk als der Gemeinschaft aller Schaffenden und von der Ehre der Arbeit schreit, aber die Arbeit von Gott und aus Gottes Welt als einem Kosmos der Leistungen löst und dadurch innerlich entwertet und das Volk der Schaffenden entadelt. Denn nur von Gott und innerhalb seiner Ordnung kommt der Arbeit und jedem Arbeiter und Schaffenden die wahre Ehre zu, nicht aber von dem bloß äußeren Vollzug des Arbeitens und erst recht nicht von seiner größeren oder kleineren Sinnfälligkeit, aber auch nicht von der Gnade der Privilegierten und dem Wohlwollen der Besitzenden. Aber wo ist die moderne Arbeitsverfassung, die klar und erschöpfend am Anfang die Ehre und Würde der Arbeit feststellt, indem sie vor allen anderen Paragraphen schreibt: Die Arbeit ist eine der vornehmsten Lebensäußerungen der menschlichen Persönlichkeit als des Ebenbildes Gottes, ist Leistung an Gottes Welt und Kosmos? Und ist Christus, das „Haupt der Schöpfung", nicht auch das Haupt der Welt des Arbeitens und Leistens, durch seine Erlösertat, durch diese notwendigste und einzigartigste aller Leistungen, alle die vielfältig geteilte menschliche Arbeit gnadenhaft durchdringend, erhebend und vor allem vereinigend zu einem einzigen *Opus Dei*, zur Ehre des Vaters? Ist also nicht die heilige Messe, in der der Herr seine Leistung dauernd erneuert und fortsetzt, der Ort, wo täglich alle Schaffenden die Gesinnung und die Kraft zur Gemeinschaft aller Arbeitenden schöpfen können, um sie hinauszubringen in die Werkstätten und Büroräume, ins öffentliche und private Leben, wo immer Menschen zusammenwirken?

Notwendige Rechtsordnung

Menschliches Gemeinschaftsleben mit dem Ebenbild Gottes, der Persönlichkeit und ihrer inneren Anlage auf die Menschheitszwecke, der Kultur und Religion als Grundlage und Aufbauziel stellt also eine innere Einheit dar unter Wahrung der wesensgemäßen Verschiedenheit der Teile. Es ist ein bunter und reicher Kosmos von Gemeinschaften, der sich dauernd bildet und erneuert, wobei gewiß jeder Gemeinschaft ihr eigenes Leben und Ziel zukommen, alle aber in stufenhafter Ordnung dem gemeinsamen Ziel dienen, die im Gemeinschaftsleben verbundenen Menschen zu formen, zu vervollkommnen, zu entwickeln in der ganzen Breite ihrer wesenhaften Persönlichkeitsaufgabe. Daraus folgt, daß Kontinuität, Sicherheit, Ausgewogenheit und gegenseitige Abstimmung aller Glieder die wesentlichen und unabdingbaren Aufgaben der äußeren Struktur des menschlichen Zusammenlebens in seinem konkreten, stets fließenden, den Wechselfällen des Lebens unterworfenen Verlauf sind, wenn die äußere Struktur der inneren entsprechen soll. Diese äußere Struktur des menschlichen Zusammenlebens ist aber jene Einheit von Normen, die wir die *Rechtsordnung* nennen.

Die Rechtsordnung soll also dem Zusammenleben *Kontinuität* sichern. Denn immer bleibt im Strom des Geschehens, mag er auch noch so hohe Wellen schlagen, das gemeinsame Ziel allen gesellschaftlichen Lebens: die Verwirklichung des Persönlichkeitswertes des Menschen als des Ebenbildes Gottes; immer bleibt die Aufgabe der Verwirklichung der unveränderlichen Menschheitszwecke, auf die die Persönlichkeit angelegt ist; immer bleiben also auch die wesenhaften Ansprüche hieraus. Darum läßt die wahre Rechtsordnung niemals einen völligen Bruch im Recht zwischen gestern und heute, niemals gar einen völlig rechtlosen Zustand zu, wenn etwa die alten Gewalten und Verfassungen nicht mehr da sind und neue noch nicht gelten. In diesem Sinne ist die natürliche Rechtsordnung als äußerer Ausdruck der gottgewollten, unveränderlichen inneren Struktur menschlichen Zusammenlebens der wahre Souverän, der zu entscheiden nie aufhören kann und darf. Nur untermenschliche Willkür kann sich ihm entziehen. Wo der Mensch beginnt und bleibt, beginnt und bleibt auch das Recht.

Die Rechtsordnung soll dem menschlichen Zusammenleben *Sicherheit* garantieren. Denn sein innerer Aufbau ist nicht ein Chaos von Instinkten und Trieben, nicht ein unsicheres, richtungsloses Labyrinth grundloser Strebungen, sondern geistiges Leben, also geordnet und geformt von eindeutig bestimmten, begründeten Menschheitszwecken, die der Geistnatur der menschlichen Persönlichkeit, ihrem Verstand und Willen, als wesenhafte und feste Aufgaben aufleuchten. Soll die Rechtsordnung als äußere Struktur dieser inneren Struktur des Zusammenlebens entsprechen, dann müssen auch ihre Normen, Begriffe und Sätze dem menschlichen Wollen Sicherheit und Stetigkeit geben und es dem Hin und Her wechselnder Meinungen und Neigungen entziehen. Dies leistet aber allein unser Verstand, der mit seiner Wesenserkenntnis in die sachliche, daher begründete und bleibende Wahrheit der Dinge eindringt, dort die Normen unseres Handelns eindeutig abliest und folgerichtig anwendet. Das Recht und die Rechtsfindung aber einem angeblichen „Rechtsgefühl" überlassen oder einem bloßen „Volksempfinden" überantworten, wie es besonders der Nationalsozialismus proklamierte, heißt der Rechtsordnung jede Begründung nehmen und so ihre Sicherungsaufgabe zersetzen, heißt schließlich das Vertrauen zu Gesetzgeber, Richter und Recht und damit das Zusammenleben selbst untergraben.

Die Rechtsordnung soll dem menschlichen Zusammenleben für seine äußere Struktur *Ausgewogenheit*, harmonische Einheit sichern, weil sie nur so seiner inneren Ausgewogenheit und Struktur entspricht. Denn zweifellos besitzt das Zusammenleben der Menschen das innere Prinzip wahrer Ausgewogenheit in dem gemeinsamen Ziel der Entfaltung der Persönlichkeit der in Gemeinschaft verbundenen Menschen, insofern dieses Ziel alle Gemeinschaften mit ihren Eigenzielen in sachlich begründeter Zuordnung auf sich hinbezieht. Die so im Mittelpunkt aller gesellschaftlichen Zielstrebigkeit konstituierte menschliche Persönlichkeit ist nun als Träger wesenseigener, mit ihrer Aufgabe gegebener Rechte auch der Ansatz- und Zielpunkt des gesamten Umfangs der Rechtsordnung, das Prinzip ihrer Ausgewogenheit und Einheit, das einfachhin aus dem Prinzip der *inneren Ausgewogenheit* und Einheit menschlichen Zusammenlebens sich ergibt.

Man hat fälschlich schon andere Prinzipien der Ausgewogenheit und Einheit der Rechtsordnung aufgestellt. Aber alle diese Versuche machen die Rechtsordnung zu einem System von Normen, das künstlich dem menschlichen Zusammenleben gleichsam aufgepfropft oder auch übergestülpt wird. Alle diese Versuche verstehen nämlich keineswegs die Rechtsordnung als Auswirkung der inneren Struktur und Verbundenheit des Zusammenlebens der Menschen nach außen, insofern diese eben in Raum und Zeit leben. Diese Systeme erkennen eine solche innere Struktur wegen nominalistischer oder idealistischer Vorurteile nicht an oder sehen diese Struktur falsch. Dann kommt man entweder zum Rechtspositivismus, der die Einheit und Ausgewogenheit der Rechtsordnung in der falschen, jeglicher Freiheit gefährlichen *„Majestät" des positiven Gesetzes,* im rein formalen Vollzug der Gesetzgebung und Rechtssetzung sieht; oder aber man kommt zu einer falschen und ebenso der Freiheit der einzelnen und aller Gemeinschaften gefährlichen Einheit und Ableitung der Rechtsordnung, aus dem an sich gewiß vorhandenen Lebensrecht und Eigenziel irgendeiner *einzelnen* Gemeinschaft, die man zudem vernunftwidrig und zweckwidrig zur obersten macht und jedenfalls auf die wesenseigenen Persönlichkeitsrechte und ihre Sicherung nicht hinbezieht. Und auch da, wo man in den Mittelpunkt der Rechtsordnung das *bonum commune,* das Gemeinwohl als Eigenzweck der in wahrer innerer Struktur und Zuordnung verbundenen Gemeinschaften stellt, ist die Gefahr, daß der eigentliche Ansatz und das eigentliche Ziel der Rechtsordnung, nämlich die allseitige Sicherung der Persönlichkeit als Träger wesenseigener Rechte, verfehlt werden. Man würde dann die wahre Natur der Rechtsordnung und das Prinzip ihrer Ausgewogenheit ebenso verkennen wie ihre Wurzel, die innere Struktur des menschlichen Zusammenlebens und die mit ihr gegebene *innere* Bezogenheit des *bonum commune* auf die letztlich aus ihrem Persönlichkeitswert und wegen ihres Persönlichkeitswerts verbundenen Menschen. Praktisch würde man dann der heute verbreiteten, falschen Meinung gefährlich nahekommen, daß jede Maßnahme, die einer Gemeinwohlnotwendigkeit entspricht, *deswegen* auch rechtens sei.

Die Rechtsordnung soll schließlich dem menschlichen Zusammenleben die dauernde, gegenseitige *Abstimmung und Zuordnung* seiner Glieder sichern, also sowohl der einzelnen und der Gemeinschaften wie auch innerhalb der Gemeinschaften. Diese Aufgabe kommt der Rechtsordnung wiederum deswegen zu, weil sie die äußere Entsprechung der inneren Struktur und Ordnung des Zusammenlebens ist. Diese aber ist festgelegt, wie schon öfters gesagt wurde, durch die gottgegebenen, wesentlichen, inhaltlich bestimmten Ziele der Glieder und durch ihre ebenso wesentlich bestehende Zuordnung. Die dauernde Sicherung jener Abgestimmtheit muß im konkreten, stets fließenden und wechselnden Zusammenleben geschehen. Insofern muß die Rechtsordnung lebendig sein. Sie kann es aber nicht sein, wenn man – wiederum dem Nominalismus oder

Idealismus verfallen – die wesenhaften, inhaltlich bestimmten und bleibenden Aufgaben der Persönlichkeit und der einzelnen, den verschiedenen Kulturgebieten entsprechenden Gemeinschaften nicht anerkennt oder in die Konstitution des Rechtslebens nicht aufnimmt. Denn dann würde jede Lebendigkeit der Rechtsschöpfung mangels sachlich begründeter und bleibender Richtlinien der Willkür verfallen.

Unter diesen Umständen ist man geradezu zwangsläufig, um dennoch die Vielfalt und den Fluß des menschlichen Zusammenlebens in den Rechtsnormen einzufangen, zu jenem starren, inhaltlich möglichst allgemeinen, geradezu rein formalen Charakter der geltenden Rechtsordnung gekommen, der sie lebensfern macht, die gegebene Verschiedenheit der Lebensbedürfnisse in den einzelnen Gebieten des gesellschaftlichen Lebens nicht berücksichtigt, sie auch nicht genügend aufeinander abstimmt, sondern entgegen dem wirklichen Leben möglichst gleichförmigen Normen unterwirft. Dies aber löst heute als Gegenschlag nicht selten eine wilde Lebendigkeit der Rechtsschöpfung aus, ein haltloses Verhaftetsein an den konkreten Einzelfall, einen normfreien Dynamismus, bei dem die anderen notwendigen Eigenschaften der Rechtsordnung – Kontinuität, Sicherheit und Ausgewogenheit – verlorenzugehen drohen. Das Ergebnis sind ein wachsender und zersetzender Rechtsnihilismus im Volksbewußtsein und eine ungeistige, bloß äußerlich-technische Auffassung der Rechtssetzung bei den Verantwortlichen. Dies ist die beängstigende Folge der Abkehr von der inneren Grundlage jeder Rechtsordnung, von der gottgegebenen, wahren Struktur des Zusammenlebens der Menschen, von seinen unvergänglichen Polen: *Persönlichkeitswürde* und *ewige Menschheitszwecke*. (. . .)

Das Zusammenleben in Ruhe: (. . .) dies Wort ist heute vielfach verpönt, ja sogar verlacht und verspottet. Man setzt ihm wie ein Zauberwort das Wort „Leben“ oder „Lebendigkeit“ entgegen. Dies aber bedeutet eine Verkrampfung, einen Krankheitszustand der Seelen und auch der Nerven bei den heutigen Menschen. Doch es bedeutet nicht nur eine Krankheit des Geistes, sondern eine wahre verhängnisvolle Abwesenheit des Geistes.

Ruhe und Lebendigkeit sind nämlich durchaus keine Gegensätze im menschlichen Zusammenleben, wenn man nur an seiner geistigen Grundlage festhält, an seinem bleibenden Hochziel, an der Entfaltung der menschlichen Persönlichkeit als des Ebenbildes Gottes durch die gemeinsame Verwirklichung der ewigen Menschheitszwecke. Mit dieser geistigen Grundlage hat Gott der Schöpfer auch Ruhe und Leben zugleich ins Zusammenleben der Menschen, in dieses sein Abbild, hineingeschenkt. Er, der als unendlicher persönlicher Geist Ruhe und Leben selbst ist.

Es ist eine Illusion, eine irregeleitete Vitalität, lebendig sein zu wollen, ohne in Gott, seinen ewigen Gesetzen zu ruhen. Dies wäre eine Lebendigkeit ohne Leuchtsterne, eine Lebendigkeit hinter Irrlichtern her. Lebendigkeit um der Lebendigkeit willen ist kein Wert, der aus Gottes Geist stammt. Lebendigkeit um der ewigen Gesetze Gottes willen, um seines geschaffenen Abbildes willen, um der Persönlichkeitswürde des Menschen und um ihrer ewigen Menschheitszwecke willen ist allein wert, gelebt zu werden.

3.

Gemeinwohl

In: Staatslexikon der Görres-Gesellschaft, Bd. III, 6. Aufl. Freiburg i. Br. 1959, Sp. 737–740. (Band I, S. 158–161).

Grundlegung

Der innere Aufbau der menschlichen Gesellschaftlichkeit ist ein Gut, das von allen zu achten und zu wahren ist, wenn sie nicht den Seins- und Wertbestand der Person als Quell und Ziel gesellschaftlichen Lebens verneinen wollen. Insofern ist jenes Gut das *Gemeingut (bonum commune)*. Das Gemeinwohl als *Verwirklichung* des Gemeinguts und darin selbst bonum commune bedeutet sowohl einen Zustand als auch alle unmittelbar auf die Herbeiführung, Erhaltung und Verbesserung dieses Zustands zielenden äußeren Maßnahmen im gesellschaftlichen Leben. Insofern dem Gemeinwohl bei den beteiligten Menschen und Gruppen eine es bejahende innere Einstellung entspricht, spricht man von *Gemeinsinn.* Die seins- und wertmäßige Begründung des Gemeinwohls beruht auf dem inneren und äußeren Aufbau der Gesellschaft. Das Gemeinwohl als Zustand ergibt sich also, wenn die Gesellschaft der innerlich notwendigen Forderung des Gemeinguts nach seiner dauernden Verwirklichung im äußeren, organisierten und organisierenden Aufbau der menschlichen Gesellschaftlichkeit entspricht. Wenn das Gesamt aller auf jene Forderung und ihre Erfüllung unmittelbar zielenden organisierenden Einrichtungen und Maßnahmen betrachtet wird, erfaßt man das Gemeinwohl im Vollzug. Diese unmittelbare Begründung des Gemeinwohls im inneren und äußeren Aufbau menschlicher Gesellschaftlichkeit hebt es deutlich und wesentlich vom *Privatwohl* ab, ob man dies nun auf einzelne oder auf Gruppen bezieht.

Gemeinwohl und Privatwohl

Gemeinwohl und Privatwohl wurzeln beide im Seins- und Wertbestand des personalen menschlichen Geistwesens; der dort im Menschen als Ebenbild Gottes grundgelegten Wertintentionalität kann somit weder Gemeinwohl noch Privatwohl widersprechen. Wo mithin Konflikte eintreten, wird entweder das Privatwohl oder das Gemeinwohl unter Verletzung der Personwürde des Menschen fälschlich angestrebt. Weil ferner Gemeinwohl und Privatwohl dieselbe Wurzel haben, sind beide, bezogen auf den Einzelmenschen als Person, wahrhaft und innerlich sein Gut. Man kann also vom Einzelmenschen her weder das Gemeinwohl utilitaristisch veräußerlichen, noch das Privatwohl zum bloßen Mittel oder Instrument für das Gemeinwohl machen. Die Ethik und Sozialphilosophie, die ontologisch von der menschlichen Person als Ebenbild Gottes ausgehen, werden also Individualethik und Sozialethik immer unterscheiden, aber auch innerlich verbinden, und so unter Ablehnung von Individualismus und Kollektivismus dem Solidaritätsprinzip als Wesensausdruck des Sozialen entsprechen.

Da schließlich der Mensch als Person auch unmittelbar Träger von Rechten ist, ergibt sich, daß sowohl Privatwohl wie Gemeinwohl, insofern sie in der Person wurzeln, naturrechtlich und positiv auch Rechtsordnung bedeuten. Unter dieser Rücksicht hebt sich aber das Gemeinwohl vom Privatwohl ab, da es in der Dynamik der Entfaltung menschlicher Rechtsbeziehungen das harmonische Zusammenspielen von ausgleichender, verteilender und gesetzlicher Gerechtigkeit wahrt, also die Wahrung der Gesellschaftlichkeit als solcher und der mit ihr gegebenen Freiheit und Gleichheit aller als Personen fordert und schützt. In diesem Sinn ist die *Gemeinwohlgerechtigkeit* mit der sozialen Gerechtigkeit identisch.

Gemeinwohl und Staat

Der Staat ist, insofern er die öffentliche Autorität wahrnimmt und für Ausgestaltung und Beobachtung der Rechtsordnung sorgt, der am meisten *wesentliche und ausgeprägte Träger des Gemeinwohls.* Aber er ist dies nicht, wie sich aus dem inneren und äußeren Aufbau der Gesellschaftlichkeit des Menschen ergibt, ohne inneren Zusammenhang mit zwei anderen wesentlichen und ursprünglichen organisatorischen Einrichtungen zur Wahrung menschlicher Gesellschaftlichkeit und Geschichtlichkeit, nämlich mit den Institutionen der Familie und des personverbundenen Eigentums. Der Staat verfehlt die ihm eigene Funktion der Wahrung des Gemeinwohls, wenn er die jeweils andersartige organisierende Funktion jener beiden Einrichtungen verkümmern oder überwuchern läßt.

Der Staat ist zwar der wesensnotwendige Träger des Gemeinwohls, aber unter der Rücksicht des Naturgemäßen nicht der einzige. Wie aus dem inneren und äußeren Aufbau der menschlichen Gesellschaft sich ergibt, sind auch die Gemeinde, die Leistungsgemeinschaft der auf den einzelnen menschlichen Wertgebieten Schaffenden und die internationale Gemeinschaft der Staaten berufen, von ihrer jeweils andersartigen Basis aus Träger des Gemeinwohls zu sein. Indem der moderne Staat das Funktionieren dieser anderen Träger des Gemeinwohls aus naturrechtlicher Verpflichtung zuläßt und erleichtert, gewinnt er an Kraft und Sicherheit seiner eigenen Ordnungsmacht und trägt dazu bei, das heute vorhandene Chaos von Machtträgern in der menschlichen Gesellschaft zu überwinden und einen gesunden, naturgemäßen Pluralismus von Trägern des Gemeinwohls zu schaffen zum Nutzen der gesicherten Verwirklichung menschlicher Gesellschaftlichkeit und der mit ihr gegebenen grundsätzlichen Freiheit und Gleichheit aller als Personen. Die Kompetenzordnung aber unter den Trägern des Gemeinwohls ist durch das Subsidiaritätsprinzip im Grundsatz bestimmt.

Begrenzung

Da das Gemeinwohl wesentlich *organisierende Funktion* der menschlichen Gesellschaftlichkeit ist, setzt es notwendig ihren Bestand und ihr Bestehenbleiben voraus. Es kann daher über sie keine Überlegenheit kraft des Gemeinwohls geben, die berechtigt, Maßnahmen zu treffen, die direkt in den Bestand der Person, der Personrechte und ihres wesentlichen Gebrauchs und in die objektiven Inhalte der Menschtumswerte eingreifen. Bedeutsame Probleme, wie das Recht der Todesstrafe und der Gewissensbindung, weisen daher „die Gesellschaft über sich selbst hinaus auf die über ihr stehende Lebensordnung“ und „auf den Urheber und dauernden Seinsgrund dieser Ordnung, auf Gott“ (*W. Rauch*). Deshalb ist der Satz „Gemeinnutz geht vor Eigennutz“ ein gefährlich mißverständlicher und überhaupt dann falscher Satz, wenn Gemeinwohl mit „Gemeinnutz“ gleichgesetzt und primär als Selbstschutz der Gemeinschaft und des Staates aufgefaßt wird mit dem daraus erfließenden Recht zu allen Maßnahmen, die vermeintlich oder wirklich Schädliches abwehren. Nichts schadet der sittlichen und rechtlichen Würde des Gemeinwohls mehr als die Überschreitung seiner Grenzen. Die Versuchung dazu ist an sich dort, wo man von einer auf Gott und über die Gesellschaft hinausweisenden Lebensordnung absieht, größer als dort, wo Person, Gesellschaftlichkeit und Gesellschaft in Gott und seiner absoluten Weltordnung sich begründet wissen. Denn im letzteren Fall sind feste Grenzen dem Recht des Gemeinwohls aus seinem ontologischen Verhältnis zu Person und Gesellschaftlichkeit und durch seine organisatorische, äußerlich ordnende Wesensart gesetzt. Ferner sind im letzteren Fall aber auch der menschlichen

Autorität Befugnisse ermöglicht, die nicht unmittelbar in der vom Gemeinwohl umfaßten gesellschaftlichen Lebensordnung gründen, sondern unmittelbar von Gott stammen und der unmittelbar auf ihn gerichteten absoluten Lebensordnung dienen; in diesem Fall kann das Gemeinwohl lediglich Anlaß und Kriterium bei der Anwendung solcher Befugnisse sein. Man denke an die Strafgewalt primär als Sühneforderung und an das Recht der Gewissensbindung.

Gemeinwohl und Gemeinsinn

Die Notwendigkeit des Gemeinsinnes betrifft sowohl diejenigen, die primär oder ausführend Vollstrecker des Gemeinwohls sind, als auch diejenigen, die den Forderungen des Gemeinwohls nachkommen. Die sog. bürgerlichen Tugenden sind gemeint, und sie sind bei der hier vorbetonten personalen Wurzelung des Gemeinwohls von besonderer Bedeutung. Die Wahrung der „nationalen Disziplin" ist bei den einzelnen Völkern verschieden; Volkscharakter, geschichtliche Erfahrung, sittliche und religiöse Höhe fließen ein. Der Egoismus des Eigentümers wie die Verantwortungslosigkeit des von Ansprüchen an die öffentliche Hand sich gesichert Fühlenden können dem gesunden Funktionieren des Gemeinwohls ebenso gefährlich werden wie die Blickenge eines überentwikkelten Familiensinns. Nicht um des Ethisierens willen, sondern auch wegen der *realistischen* Sicht des Gemeinwohls betont die Kirche neben der Zuständereform die *Gesinnungsreform.*

4.

Katholische Soziallehre

In: Staatslexikon der Görres-Gesellschaft, Bd. IV, 6. Aufl., Freiburg i.Br. 1959, Sp. 909–930. (Band I, S. 19–39).

(...) Geht man, um den *Charakter* der katholischen Soziallehre zu bestimmen, von der Einteilung der Wissenschaften in theoretische und praktische aus, dann gehört die katholische Soziallehre zu den *praktischen.* Sie beschäftigt sich ja mit der Ordnung gesellschaftlichen Lebens und mit dieser Ordnung als der durch die menschliche Sozialität (Gesellschaftlichkeit) dem Handeln gesetzten Norm. Aber aus dem vorgelegten Selbstzeugnis der Kirche ergibt sich, daß wir es nicht mit einer in der Weise *Kants* isolierten praktischen Vernunft zu tun haben, sondern mit *theoretischen Erkenntnissen und Wahrheiten, insofern sie bestimmt sind, das Handeln dirigierend hervorzurufen.* Nur so, nicht von einer bloß gefühlsmäßig, emotional der Wirklichkeit geöffneten Grundlage her gelangt der menschliche Geist gemäß der katholischen Soziallehre zur Erfassung objektiver gesellschaftlicher Ordnung und zu entsprechendem geordnetem und ordnendem Handeln. Daher immer wieder in den Dokumenten der katholischen Soziallehre die Verweise auf Wahrheiten und Sachverhalte, nicht auf Gefühlslagen oder Haltungen des Erkennens aus historisch oder soziologisch bedingter Situation, und zwar auf Wahrheiten der *Vernunft* und des geoffenbarten *Glaubens.* (...)

Auf Grund des Selbstverständnisses der Kirche von ihrer Soziallehre ist folgende Definition von ihr zu geben: *katholische Gesellschaftslehre ist die einheitliche Zusammenfassung aller auf Grund der christlichen Heilsordnung möglichen Erkenntnisse von den Ordnungsstrukturen der diesseitigen menschlichen Gesellschaft im Ganzen und in ihren Einzelbereichen als Norm der dem innerlich gesellschaftlichen Menschen dauernd und im Wandel der Geschichte erwachsenden Ordnungsaufgabe.* (...)

In Abgrenzung der katholischen Soziallehre von den Sozialwissenschaften sei zunächst bemerkt, daß naturgemäß die Erkenntnisse der katholischen Soziallehre weitgehend gemäß dem Materialobjekt mit den Sozialwissenschaften sich decken, ja aus ihnen gewonnen werden, daß aber eine Unterscheidung auf Grund des der katholischen Soziallehre eigenen *Formalobjekts* immer vorliegt. Denn immer sind die Erkenntnisse der katholischen Soziallehre gemeint als Norm der dem Menschen *auf Grund der christlichen Heilsordnung* erwachsenden Ordnungsaufgabe der Durchführung objektiv gegebener Ordnung der diesseitigen Gesellschaft. In erster Linie gilt dies in Abgrenzung und Übernahme der Erkenntnisse aus Sozialphilosophie und Sozialtheologie, insofern beide sich mit dem seins- und wertmäßig begründeten, innerlich gesellschaftlichen Menschen und der ihm deshalb eigenen Dynamik befassen, in und mit Gesellschaft, in und mit Geschichte zu leben. Von dorther also hat katholische Soziallehre ihre am meisten grundlegenden Begriffe: vom Menschen selbst, von seiner Gesellschaftlichkeit und Geschichtlichkeit, von der Gesellschaft, ihrer inneren und äußeren Struktur und in diesem Zusammenhang auch von Gemeingut und Gemeinwohl und seiner organisatorischen Natur, besonders auch von den unerläßlichen organisierenden Institutionen Ehe/Familie, persongebundenes Eigentum, Staat nebst den wesentlichen Formelementen des Organisierens, Leitungsprinzip (Autorität) und System von Satzungen. Von dorther, von *Sozialphilosophie* und *Sozialtheologie* gewinnt katholische Soziallehre auch die grundlegenden Erkenntnisse zum Verhältnis Kirche und Gesellschaft. Dabei wird man allerdings in der katholischen Soziallehre festzustellen haben, daß sozialtheologisch unmittelbar aus der Heiligen Schrift oder den Kirchenvätern geschöpfte Erkenntnisse ohne sozialphilosophisch und überhaupt philosophisch vorgehende Verarbeitung nicht Bestandteil katholischer Gesellschaftslehre werden können und daß hier das Ergebnis von der Art der angewandten Philosophie abhängt. (. . .) Schließlich ist festzustellen, daß die katholische Soziallehre bei der Übernahme ihrer grundlegenden Begriffe von der Sozialphilosophie und Sozialtheologie in keiner anderen Lage ist als die Sozialethik, die philosophische und die theologische. Denn auch diese übernimmt jene Begriffe von der Ontologie (Metaphysik) und Theologie des gesellschaftlichen Seins, das als solches ja auch werthaft ist. Schon gar nicht ist die Sozialethik zur katholischen Soziallehre oder Gesellschaftslehre in einem Fundierungsverhältnis, etwa durch den Begriff des Gemeinwohls. Es ist schlechthin umgekehrt. Zur Abgrenzung aber von *Sozialethik* und katholischer Soziallehre sei gesagt, daß auch hier weithin das Materialobjekt zusammenfällt, während das Formalobjekt verschieden ist. Denn Sozial- und Individualethik als spezielle Teile der allgemeinen Ethik behandeln das Tun und Lassen des Menschen, auch wo sie auf die gesellschaftlichen Ordnungseinheiten unmittelbar bezogen sind, unter dem Gesichtspunkt, ob dadurch der Mensch schlechthin gut ist, nämlich dadurch seine absolut bindende Verpflichtung auf das letzte und höchste Ziel des Menschenlebens bejaht. Indem ferner die katholische Soziallehre als Normwissenschaft in der Hinordnung ihrer Erkenntnisse auf die dauernde objektive Ordnung der diesseitigen Gesellschaft die stetige und konkrete Harmonie der verschiedenartigen Rechtsbeziehungen als Ordnungsaufgabe notwendig einbezieht und den Willen zu dieser Aufgabe als einem Gut Gottes und seiner Menschen bejaht, schafft sie die seins- und wertmäßige Grundlage für zwei sozialethische Tugenden, für die soziale Gerechtigkeit und die soziale Liebe. Diese beiden gehen somit, soweit sie Erkenntnisse für die Ordnung der diesseitigen Gesellschaft enthalten, in die katholische Soziallehre ein. Das gleiche ist von der empirischen, auf Sinnzusammenhänge gerichteten Soziologie zu sagen; man denke an soziologische Erkenntnisse über die Arbeit, den Beruf, das politische und kirchliche Leben. Mehr der Pastoral als der katholischen Soziallehre dient die statistische sog. Erhebungssoziologie. (. . .)

Katholische Soziallehre und Christus in der natürlichen Gesellschaftsordnung

Die dogmatische Tatsache, von der katholische Soziallehre, auf der Grundlage der christlichen Heilsordnung stehend, ausgeht, ist die *Menschwerdung Christi.* Christus, wahrer Gott und wahrer Mensch zugleich, hat als solcher durch sein Menschtum auch alle natürliche Gesellschaftsordnung und Erkenntnisweise von ihr als christlich anerkannt und ihre normierende Bedeutung in der Schöpfung als Gott-Mensch erhöht. Da es sich aber um den *historischen Christus* handelt, ist zu sagen, daß diese

Geschichtlichkeit Christi, die sich kraft Tatsetzung Gottes von seiner ewigen und nun auch jenseitigen Existenz abhebt, die Normkraft gerade der diesseitigen natürlichen Gesellschaftsordnung erhöht. „Er ist uns in allem gleich geworden", auch in der diesseitigen Gesellschaftlichkeit und Geschichtlichkeit des Menschen. Das Eigengewicht also, das, wie vorhin ausgeführt wurde, der christlichen Ordnungsaufgabe an der diesseitigen Gesellschaft zukommt, und zwar auch gegenüber dem jenseitigen Hoch- und Endziel des Menschen, ist für die katholische Soziallehre mit der Menschwerdung und historischen Existenz Christi in ungeahnter Weise dem menschlichen Gesellschaftsleben *immanent* geworden, und dies unbeschadet der das Diesseits überschreitenden Erlösungsaufgabe des Herrn.

Diese fundierende Bedeutung des historischen Christus für die katholische Soziallehre setzt sich fort in der *Kirche,* insofern sie der *fortlebende Christus* und *Lebensprinzip der menschlichen Gesellschaft* ist. In beiden Tatsachen ist die Wendung des Christen auf die diesseitige Welt betont, wie aus den der Kirche gewidmeten Ansprachen *Pius XII.* zu Weihnachten 1945 und am 20. 2. 1946 besonders hervorgeht. Es ergibt sich aber auch aus der so gemeinten Identifizierung der Kirche mit Christus, daß katholische Soziallehre nicht nur auf ihre oben gekennzeichneten Träger verwiesen ist, also auf das kirchliche Lehramt und die mit ihm verbundenen Gelehrten der Sozialwissenschaften, sondern auf die Kirche selbst, indem sie die mit dem historischen Christus in ungeahnter Weise geschehene Immanenz christlicher Ordnungsaufgabe an der diesseitigen Gesellschaft fortsetzt. Hierin liegt für die Gesellschaft die Frucht des *Mitseins* der Kirche mit ihr. Kraft dieses Mitseins hält die Kirche in ihrer Soziallehre das Wissen von den natürlichen Ordnungsstrukturen gesellschaftlichen Lebens und von der natürlichen Erkennbarkeit solcher Strukturen für die Menschen aufrecht, und überdies bewirkt sie in dem erbsündlich verursachten Zustand der Menschheit mit dem Licht des geoffenbarten Glaubens und mit den anderen ihr anvertrauten Gnadenkräften, daß solche grundlegenden Wahrheiten zwar nicht überhaupt, aber doch „von allen leicht mit fester Gewißheit und ohne Beimischung von Irrtum" (Conc. Vaticanum, *Denzinger* 1786) erkannt und festgehalten werden können, und zwar angesichts der naturhaft bestehenden Anfälligkeit eines Geistwesens wie des Menschen für Verdunkelung des Verstandes und Schwächung des Willens, einer Anfälligkeit, die im paradiesischen Gnaden- und Gabenstand kompensiert war. (...)

5.

Gesellschaft und Kirche

Aus: Art. Gesellschaft, Artikel im Staatslexikon der Görres-Gesellschaft, Bd. III, 6. Aufl., Freiburg i. Br. 1959, Sp. 817–822; 842–844. (Band I, S. 146–154).

Die nach *katholischer Lehre* von Christus gestiftete Kirche ist selber gesellschaftliche Einung und weist mithin auch alles auf, was zum inneren und äußeren Aufbau und Zweck der Gesellschaft ontologisch gehört. Aber sie hat dies alles in einer neuen, *gnadenhaften, übernatürlichen Weise* und auf einer naturhaft dem geschaffenen Menschen nicht geschuldeten Höhe und Tiefe seiner Gottebenbildlichkeit, seines personalen Seins und Wertes mit der damit gegebenen Gesellschaftlichkeit und Geschichtlichkeit in ihrem ganzen Gehalt des Menschtums. So bedeutet denn auch das der Kirche wie jeder Gesellschaft eigentümliche intentionale Sein eine gesellschaftliche Wirklichkeit von unerhörter Neuheit, aufgebaut auf der ebenso unerhört erweiterten Dimension der Wertintentionalität menschlicher Geistwesen, der von Christus erlösten und mit ihm in Lebenseinheit verbundenen Personen. Hebt man nun diese Kirche, die als Gesellschaft allein aus dem Gnadenwillen Gottes entstanden ist und im Seelenheil des Menschen ihre eigene Zielsetzung hat, von dem Gesamt der menschlichen Gesellschaft, also der Menschheit, ab, so berühren sich beide gesellschaftlichen Gebilde in der *menschlichen Person* vermöge ihrer die Gesellschaftlichkeit und Geschichtlichkeit begründenden Wertintentionalität. Aus diesem Grund ist der Kontakt beider Gebilde innerlicher Art und wie beim Kontakt im Gesellschaftsleben überhaupt ein Aufeinanderbezogensein, ein *inneres Mitsein,* wobei die Kirche die ihr eigentümlichen, höheren Lebenskräfte spendet. Das ist es, was man Kirche als *Lebensprinzip der menschlichen Gesellschaft* nennt. Das schließt jede organizistische Mißdeutung, aber auch allen religiösen Integralismus aus, denn alle Wertbereiche im inneren und äußeren Aufbau der Gesellschaft bleiben in ihrer relativen Eigengesetzlichkeit bestehen.

Konkret ist die so gesehene Kirche unter der Fügung der göttlichen Vorsehung nur im Stückwerk verwirklicht. Aber man kann immerhin sagen, daß der Einfluß des Christlichen auf Gesellschaft und Welt von seiner intensiv und extensiv vollkommenen Fassung in der Kirche, auf die Dauer gesehen, abhängt. Diese Erfahrungstatsache bestätigt aber nur das geschilderte grundsätzliche Verhältnis von Gesellschaft und Kirche. Wo Christentum auf das Innerliche der Individuen eingeschränkt wird, sei es durch Spiritualisierung der Kirche überhaupt, sei es durch eine konkretizistische, existentialistisch-situationsethische Herausnahme der mit Christus verbundenen Person aus ihren ontologisch gegebenen Seins- und

Wertbezügen des Menschtums, ist das intentionale Sein der Kirche, mithin die Kirche als Gesellschaft, in Frage gestellt, gleichzeitig aber auch das Verhältnis des Christlichen zur Gestaltung von Gesellschaft und Welt.

Die Kirche als Lebensprinzip der menschlichen Gesellschaft stärkt im inneren Mitsein mit ihr den Grundsatz und das Bewußtsein der *Einheit der Menschheit*, da die Kirche als der *Christus-Totus (Augustinus)* übernational ist, in ihrer Unteilbarkeit keine Diskriminierung von Menschengruppen kennt und in ihrer Universalität allem echten Menschentum sich öffnet und positiv anpaßt. Gefährliche Feinde der Menschheit in ihrer Einheit sind ebenso auch gefährliche Feinde der Kirche. Wenn sie daher um ihrer selbst willen gegen solche Feinde kämpft, kämpft sie ohne weiteres auch für die Menschheit. Die Kirche stärkt ferner im inneren Mitsein mit der Gesellschaft den *Menschen in der Ganzheit seines Seins und Wertes,* mithin auch die Wurzel und den Vollzug seiner Gesellschaftlichkeit. Denn die Kirche sieht notwendig bei ihrer Bildungsarbeit am Menschen in ihm eine personale Ganzheit des Menschtums, wiederum den Christus-Totus, und so ist auch alles im gesellschaftlichen Leben ihr eigener Feind und eine Bedrohung ihrer Heilsaufgabe, was den Menschen atomisiert, seinen Lebensraum und seine Arbeitswelt der Einheit beraubt und ihn vermaßt. Die Kirche stärkt ferner durch ihr inneres Mitsein mit der Gesellschaft die *personalen Qualitäten* jedes gesellschaftlichen Lebens: Ehrfurcht, Beispiel und personales Geben und Empfangen, denn gerade die heiligsten zwischenmenschlichen Betätigungen in der Kirche sind ebenfalls an diese Qualitäten geknüpft. Schließlich stärkt die Kirche durch ihr Mitsein mit der Gesellschaft ihre *organisatorischen Elemente:* Autorität und Rechtsordnung, Brauchtum und Sitte, Einrichtungen wie Familie, Eigentum, Staat, örtliche und berufliche Verbundenheit und Völkergemeinschaft. Denn alle diese Elemente sind ihr teils selbst zu eigen, teils das naturgemäße Feld und die Voraussetzung fruchtbarer Seelsorge und des erfolgreichen Heilswirkens überhaupt.

Das Verhältnis von Gesellschaft und Kirche ist mithin immer *wechselseitig.* Veränderungen im gesellschaftlichen Leben, von der Wissenschaft und Kunst über die Wirtschaft und Technik bis hin zu den demographischen Veränderungen, wirken auf die Kirche, die Art ihrer Lehrverkündigung, die Formen ihrer Seelsorge und Liturgie, die Beziehung ihrer Teile im weltweiten Raum zurück. Die katholische Kirche in ihrer Geschichte, besonders auch das Verhältnis zwischen Kirche und Staat, belegt, was das Mitsein von Gesellschaft und Kirche heißt. (...)

6.

Die katholischen Verbände

In: Stimmen der Zeit 127 (1934), S. 396–405. (Band I, S. 406–415).

An die Macht gekommen, hatte der Nationalsozialismus nichts eiliger zu tun, als die katholischen Verbände zu zerschlagen bzw. aufzulösen. Es gab auch innerhalb des Katholizismus vereinzelt Stimmen, die mit der neuen Situation liebäugelten und das katholische Verbändewesen als ein Kind des Liberalismus und damit als eine Fehlentwicklung hinzustellen suchten. Gundlach nimmt die Äußerung eines führenden Funktionärs der katholischen Studentenverbände im Juni 1933 zum Anlaß, um die falsche „Gelassenheit" anzuprangern und die Grundlagen des modernen Katholizismus aufzuzeigen.

Einer der führenden Männer der gewesenen katholischen Studentenverbände Deutschlands sagte im Sommer vorigen Jahres bei einer festlichen studentischen Veranstaltung in Berlin im Hinblick auf den neuen „Staat der nationalen Revolution", die Gewißheit der göttlichen Sendung der Kirche und ihrer Sakramente habe gerade die katholische Studentenschaft in den Stand der Gelassenheit und freudig bejahenden besinnlichen Mitarbeit gesetzt, weil sie wisse, daß letzte Entscheidungen nicht von den Menschen, sondern von Gottes allseitiger Vorsehung gefällt werden (Bericht der „*Germania*" vom 6. Juni 1933). Hier soll nun nicht darauf hingewiesen werden, daß jene Gelassenheit der Führung inzwischen Zehntausende katholischer Akademiker geradezu über Nacht vor die Tatsache der Selbstaufgabe des Prinzips der Katholizität durch ihre Verbände gestellt hat, wenn auch dieses Ergebnis allein schon den praktischen und wohl auch sittlichen Wert jener Gelassenheit eigenartig beleuchtet und ihr den Zauber vollends nimmt, den Szenerie und Stimmung eines Festkommerses allenfalls geben konnten. Hier soll vielmehr auf die zugrunde liegende religiöse Denkweise eingegangen werden, mit der jene Gelassenheit gerechtfertigt wurde. Denn diese religiöse Denkweise ist, wie alle Kenner unserer Verhältnisse zugeben werden, von nicht geringem Einfluß auf die Meinungsbildung in den eigenen katholischen Reihen über die Notwendigkeit des katholischen Verbändewesens überhaupt.

Falsche „Gelassenheit"

Gottes Vorsehung wacht gewiß über seiner Kirche, und die Kirche hat aus der Heiligen Schrift die Gewißheit, daß keine geschöpflichen Gewalten sie jemals überwältigen werden. Aber so sicher diese Wahrheit in ihrer Allgemeinheit ist, so ist doch ebenfalls sicher, daß jenes göttliche Versprechen des unerschütterlichen Bestandes nicht von der katholischen Kirche auf deutschem oder sonst einem begrenzten Boden gilt. Hier gibt „die Gewißheit der göttlichen Sendung der Kirche und ihrer Sakramente" durchaus nicht die katholische, auf der Glaubenslehre gegründete Unterbauung der Geisteshaltung der Gelassenheit. Noch mehr. Diese Gelassenheit hinsichtlich des Schicksals der Kirche auf deutschem Boden steht nicht nur nicht auf tragfähigem katholischem Grund, sondern steht auch in merkwürdigem Gegensatz zu unserer deutschen Situation. Diese Situation, umschrieben durch das, was man „nationale Revolution" zu nennen pflegt, wurde und wird als eine ungeheure Kraftanstrengung der deutschen Menschen für ihr nationales und gesellschaftliches Dasein allenthalben gefeiert und wurde sicherlich auch von vielen in dieser Weise empfunden. In demselben Augenblick nun will man einen Großteil dieser Menschen, soweit sie nämlich katholisch sind, auf einen Zustand der Gelassenheit hinsichtlich ihrer Kirche festlegen!

Echte Sturmjahre der Nation pflegen alles zu erfassen, was in und mit dieser Nation wuchs, also auch die Kirche, es sei denn, man trennt in liberalistisch-atomisierender Weise die Lebensbereiche der Menschen. Gerade dies aber werden Männer wie der eben erwähnte Verkünder jener Gelassenheit aus ihrer nationalsozialistischen Überzeugung heraus nicht wollen. Man braucht ja noch nicht hundert Jahre zurückzugehen, um auf deutschem Boden bereits ein echtes Beispiel von Sturmjahren der Nation zu erleben. Jene Jahrzehnte wirtschaftlicher und sozialer Krisen, die von dem für Deutschland langsam anbrechenden industriellen Zeitalter verursacht wurden und schließlich in der Revolution von 1848 sich auch politisch auswirkten, waren nicht nur Zeiten gärender Bewegung auf staatlich-gesellschaftlichem Gebiet, sondern gleichzeitig die Jahre der erwachenden „katholischen Bewegung", gipfelnd in der berühmten Würzburger Konferenz der deutschen Bischöfe. Diese Jahre waren auch – dies ist im gegebenen Zusammenhang besonders wichtig – direkt oder indirekt die Geburtsjahre unseres reichen katholischen Verbändewesens. Es ist also schon so, daß echte Sturmjahre der Nation mit innerer Notwendigkeit auch eine katholische Volksbewegung um Bestand und noch mehr um Einfluß der Kirche hervorrufen. Dies unterdrücken wollen und diese Unterdrückung sogar noch mit der religiösen Forderung einer sog. Gelassenheit begründen wollen, ist weder katholisch noch deutsch gedacht, gerade wenn man „katholisch" und „deutsch" in lebendiger Einheit denkt und lebt.

Die „katholische Bewegung" kein Kind des Liberalismus

Freilich ruft man mit dem Hinweis auf die Geburtsjahre des katholischen Verbändewesens in Deutschland einen eigenartigen Einwand wach. Man sagt uns, daß durch diesen Hinweis die katholischen Verbände klar als

Kinder des aufkommenden und durchbrechenden liberalen und demokratischen Zeitalters gekennzeichnet seien und heute also wie dieses der Vergangenheit angehören müßten. Man erinnere sich, daß sogar die Führer der zwei größten katholischen Studentenverbände in merkwürdiger geistiger Hörigkeit gegenüber der Tagessprache sich solche Gedankengänge aneigneten und glaubten, mit ihnen die Aufgabe des Prinzips der Katholizität durch ihre Verbände begründen zu können.

Hier liegen schwerwiegende und in ihren Folgen verhängnisvolle historische und soziologische Irrtümer vor. Die „katholische Bewegung" von damals glich einem Ruderboot, dessen Kurs durch die kräftige Abwehr vom Absolutismus des Staates bestimmt, dessen Vorankommen durch den frischen Wind des einbrechenden Liberalismus begünstigt, dessen Antrieb aber ganz und gar aus den selbstbewußten Eigenkräften der Kirche geschöpft wurde. Die herrschenden Mächte des Staatsabsolutismus, besonders der Bürokratie, riefen nach Jahren der Unterdrückung, Beraubung und Bevormundung den Widerstand der Katholiken Deutschlands wach. Ihre Kirche war auf ein Mindestmaß von Lebensäußerung eingeschränkt, und sogar ins Heiligtum der Lehrverkündigung und Seelsorge griffen die Organe des damaligen autoritären und totalen Staates ein. Die katholische Antwort in jenen Jahren läßt nichts von der Gelassenheit verspüren, von der man heute sagt, daß sie aus der „Gewißheit der göttlichen Sendung der Kirche und ihrer Sakramente" heraus die Haltung der deutschen Katholiken gegenüber der Gestaltung des Weltlichen bestimmen müsse. Die *katholische Bewegung* bricht vielmehr durch, gerade weil man gegenüber dem autoritären und totalen Staat von damals nicht mehr „gelassen" sein will und sein kann. Und doch lag sogar damals bei den meisten Staaten der sog. Restaurationszeit ein betont „christlicher" Charakter vor, garantiert nicht nur durch feierliche Regierungserklärungen, sondern auch durch eine jahrhundertealte Überlieferung, versinnbildlicht in mannigfachen religiösen Formen des staatlich-politischen Lebens. Aber nur die allzu Romantischen und die falschen Konservativen unter den Katholiken ließen sich noch durch Fassaden täuschen. Das Bündnis von *Thron und Altar* hatte in der überlieferten Form schon längst aufgehört, brauchbare Grundlage der allgemeinen Ordnung zu sein. Schon deshalb, weil die herrschende Gestalt des mehr oder weniger absoluten Staates an der unaufhaltsamen Gewalt des industriell-kapitalistischen Geschehens und der mit ihm verknüpften innergesellschaftlichen Umschichtungen zerbrechen mußte. Der *Liberalismus*, verkörpert im initiativen Bürgertum, drängte unwiderstehlich nach oben, und im Hintergrund ballten sich vor dem Blick der Scharfsichtigen bereits die organisierten Massen zusammen, die im Sozialismus lediglich eine andere Form des Liberalismus finden sollten. Was bot unter solchen Umständen die „Christlichkeit" der bestehenden Staatsformen an Garantien für Bestand und Wirksamkeit der Kirche, selbst wenn es den staatlichen Gewalten damit Ernst war?

Mochte auch die amtliche kirchliche Politik noch längere Zeit nichts von der sich ändernden Lage äußerlich verspüren lassen und die autoritäre Kirchenpolitik ausschließlicher Kabinettsverhandlungen noch weiter verfolgen, und mochten auch die meisten zeitgenössischen Ethiken und Moraltheologien noch mehr als ein halbes Jahrhundert lang eine deutliche Zurückhaltung gegenüber Konstitutionalismus und Parlament zeigen – man lese nur die entsprechenden Thesen im zweiten Band der „Institutiones iuris naturalis" des hervorragenden *Theodor Meyer* S.J. –, so war doch für die Einsichtigen klar, daß die Kirche nicht mehr nur autoritär, sondern gestützt auf katholische Volksbewegungen sich Freiheit und Wirksamkeit sichern müsse. Hier, in der Abkehr vom sog. christlichen, autoritären und totalen Staat von einst, wird also die katholische Volksbewegung Deutschlands geboren und wird der Keim zum reichgegliederten katholischen Verbändewesen bis hin zur politisch-parlamentarischen Auswirkung gelegt. Diese entschlossene Frontstellung bezeichnet mithin den ersten Kurs der „katholischen Bewegung", und man kann wirklich nicht sagen, daß sich gerade die lebendigen und zeitnahen Katholiken damals in einem Zustand der Gelassenheit befunden hätten. Die tiefe Einsicht in die soziologische Verkettung des Geschicks ihrer Kirche mit dem Umbruch der Zeiten rief sie vielmehr zu katholischen Taten.

Aber vielleicht ist dennoch der Umstand, daß die „katholische Bewegung" mit ihren Folgeerscheinungen zugestandenermaßen vom frischen Wind des Liberalismus begünstigt wurde und aus seinen Forderungen der Vereinsfreiheit, der Freiheit der öffentlichen Meinung, des Wahlrechts und des bürgerlichen Rechtsstaates überhaupt Nutzen zog, ein ernstlicher Einwand. Man zählt gern die sog. Liberalismen auf, zu denen sich die „katholische Bewegung" in der Folgezeit angeblich verführen ließ, angefangen von der Parteibildung und der Sozialpolitik bis hin zur Beteiligung an demokratisch-parlamentarischen Verfassungsformen. Zunächst ist der Umstand, daß alle diese Dinge im liberalen Zeitalter ermöglicht wurden, für sich allein noch kein Beweis dafür, daß der deutsche Katholizismus in den Beweggründen und Zielen seines Vorangehens dem liberalen Weltbild verfallen war. Hier müßte schon ein Blick auf das kirchliche Lehramt in der liberalen Ära zur Vorsicht mahnen. Es war sicherlich kein Liberalismus, wenn der Papst der *Rerum novarum, Leo XIII.*, und sein großer Anreger, der Mainzer Bischof *v. Ketteler,* den Kurs der „katholischen Bewegung" in der Richtung auf den sozialpolitischen Staat hin ermunterten. Und *Pius XI.* hat, was heute geradezu vergessen wird, den Weg der „katholischen Bewegung", wenn man seine Worte auf Deutschland anwendet, als den Weg über das katholisch-soziale Vereinswesen und die christlichen Gewerkschaften bis hin zum modernen Arbeitsrecht noch 1931 im ersten Teil der *Quadragesimo anno* ausdrücklich anerkannt, ja sogar belobt. Gewiß kann keine Rede davon sein, daß jede Einzelheit jenes Vorangehens dadurch als richtig bezeichnet wird; aber daß die eingeschlagene allgemeine Richtung echten katholischen Grundsätzen entsprach, wird doch wohl durch jenen berühmten Abschnitt der Enzyklika bestätigt. Mindestens wird man also wohl das Urteil als unvorsichtig bezeichnen dürfen, das im Hinblick auf das angedeutete Vorangehen der deutschen Katholiken von ihrem Sündenfall in Liberalismus und Individualismus spricht.

Was auf katholischer Seite geschah, war in Wirklichkeit lediglich die Anwendung *naturrechtlich-christlicher Grundsätze* auf Gesellschaft und Staat in der klar erkannten neuen soziologischen Situation. Dies geht übrigens auch aus der Beweisführung in den eben angeführten lehramtlichen Kundgebungen der Kirche mit voller Deutlichkeit hervor. Um dann noch die Anklage auf *Liberalismus* aufrechtzuerhalten, müßte man schon mit *Carl Schmitt* das ganze naturrechtliche Denken über die Abgrenzung der Rechte von Person, Familie und Staat oder von „Gesellschaft", Staat und Kirche für ein Erzeugnis der atomisierenden Denkweise des liberalen „bürgerlichen Rechtsstaates" oder der „Barockscholastik" erklären. Aber solcher *Historizismus* der Begriffsbildung entspricht gewiß nicht den erkenntnistheoretischen und metaphysischen Grundlagen der im katholischen Kulturkreis stets festgehaltenen und fortentwickelten Lehre vom Naturrecht, das in seiner allgemeinen und deshalb doch nicht völlig inhaltleeren Struktur auf schlechthin und zeitlos gültigen Wesens- und Seinsverhältnissen aufruht.

Echter Pluralismus

Diese naturrechtliche Anerkennung einer Vielheit, „Pluralität", relativ eigenständiger Lebenskreise ist nun auch der Grund, daß man von einem *echten* Pluralismus im Aufbau des menschlichen Zusammenlebens sprechen muß. Vor allem gilt dies, abgesehen von der menschlichen Person, auch von den *Gebilden* des Zusammenlebens, sei es, daß sie der Menschennatur wesensnotwendig oder wenigstens integrierend sind, sei es, daß sie freier Vereinbarung und somit dem natürlichen Recht des Menschen, sich mit andern zusammenzuschließen, entspringen. Dieser echte Pluralismus und die aus ihm sich ergebende Abgrenzung von Pflichten und Rechten hat mithin durchaus nichts mit dem liberalistisch-individualistischen Hang zum Pluralismus zu tun. Der liberalistische Pluralismus entstammt nämlich der falschen Idee von der autonomen, isolierten, rein formal, d. h. inhaltlich wertleer gesehenen Persönlichkeit und der Leugnung einer übergreifenden, objektiv-seinsmäßig begründeten Ordnung und Einheit des menschlichen Zusammenlebens, während der naturrechtlich begründete Pluralismus, gerade weil er naturrechtlich begründet ist, die Idee der Ordnung und Einheit überhaupt und somit auch eine letzte umfassende Einheit anerkennt und anerkennen muß.

Daher ist es ein Mißverständnis, wenn in einigen neueren Arbeiten auch auf katholischer Seite – offenbar unter dem Einfluß von *Carl Schmitt* – der Gedanke nahegelegt wird, daß die Ordnungs- und Einheitsidee der scholastischen Sozialphilosophie einen echten Pluralismus in der Lehre vom menschlichen Zusammenleben nicht zulasse. Nicht anders kann es gemeint sein, wenn man z.B. die Berechtigung der Unterscheidung von „Gesellschaft" und „Staat" unter Berufung auf den *hl. Thomas* leugnet. Dennoch betrifft diese Unterscheidung seinsmäßig begründete und daher voneinander abgegrenzte Lebenskreise und ist zudem auch von der Enzyklika *Quadragesimo anno* gelehrt. Auch was man im Gegensatz zur Einheits- und Ordnungsidee des *hl. Thomas* an einheitzerreißendem Denken in der Staatslehre von *Suarez* und *Bellarmin* bemerken will, ist nicht überzeugend. Die seinsmäßige Abgrenzung bedeutet doch keine mechanisch-individualistische Trennung, auch nicht da, wo das Verhältnis von Kirche und Staat in der Lehre von den zwei „vollkommenen Gesellschaften" (societates perfectae) ausgedrückt wird, wobei übrigens die abweisende Kritik notwendig auch die Lehre *Leos XIII.* treffen müßte. Auch durch die Abgrenzung der beiden „vollkommenen Gesellschaften" ist eben eine höhere Einheit nicht geleugnet. Daß diese Einheit aber nicht von irgendeinem der konkreten Staaten, auch wenn sie sich christlich nennen, dargestellt wird, *und daß sie von ihnen überhaupt nicht dargestellt werden kann,* scheint unbestreitbar. Die übergreifende Einheit aber der „communitas perfecta christiana", von der man im Sinne des *hl. Thomas* sprechen zu können glaubt, ist doch wohl zunächst rein historisch im Hinblick auf das damalige „Reich" zu verstehen; sie bleibt freilich auch heute eine christlich-grundsätzliche Forderung, aber ihre zeitgemäße Erfüllung in der Gegenwart ist leider noch nicht einmal in den Grundlinien sichtbar.

Wer nun einen echten Pluralismus anerkennt, gewinnt damit auch die naturrechtliche Begründung des katholischen Verbändewesens und begreift, daß dies mit Liberalismus durchaus nichts zu tun hat. Unbestreitbar ist, daß der liberale Wind der Zeit das Auf- und Vorwärtskommen der „katholischen Bewegung" begünstigte. Aber daraus folgt in keiner Weise, daß die „katholische Bewegung" und die mit ihr entfalteten Verbände liberalistischer Natur waren und sind. Ihr Quellgrund liegt anderswo. Daß man katholischerseits aus dem Liberalismus der Zeit Vorteile zog, beweist eben nur wieder, daß in jedem Irrtum ein wahrer Kern steckt, der sich schließlich auch fruchtbar auswirkt.

Vielleicht vollziehen sich aber in den allgemeinen soziologischen Verhältnissen unserer Zeit Veränderungen, die es als Zeitforderung nahelegen, auf den Pluralismus des Verbändewesens auch im kirchlichen Raum zu verzichten und zu einer strengen Vereinheitlichung überzugehen. Da und dort faßt man sogar die „Katholische Aktion", freilich fälschlich, so auf. Eine Bestätigung dieser soziologischen Diagnose könnte der Durchbruch des strengen Einheitsgedankens vermittels des Führerprinzips im staatlich-gesellschaftlichen Raum Deutschlands sein. Nun soll ja in diesem Aufsatz, wie schon bemerkt wurde, nicht über die Notwendigkeit dieses oder jenes katholischen Verbandes gesprochen werden, sondern vom katholischen Verbändewesen als solchem. Ebenso ist auch in dieser Zeitschrift schon öfter, auch vor der Revolution des letzten Jahres (...), von den einheitgefährdenden, bedenklichen Erscheinungen in der „katholischen Bewegung" infolge des konkreten Pluralismus der Verbände geschrieben worden. Aber es dürfte nach den bisherigen Ausführungen klar sein, daß dies alles nichts Entscheidendes gegen den Pluralismus des katholischen Verbändewesens an sich bedeutet, weder in der Theorie noch in der Praxis. Vielmehr könnten die Berufenen hier verhältnismäßig leicht Abhilfe schaffen, ohne den Eindruck zu erwecken, als gäbe man dem Drängen grundsätzlicher Gegner des katholischen Verbändewesens nach.

Entscheidend ist eben, ob einzelne Lebenskreise im katholischen Bereich von so charakteristischer Eigenart und von so individueller Lagerung der Interessen und Bedürfnisse bleiben, daß sie aus der Natur der Sache heraus, nicht wegen des bloßen Herkommens oder wegen des Individualismus und Geltungsdrangs dieser oder jener eine eigene gesellschaftliche Zusammenfassung verlangen. Ein *Einheits- und Führerprinzip*, das uniformierend, vereinerleiend dies alles übersehen und aufsaugen wollte, wäre der Tod echt organischen und fruchtbaren Zusammenlebens der Menschen. Am Ende stände das Massendasein und die vollkommene Passivität der Geführten, allerdings, was die „Katholische Aktion" betrifft, für den Oberflächlichen und Zahlenhungrigen verdeckt durch die Riesenattrappe eines abstrakten „Laienapostolats" der vier Kolonnen von „Männern" und „Jünglingen", „Frauen" und „Jungfrauen". Am Ende stände ferner, was eigentlich noch schlimmer wäre, eine Führungsapparatur, die zwangsläufig, weil von unten kein echtes Leben mehr aufquillt, mit einer „Aristokratie" der sog. Gesinnungstüchtigkeit, nicht aber der Leistungsfähigkeit besetzt wäre. Hier interessiert nicht, wie man im staatlich-gesellschaftlichen Raum mit diesen Gefahren uniformierender Führung, die noch dazu den Individualismus nicht tötet, sondern nur auf Schleichwege abdrängt, fertig wird; aber im Raum des katholisch-religiösen Lebens sollte man das Wagnis einer so beschaffenen „Einheit" gar nicht eingehen.

Daher möge man unser katholisches Verbändewesen vereinfachen, verpersönlichen und nicht zuletzt auch verbilligen, aber man möge den echten Pluralismus bestehen lassen. (...)

Kein Rückzug der Kirche in die Innerlichkeit

Die Berufung auf irgendwelche geschaffene höhere Einheit zwischen Kirche und Staat kann also die angeblich eingetretene Nichtnotwendigkeit der „katholischen Bewegung" und mithin der katholischen Verbände, schließlich auch die Forderung der Gelassenheit um das Leben der Kirche nicht begründen. Hinzu kommt, daß die Frage der Gefährdung oder Nichtgefährdung der Kirche hier überhaupt nicht entscheidend ist. Die Kirche kann sich in keinem Fall von der ihr aufgegebenen Verantwortung für alle Bereiche der Gottesschöpfung, nämlich für die Durchführung der religiös-sittlichen Grundsätze, entlasten. Keine auch noch so christliche Instanz auf Erden kann ihr diese Verantwortung abnehmen. Sie *ist* eben der „fortlebende Christus", der fortlebende fleischgewordene Logos, in dem *alles* geschaffen ist, was geschaffen ist. Es handelt sich für die Kirche lediglich um die verschiedenen Wege, dieser Verantwortung zu genügen.

Die eingangs aufgeführten Sätze eines katholischen Redners legen die Auffassung nahe, als sollte sich die Kirche im Hinblick auf ihre sakramentale Ausstattung und auf ihre innere Vereinigung mit dem allwirksamen lebendigen Gott in Gelassenheit der ihr gegebenen *geschöpflichen* Aktivität möglichst enthalten. Wir haben hier wohl feinste Auswirkungen geistiger Irrwege vor uns, die das letzte Jahrzehnt des deutschen Katholizismus in den Formen eines tatabgewandten Liturgismus – nicht zu verwechseln mit liturgischer Bewegung – und in den Formen einer dem geschöpflichen Willen nicht voll gerecht werdenden Gnadenauffassung bestimmten. Sie waren wohl, wenn auch nur zum Teil, die Reaktion auf eine unangenehme „Betriebsamkeit" und Veräußerlichung des katholischen öffentlichen Lebens. Aber trotzdem sind es Irrwege, doppelt verhängnisvoll in unserer konkreten Frage zu einer Zeit des hochgeladenen Dynamismus und Vitalismus im nichtkatholischen Lager. Die Kirche als der „fortlebende Christus" lebt auch durch uns und unsere Aktivität. Gewiß liegt ein Wagnis darin, wenn die Kirche von religiös-sittlichen Grundsätzen her sich um das jeweils richtige Ordnungsbild in *allen* Bereichen der Gottesschöpfung bemüht. Aber ein Wagnis, das sie aus ihrem Wesen heraus auf sich nimmt, kann niemals eine Gefährdung der Arbeit am Seelenheil der Menschen sein, sondern es gibt dieser Arbeit erst den festen Boden. Wie kann etwa eine christlich-berufsethische Beeinflussung der Menschen erfolgen, wenn nicht die Berufsethik aufbaut auf dem wahren Ordnungsbild in den jeweiligen Lebens- und Berufsbereichen! Eine Ethik der einzelnen Berufe, die lediglich Gesinnungsethik wäre, hätte kein Fundament. Hinzu kommt, daß ja auch, abgesehen von den religiös-sittlichen Bedürfnissen der berufstätigen Menschen, die einzelnen Lebensgebiete *in sich* der Durchformung durch den Logos bedürfen und „auf Erlösung harren", und daß die Kirche für die Erfüllung dieser kosmischen Funktion Christi verantwortlich ist.

Immerhin könnte man dann auch sagen, daß die gesteigerte Aktivität der Hierarchie und allenfalls des übrigen Klerus genüge. Gewisse feudal-autoritäre Strömungen, die, wohl durch mancherlei Veränderungen im staatlich-gesellschaftlichen Raum angeregt, auch in der Kirche wieder an Boden gewinnen, haben zweifellos eine innere Widerstandshaltung gegen echte katholische *Volks*bewegungen. Man denkt auch im kirchlichen Bereich da und dort wieder gern in den Kategorien der „Elite" und der führungsbedürftigen „Masse"; das System, das man als „Klerikalismus" mit Recht verurteilt, hat überhaupt nie anders gedacht. Es soll sogar katholische Intellektuelle geben, die heute nur deshalb unter die starke Hand des Führerstaates begeistert flüchten, weil sie ihre im Grunde echt liberale Haltung vor dem wirklichen oder vermeintlichen Klerikalismus und seinen Herrschaftsansprüchen sichern wollen. Hinzu kommen falsche konservative Haltungen, die teils neuprotestantischer Staatslehre, teils weltlichen Machttheorien entstammen und deshalb der Mitwirkung und gar der Mitentscheidung des „Volkes" abgeneigt gegenüberstehen. Aber man soll sich doch durch den augenblicklichen Schein nicht täuschen lassen. Nicht in konkordatären Abmachungen ist zuletzt, menschlich gesehen, das Leben der Kirche gesichert, sondern im einsatzbereiten und aufgeweckten „Volk der Gläubigen", im „coetus fidelium"; dies ist die Kirche *auch*, ja in gewissem Sinn vor allem; sie ist nicht nur ein „Schafstall", wobei manche auch noch vergessen, daß nach den Worten der Heiligen Schrift dieser Schafstall Christus und nicht Menschen gehört.

Das beste Saat- und Erntefeld für den das wirtschaftlich schwer ringende Abendland bedrohenden Bolschewismus ist das geistige Massendasein der Menschen. Mag man in andern Lebensbereichen dieses Massendasein, befangen in falschen Gesellschaftsideologien, noch fördern. Die Kirche soll durch das Schicksal des orthodoxen Schismas gewarnt sein und ihr Volk im echten Pluralismus eines lebendigen Verbändewesens zur Mitverantwortung wecken.

II. IDEOLOGISCHE GESELLSCHAFTSSYSTEME

Gundlach hat sich vor und nach 1933 in einer Reihe von Artikeln gegen den Nationalsozialismus gewandt. Hier werden Auszüge abgedruckt aus seinem damaligen Vorlesungsmanuskript und einem Beitrag, der 1932 in den „Stimmen der Zeit" erschienen ist. Als der Gauleiter von Hessen ihn als „untragbar" bezeichnet hatte, fürchteten die Oberen des Jesuitenordens um den Bestand ihrer Hochschule in St. Georgen. Gundlach mußte 1934 nach Rom gehen, wo er die Leitung eines Instituts gegen den Kommunismus übernehmen sollte. Er lehnte diese Aufgabe, die ihm der Jesuitengeneral übertragen wollte, ab, weil er den Nationalsozialismus als ebenso gefährlich wie den Kommunismus ansah.

Ideengeschichtlich machte Gundlach für die Entstehung der kollektivistischen Gesellschaftssysteme den Liberalismus verantwortlich, sei es den bürgerlichen, sei es den proletarischen (= Sozialismus). Die individualistische Betrachtungsweise, die die Gesellschaft auf eine Summe von Individuen und auf eine „Nutzveranstaltung" reduzierte, war sozusagen kontraproduktiv.

1958 kam es zu einer denkwürdigen Begegnung zwischen führenden Repräsentanten der Katholischen Kirche und der Sozialdemokratischen Partei, zu der die Katholische Akademie in Bayern eingeladen hatte. In den Bundestagswahlen 1957 hatten die christlichen Unionsparteien die absolute Mehrheit gewonnen. Wenn die SPD regierungsfähig werden wollte, dann mußte sie nicht nur ihre Wirtschaftspolitik ändern, sondern auch ein neues Verhältnis zur Katholischen Kirche erstreben, um für Katholiken wählbar zu werden. Schon seit geraumer Zeit war die Vorbereitung des Kurswechsels in der Führungsschicht der SPD im Gange, der dann in Godesberg (1959) vollzogen wurde. Gundlach, dessen Referat in München im Zentrum stand, überraschte die Gesprächspartner, weil er nicht die Absage an die marxistischen Wurzeln, sondern die Frage in den Mittelpunkt rückte, ob die SPD auch bereit sei, ihr liberales Erbe und ihre Gegnerschaft zu den gottgegebenen Wahrheiten und Werten des gesellschaftlichen Lebens zu überwinden.

7.

Nationalsozialismus

Aus: Grundzüge der Gesellschaftslehre. Vorlesungsmanuskript ab 1932. (Band I, S. 92f., S. 95–100).

Kollektivistische Systeme

Gemeinsame Merkmale: Der vorbetonte grundlegende Wert ist ein *Kollektivum,* z.B. Proletariat, Nation, Volk. Die Werte der Persönlichkeit, der Freiheit, der Gleichheit treten zurück. Der einzelne wird geradezu zu einer bloßen Erscheinung, Auswirkung oder Vereinzelheitlichung des zugrunde liegenden Kollektivums, das die eigentliche Wirklichkeit ist. Das Kollektivum wird also hypostasiert; gleichzeitig entsteht die Neigung, diese an sich unsichtbare, aber eigentliche Wirklichkeit durch symbolische Formen den Menschen nahezubringen (Massenaufmärsche, kanonische Lieder, säkularisierte Liturgie, Mythisierung der Führerpersönlichkeit). Die Idee des Fortschritts wird zwar anerkannt, aber der Idee der starken Selbstbehauptung des Kollektivums untergeordnet. An Stelle der individualistischen Idee der Gleichheit aller tritt die Idee der *Elite* als einer Schicht von Menschen, die in besonderer Weise von dem zugrunde liegenden Gemeinschaftswert erfaßt und erfüllt sind. Auch die so verstandene Elite wird wie die Führerpersönlichkeit allmählich einem Mythisierungsprozeß unterzogen, gewinnt dadurch symbolartige Form und trägt mit dazu bei, die Wirklichkeit des Kollektivwertes trotz ihrer Unsichtbarkeit dem Menschen sinnlich nahezubringen.

Der Begriff des *Mythus* spielt in dem kollektivistischen Gesellschaftssystem eine große Rolle. Am nächsten kommt ihm der Begriff des Ideals. Aber darüber hinaus besagt der Mythus ein Ideal, das sowohl nach seiner Wertfülle als auch nach seiner Eindruckskraft die Totalität des Menschen, sowohl seines Innenlebens als auch seiner gesellschaftlichen Beziehungen voll zu beherrschen vermag.

Der Begriff der *Elite* ist besonders durch die Soziologen *Sorel* und *Pareto* in die soziologische Betrachtungsweise unserer Zeit eingeführt worden. Dieser Begriff verlagert sich bei den genannten Soziologen von dem platonischen Elitebegriff des intellektuell Erfülltseins durch den Gemeinschaftswert auf den gesteigerten Tat- und Machtwillen im Sinne des Gemeinschaftswertes. Der Elite steht die Passivität und Stumpfheit der „Masse“ gegenüber mit ihrem Bedürfnis des Regiertwerdens. (...)

Der Zentralwert. Die tragende Wirklichkeit gesellschaftlichen Lebens ist die *Rasse.* Sie ist als die Verbundenheit der Menschen in gemeinsamen, vererblichen körperlichen und seelischen Merkmalen verstanden. Da der Begriff der Rasse an sich ein rein biologischer Begriff ist, werden also in der nationalsozialistischen Auffassung körperliche *und* seelische Merkmale fälschlich unterschiedslos oder auf der gleichen Ebene als Grundlage der Rassenverbundenheit hingestellt, während in der Praxis das Körperliche in den Vordergrund gestellt zu werden pflegt und die Abhängigkeit des Seelischen vom Körperlichen in einem philosophischen Halbdunkel gelassen wird.

Die Herkunft des Rasseideals des Nationalsozialismus ist wohl praktisch im Antisemitismus der ersten Anhänger zu suchen. Dahin deutet sowohl die Bekanntschaft *Hitlers* mit dem österreichischen Antisemitismus wie auch die einstige Verschmelzung früherer Reichsdeutscher, „deutschvölkischer", also antisemitischer Gruppen mit der nationalistischen Bewegung. So wirkt der mit dem Aufblühen des Industriekapitalismus in Deutschland und Österreich stark vorstoßende Antisemitismus in seinen Auswirkungen auf die Übernahme des Rasseideals durch den Nationalsozialismus ein. Von Österreich her setzen sich im Nationalsozialismus die naturalistisch-nationalistisch begründeten antisemitischen Bestrebungen eines *Schönerer* fort, während die antisemitischen Bestrebungen der österreichischen Christlich-Sozialen, vor allem eines *Lueger,* nicht klärend auf den Nationalsozialismus einwirken, sondern dem Begründer der nationalsozialistischen Bewegung lediglich den ersten konkreten Beweis für die Möglichkeit und Durchschlagskraft einer richtig geführten Massenbewegung erbringen. Von Deutschland her bleiben die antisemitischen Tendenzen protestantischer Kreise, wie des sozial und politisch vordrängenden Hofpredigers *Adolf Stoecker* und des berühmten Berliner Nationalökonomen *Adolph Wagner* ohne sichtbare Spuren bei dem späteren Nationalsozialismus, während hingegen der mehr naturalistisch-nationalistisch begründete Antisemitismus der sog. „Altdeutschen" und „Deutschvölkischen" zweifellos bestimmend eingewirkt hat. Hinzu kommt, daß auch ja praktisch, wie besonders *Adolph Wagner* betont hat, mit dem zunehmenden Industriekapitalismus ein gesellschaftliches Vordringen des Judentums Hand in Hand ging, wie es keineswegs dem zahlenmäßigen Bevölkerungsanteil der Juden entsprach. Die frühere Judengesetzgebung hatte zwangsläufig die deutschen Juden auf das Gebiet des Handels und des Geldwesens abgedrängt, was ihnen nunmehr bei dem entscheidenden Übergewicht des Finanzkapitals in der modernen Wirtschaft sehr zustatten kam. Von dieser Machtposition her erfolgte dann ebenso zwangsläufig das Vordringen der Juden in die mit dem modernen Wirtschaftsleben verbundenen freien Berufe und in die im reichgewordenen Deutschland immer mehr entwickelten Bereiche der schöngeistigen, unterhaltenden Kunst. Demgegenüber ist also die Reaktion nichtsemitischer Kreise durchaus verständlich und schaffte den Nationalsozialisten bei der Aufstellung ihres Rasseideals breiteste Resonanz. Immerhin darf man nicht verkennen, daß nach den dargelegten Zusammenhängen der Nationalsozialismus eigentlich da, wo er „arisch" sagt, „nichtjüdisch" sagen müßte. Dies würde auch die theoretische Not, den Begriff „arisch" zu bestimmen, aufheben und klärend wirken.

Theoretisch ist nun aber einmal das arische Rasseideal aufgestellt und wohl *nachträglich* in die praktisch vorherrschenden antisemitischen Tendenzen hineingetragen worden. Einer der Hauptvermittler dieser Theoretisierung des praktischen Antisemitismus ist, besonders in seinem Einfluß auf die Schriftstellerei und Redetätigkeit *Adolf Hitlers, Alfred Rosenberg.* Er wiederum schöpft seine Rassetheorie aus zweiten und dritten Quellen darwinistischer und allgemein ethnologischer Literatur. Hier wären zu nennen der Franzose Graf *Gobineau* und der „apostasierte" Engländer und Pangermane *Houston Stuart Chamberlain,* der Bewunderer *Richard Wagners* als des Begründers echt germanischer Musik. Schließlich tritt noch als Vermittler des Rasseideals *Friedrich Nietzsche* hervor, dessen „Übermensch" mit seiner ausschließlichen Betonung der sog. aktiven Tugenden auf Kosten der passiven, wie Demut und Barmherzigkeit, allerdings in verzerrender Auswertung vom Nationalsozialismus als Bestätigung seines Ideals vom blutmäßig begründeten Herrenmenschen herangezogen wird. *Nietzsche* wird überhaupt gern, wenn auch wiederum wohl nicht mit Recht, als Kronzeuge für die dem Nationalsozialismus eigene Einstellung gegen den „Geist" und gegen das „Intellektuellentum" und zugunsten des rein Vitalen, bluthaft Lebendigen angeführt.

Die praktische Auswirkung des Rasseideals läuft darauf hinaus, die für das deutsche Volk günstigste Rassenmischung zu ermitteln und durch bevölkerungs- und wirtschaftspolitische Maßnahmen zu erhalten und zu stärken, mit anderen Worten die vor allem durch den liberal-individualistischen Gang der kapitalistischen Entwicklung verschuldete eugenische Verschlechterung des deutschen Volkes zu einem immer heilloser werdenden „Rassengemisch" durch eine gesunde Rassenmischung zu überwinden. Zu diesem Zweck ist es für den Nationalsozialismus und seine Rassetheoretiker (z.B. *Günther, Hermann Wirth*) ausgemacht, daß das vorherrschende Element innerhalb des deutschen völkischen Seins die *nordische* Rasse sein müßte. Auf ihre Stärkung müssen also alle Anstrengungen hingerichtet sein. Besonders kommt dem nordischen Element die Führereigenschaft zu. Freilich ergibt sich dann aus dieser doch rein formal aufzufassenden Führereigenschaft die Notwendigkeit, daß andere, ebenso wertvolle Rasseelemente in unser völkisches Sein einströmen müssen, die das Inhaltliche unseres Kulturlebens zu liefern haben. In Wahrheit ist die Behauptung der nationalsozialistischen Theoretiker über die nordische Rasse und über den Gang der Rassemischung überhaupt sehr wenig wissenschaftlich geklärt und schwach mit Beweisen belegt.

Auch dem Nationalsozialismus ist wie den andern kollektivistischen Systemen eigen, die an sich unsichtbare Wirklichkeit ihres Grundwertes der Rasse zu sichtbarer Anschauung zu bringen. Daher auch hier die Mythisierung der Führerpersönlichkeit und der Elite, der Hang zu säkularisierter Liturgie und der reiche Gebrauch von Symbolen. Alle diese Faktoren werden als Inkarnationen der alleinigen Wertwirklichkeit der Rasse angesehen und verklärt. Besonders die „Elite" gilt als die Verkörperung des Grundwertes und seiner menschenbildenden Kraft und vorantreibenden Dynamik. In diesem Zusammenhang wird auch das Wort „Bewegung", das der Nationalsozialismus so gern auf sich anwendet, erst recht verständlich. Die Totalität seines Grundwertes, die Eigenschaft dieses Grundwertes, den Menschen in seiner Ganzheit und die Gesellschaft als solche zu bestimmen und zu bewegen, finden in der Bezeichnung „*die* Bewegung" ihren Ausdruck.

Die gesellschaftlichen Gebilde. Der *Staat* ist das Werkzeug der „Bewegung"; er stellt sich eigentlich dar als eine reine Organisation der Beamten. Er ist als Werkzeug „der Bewegung" autoritär und total. Autorität wird wie im Faschismus verstanden, also in dem Sinne, daß von einer zentralen Spitze aus die staatliche Willensbildung ausschließlich erfolgt, und zwar unter Ausschluß jeder bestimmenden Mitwirkung der Staatsglieder bei der Bildung des staatlichen Willens. Das Parlament als willenbildendes Organ des staatlichen Lebens ist also aufgehoben; es stellt lediglich noch den Raum dar, in dem die Staatsgenossen den Entscheidungen des Führers akklamieren. Folgerichtig ist auch die Funktion der *„öffentlichen Meinung"* als Aussprachegelegenheit und beeinflussender Faktor hinsichtlich der Bildung des staatlichen Willens vollkommen verändert und ebenfalls der Funktion des bloßen Akklamierens gegenüber den staatlichen Entscheidungen angenähert.

Ebenfalls ist der Staat *total* wie im Faschismus, d. h. als organisatorischer Ausdruck des einzig wirklichen Grundwertes der Rassegemeinschaft bestimmt er allein und aus seinem Selbstbehauptungswillen heraus Inhalt und Richtung des Lebens in sämtlichen einzelnen Bereichen der Kultur.

Das zentrale *Führerprinzip* wird auf alle Gebiete des gesellschaftlichen Lebens übertragen, jegliche genossenschaftliche Formung und jegliche Struktur echter Selbstverwaltung des reinen Herrschaftsverbandes werden zurückgedrängt. Die Führer-Gefolgschaftsidee tritt an die Stelle der freien genossenschaftlichen Verbundenheit selbständiger Persönlichkeiten, geeint in der gemeinsamen Verantwortung für die gleiche Aufgabe; es gibt nur eine „Partei“, die als die organisatorische Form der „Elite“, oder dynamisch ausgedrückt, der „Bewegung“ zu betrachten ist.

Der Gebrauch des Wortes *„Partei“* in dem eben bezeichneten Zusammenhang ist, soziologisch gesehen, mißbräuchlich, denn der soziologische Begriff der Partei als eines politischen Gebildes besagt die organisatorische Zusammenfassung von Menschen, die, wenigstens in den Grundlinien, hinsichtlich des einzuschlagenden Weges zur dauernden Erfüllung des Staatszweckes des Gemeinwohls eins sind. „Partei“ ist notwendigerweise ein *Komplementärbegriff*. Der Begriff des *Einparteistaates* ist ein Unbegriff.

Die tatsächliche Gesetzgebung hat dahin geführt, daß man die nationalsozialistische Partei zu einer Körperschaft öffentlichen Rechtes machte und außerdem Parteiführer *als solche* in die Reichsregierung als Reichsminister übernahm. An sich ist auch dies widerspruchsvoll, wenn man den ursprünglichen Grundgedanken beachtet, daß der Staat doch bloßes Werkzeug „der Bewegung“ oder der Partei sein soll. Überhaupt ist die nationalsozialistische Staatslehre in wesentlichen Auffassungen nicht ausgeglichen; man vergleiche etwa die Aufstellungen von *Carl Schmitt* mit denen von *Koellreuter*.

Das „Volk“. Unter Volk oder Volksordnungen versteht der Nationalsozialismus die gegliederten und natürlich organisierten Bereiche des kulturellen Lebens, sowohl beruflicher als regionaler Art. Auch diese Volksordnungen erhalten ihr Geordnetsein und ihren Sinngehalt lediglich von „der Bewegung“ her, also von der einzigen Wirklichkeit des Grundwertes her, vermittelt durch die Partei bzw. Staatsinstanzen. – Auch diese Auffassung von „Volk“ und Volksordnungen ist im Nationalsozialismus nicht völlig durchsichtig; es wird oft betont, daß die Volksordnungen vom „Staat“ lediglich eingerahmt seien. Dies könnte also auf die Anerkennung einer relativen Eigenständigkeit der einzelnen Kulturbereiche hindeuten. Aber man darf nicht vergessen, daß die Volksordnungen nach der nationalsozialistischen Grundanschauung Ausfluß der einzigen Lebensquelle, nämlich „der Bewegung“ sind und bleiben.

Die Geistigkeit. Der Nationalsozialismus bekennt sich als den Bekämpfer und siegreichen *Nachfolger des Liberalismus*. Er verwirft das Freiheitsideal im Sinne individualistischen Denkens und der Loslösung von objektiven Werten. Die erstrebte Rassereinheit des einzelnen wird sein Denken und Wollen „arteigen“ machen und ihn so ohne fühlbaren Zwang in Übereinstimmung mit dem Gemeinwohl, also mit den erforderlichen Notwendigkeiten des einzig wirklichen Zentralwertes der Rasse bringen. – Der Nationalsozialismus bekennt sich weiterhin als den siegreichen *Überwinder des Marxismus*. Er will an die Stelle der sich bekämpfenden Klassen und Interessen die Gemeinschaft aller Deutschen in der Arbeit setzen. Freilich hat auch dieser Gedanke vermöge der Einwirkung des biologischen Rasseelementes einen starken Einschlag ins Unpersönliche, rein Vitalistisch-Triebhafte. Der Begriff des „Arbeitssoldaten" wird gern gebraucht, und die Gemeinschaft aller Schaffenden erscheint sehr oft als die anonyme Masse, die in mechanischer Weise und straff disziplinierter Ordnung die große nationale Arbeitsmaschine voll ungeheurer Dynamik und Produktivität bilden soll.

In der Praxis ist die Ersetzung der Gegensätzlichkeiten in Interessen und Besitzverhältnissen durch den Gedanken der *Gemeinschaft aller Schaffenden* infolge der übersteigerten Gemeinschaftsideologie wenig glücklich und erfolgreich. Man findet den Anschluß an das konkrete Leben mit seinen tatsächlichen Gegensätzlichkeiten nicht oder will gar diese Gegensätzlichkeiten bewußt übersehen. Ein sprechendes Beispiel hierfür ist der bunte Werdegang der „Deutschen Arbeitsfront", die zuerst die Gewerkschaften als angeblich reine Klassenorganisationen und bloße Interessenvertretungen ersetzen sollte, dann durch den politischen Einfluß der Kapitalistenschicht fast völlig auf das Gebiet der Freizeitgestaltung für Arbeiter und Angestellte abgedrängt wurde, während das Unternehmertum sich in den Gesetzen „zur Ordnung der nationalen Arbeit" und „über die Organisation der gewerblichen Wirtschaft" die alte Machtstellung wieder erwarb und sogar steigerte. Es dürfte nicht ausgeschlossen sein, daß die Kräfte, die heute soziologisch hinter der deutschen Arbeitsfront stehen, noch einmal zum Gegenschlag ausholen und etwa aus der deutschen Arbeitsfront eine reine Organisation der Arbeitnehmer machen, also zu dem ursprünglich verpönten und aus einer übersteigerten Gemeinschaftsideologie heraus verworfenen Gedanken gewerkschaftlicher Vertretung der Arbeiterschaft und Angestelltenschaft zurückkehren.

Auch die innerhalb des *landwirtschaftlichen Bereiches* und völlig getrennt von der übrigen Wirtschaft durchgeführte Organisation mit zentralistischer Leitung auf sog. berufsständischer Grundlage dürfte eine wahre Gemeinschaft der Schaffenden wohl nicht herbeiführen. Da keine echte Selbstverwaltung vorliegt, sondern das Führerprinzip durchgeführt ist, ist der Gedanke bäuerlicher Selbständigkeit stark verletzt. Außerdem ist innerhalb der so geschaffenen Großorganisation der schon an sich schwierige Ausgleich zwischen Großgrundbesitz und bäuerlichem Besitz, zwischen Urproduktion und veredelnder Produktion, zwischen Erzeugung und Handel noch viel weniger kontrollierbar als vorher. Es ist mithin zu befürchten, daß auch hier eine übersteigerte Gemeinschaftsideologie den unausrottbaren Interessengegensätzen lediglich einen anderen Weg gebahnt hat, um sich zum Schaden des Ganzen in weniger als früher kontrollierbarer Weise auszuwirken. Die übersteigerte Gemeinschaftsideologie dürfte sich um so schlimmer auswirken, je weitergehend die Befugnisse der geschaffenen Zwangswirtschaft sind. Diese erstrecken sich nämlich bis zur Preisregelung und Produktionsregelung.

Zusammenfassend kann man sagen, daß die nationalsozialistische Geistigkeit wesentlich krankt an dem falschen kollektivistischen Ansatz, nämlich an der Auffassung von der Rasse als dem einzig wirklichen Grundwert. Dies verhindert eine wahre Auffassung von der Persönlichkeit und läßt den Nationalsozialismus gesellschaftspolitisch die Berechtigung der individuellen Interessen und die tatsächliche Schwere sachlicher Interessengegensätze allzu leicht übersehen, läßt Partei und Staat mit Ordnungsaufgaben überladen und dem gesunden Spiel der Freiheit der Individuen allzusehr mißtrauen.

8.

Zur Arbeitsdienstpflicht

In: Stimmen der Zeit 124 (1932), S. 56–59. (Band II, S. 23–27).

Die Einführung der Arbeitsdienstpflicht ist der Wunsch sehr weiter Kreise in Deutschland, und zwar nicht nur im Lager des Nationalsozialismus. Was die nationalsozialistische Auffassung vor anderen Befürwortern des Gedankens der Arbeitsdienstpflicht auszeichnet, ist die Folgerichtigkeit, die Arbeitsdienstpflicht in die Grundvorstellung vom „totalen Staat" einzuordnen. Vom Staat herkommende allgemeine Schulpflicht, allgemeine Arbeitsdienstpflicht und allgemeine Wehrpflicht sollen die Formung und Bildung des jungen und heranreifenden Staatsbürgers so ausschließlich gestalten, daß ihm eigentlich kaum noch „Ferien vom Staat" bleiben. Wie erschreckend auch dieses Zukunftsbild für den gesund empfindenden Menschen ist, so hat es doch den Vorzug der klaren Linie und erleichtert mithin die Auseinandersetzung. Insofern außerdem die allgemeine Wehrpflicht als die Krönung des pflichtmäßigen staatlichen Erziehungssystems gedacht ist, treten Schulpflicht, Arbeitsdienstpflicht und Wehrpflicht nicht nur in einen äußerlich-zeitlichen, sondern auch in einen inneren Zusammenhang. Immer und zutiefst handelt es sich um die Heranbildung des Bürgers *dieses* „totalen Staates", der wesentlich Macht und dessen politischer Inhalt wesentlich Bewältigung des „Freund-Feind-Verhältnisses" ist, wie mit *Carl Schmitt* der Mode gewordene „Konservativismus" unserer Tage behauptet.

Das Ordnungsbild von Gesellschaft und Staat sieht in katholischer Zeichnung anders aus als das eben angedeutete Bild vom „totalen Staat", dessen Totalität doch schließlich allein auf der autoritär-diktatorischen „Kommandogewalt" der Staatsmacht beruht. Davon kann dann auch die katholische Stellungnahme zur Arbeitsdienstpflicht nicht unberührt bleiben. Unverkennbar ist nämlich, daß die katholischen Kundgebungen zum

Staats- und Gesellschaftsleben – allen voran die jüngste soziale Enzyklika *Quadragesimo anno* – weniger dem Macht- und Entscheidungswillen staatlicher Autorität, als den im Staatsvolk lebendig bewußten und erfaßten inhaltlichen Aufgaben und Zwecken eines wahren Gesellschafts- und Staatslebens die Einheit und Totalität stiftende Rolle zuweisen. Eine einseitige Verlagerung der Gesellschafts- und Staatsmetaphysik auf das Autoritäre liegt mithin nicht in der katholischen Linie.

Zweifellos besteht nun heute die Gefahr, daß die staatliche Autorität durch das eigentlich recht primitive und mechanische Mittel der Macht sich von dem lebendigen Wurzelboden allgemein anerkannter Gemeinschaftswerte loslöst. Es besteht ferner die Gefahr, daß eine weitgehende Zurückdrängung der Einrichtungen parlamentarischer Demokratie ein wirksames Mittel ausschaltet, das Vorhandensein oder Nichtvorhandensein jenes notwendigen Wurzelbodens immer wieder nachzuprüfen. Nur fälschlich kann man eine derartige Entwicklung noch konservativ nennen, denn etwa eine „Präsidialregierung", die nur auf dem mechanischen Machtprinzip ruht, unterscheidet sich keineswegs mehr von irgendeinem Gebilde rationalistisch-liberalen Staatsdenkens. Eine unter solchen Umständen eingeführte allgemeine Arbeitsdienstpflicht könnte niemals als Ausdruck des Lebenswillens eines in wahrer Gemeinschaft geeinten Staatsvolkes aufgefaßt und vor allem empfunden werden. (. . .)

9.

Der Kommunismus als Wirtschaftssystem

In: Doctor communis; acta et commentationes Pontificiae Academiae Romanae S. Thomae Aquinatis 15 (1949), S. 71–81; Original italienisch. (Band II, S. 52–64).

Man kann sicher nicht behaupten, daß unsere Zeitgenossen eine klare und vollständige Kenntnis davon besitzen, was der Kommunismus eigentlich ist. Diese Tatsache ist wirklich erstaunlich, besonders heute, wo alle mehr oder weniger davon reden. Der Grund für dieses unglaubliche Faktum liegt hier: Das zuviele Reden von Kommunismus und Antikommunismus, vor allem bei propagandistischen Anlässen, läßt die Bedeutung dieser Worte etwas unbestimmt oder wenigstens unklar. So werden beide Begriffe – Kommunismus und Antikommunismus – oft in einer Weise gebraucht, die alle anderen Dinge und Absichten verhüllt. (. . .)

Wir entnehmen den Traktaten der Soziologie und der Ethik, daß der Kommunismus jenes Gesellschaftssystem ist, in dem der Gebrauch der materiellen Dinge sich wesenhaft auf das Kollektiveigentum gründet und nicht auf das Privateigentum an Konsum- und Produktionsgütern. Diese Definition ist, richtig verstanden, zutreffend; nicht richtig verstanden aber schlägt sie fehl angesichts der unbestreitbaren Tatsache, daß im Wirtschaftssystem des heutigen russischen Kommunismus privates, d.h. legales Eigentum existiert. Man kann wiederholen, daß es sich im gegenwärtigen Rußland um den Kommunismus „auf dem Wege" handelt und nicht um den Kommunismus in seiner Reinheit. Man kann hinzufügen, daß dieses Privateigentum ein einfaches Zugeständnis des Staates darstellt, in jedem Augenblick widerrufbar, da es kein Privateigentum als gesellschaftliche Institution des Naturrechts gibt.

So gesehen schwindet jeder grundsätzliche Unterschied zwischen Kommunismus und Antikommunismus unter der Rücksicht des Privateigentums, wenigstens vom Gesichtspunkt des *liberalen* Antikommunismus, dessen beide Richtungen – Bürgertum und Sozialismus – gleicherweise das Naturrecht als Grundlage der gesellschaftlichen Institution des Privateigentums leugnen. Diese Leugnung führt zu der verhängnisvollen Behauptung der Unbeschränktheit des Gebrauchs und der Unantastbarkeit der Verteilung des Privateigentums in Lehre und Praxis des liberalen Bürgertums. Aus dieser Leugnung quillt in neuerer Zeit der bedauerliche Opportunismus in der Handhabung des Privateigentums in nicht wenigen staatlichen und zwischenstaatlichen Regelungen, schließlich auch die vielfachen und ständig wachsenden Eingriffe in die Rechte der privaten Eigentümer, wie sie vom Sozialismus als echtem, d.h. proletarischem Liberalismus praktiziert werden. Was also die Achtung des Privateigentums angeht, sind heute die Grenzen zwischen Kommunismus und Antikommunismus fließend; höchstens kann man einige graduelle Unterschiede in der Anwendung des gleichen Rechtspositivismus feststellen.

Trotz der Schwäche eines jeden antikommunistischen Positivismus in Sachen des Privateigentums dient diese gesellschaftliche Institution zur Abgrenzung von Antikommunismus und Kommunismus. Es ist jedoch wichtig, die beiden Gegner klar zu erkennen: Der eine – d.h. wir, die wir weder Positivisten noch Kommunisten sind – begründet das Privateigentum als gesellschaftliche Institution im *Naturrecht*; der andere – der Kommunismus also, der das Naturrecht noch absoluter leugnet als die beiden Strömungen des Liberalismus – ist gezwungen, das Privateigentum abzulehnen, und zwar nicht so sehr im individuellen und einzelnen Fall, denn als gesellschaftliche Institution. Alles hängt davon ab, welches die Bedeutung des Privateigentums als gesellschaftlicher, im Naturrecht verankerter Institution ist.

Das Privateigentum, verstanden als *gesellschaftliche, aus dem Naturrecht sich herleitende Institution* bildet eine bestimmte organisierende Funktion im gesellschaftlichen Leben. D.h. die zwischenmenschlichen Beziehungen hinsichtlich des Gebrauchs der äußeren Dinge sind von der Natur grundsätzlich auf der Basis des Privateigentums geordnet, so daß unsere positiven Institutionen und Gesetze entsprechend beschränkt sind. Doch das Privateigentum ist nicht die einzige Sozialinstitution des Naturrechts: Auch die Ehe bzw. Familie und der Staat bilden als natürliche gesellschaftliche Institutionen eine organisierende Funktion im gesellschaftlichen Leben. Ehe und Familie als organisierende Funktion bedeuten, daß die zwischenmenschlichen Beziehungen hinsichtlich der geschlechtlichen Fortpflanzungsfähigkeit von der Natur auf dieser Grundlage geordnet sind und somit wiederum unsere positiven Institutionen und Gesetze beschränken. Der Staat schließlich als natürliche organisierende Funktion besagt, daß die zwischenmenschlichen Beziehungen hinsichtlich der möglichst vollkommenen Integration des menschlichen Zusammenlebens im Raume von der Natur auf der Grundlage der staatlichen Verbindung geordnet sind; auch hier ergibt sich die Beschränkung unserer positiven Institutionen und Gesetze im innerstaatlichen und internationalen Bereich. Das will auch besagen, daß die Vielzahl der Staaten, allgemein betrachtet, in der natürlichen räumlichen Gliederung der Erde ihre bleibende natürliche Ursache besitzt. Dies schließt die Idee eines einzigen Weltstaates aus, die die Frucht der modernen Überbewertung der Technik und eine neue Anpassung an den kommunistischen Geist darstellt. (. . .)

Aber noch nicht genug. Der Kommunismus ist unser Gegner, weil er die besagte Funktion des Privateigentums in seinem organischen und einheitlichen Zusammenwirken mit den anderen beiden, gleichfalls naturrechtlichen, organisierenden Funktionen, d. h. dem Staat und der Familie, leugnet. Es tut nichts zur Sache, daß er mehr oder weniger den Staat und die Familie beibehält; der entscheidende Punkt ist, daß er die *organische Einheit* der drei aus der Natur sich herleitenden und das soziale Leben organisierenden Institutionen nicht annimmt. (. . .)

Das Kriterium der Freiheit

Neben dem Prinzip des Privateigentums gibt es ein anderes Prinzip, das uns vom Antikommunismus her einen Zugang zum Verständnis des Wirtschaftssystems des Kommunismus bieten kann: das Prinzip der *Freiheit*. Das System der freien Konkurrenz scheint eine dem Kommunismus deutlich entgegengesetzte Position anzuzeigen. Aber dieses Prinzip der Freiheit, wie es im liberalen Antikommunismus gepflegt wird, bringt uns in eine noch größere Schwierigkeit als das Prinzip des Privateigentums. Beide, in ihrem Grund liberale Strömungen des kapitalistischen Systems – also Bürgertum und Sozialismus – bekennen sich zur Freiheit im Gegensatz zum Kommunismus. Für beide ist dieses Prinzip ihr Kampfruf. Aber schon die Tatsache, daß die wirtschaftliche Freiheit des

Bürgertums mit der sog. unvollkommenen Konkurrenz – eine häufige und mehr oder weniger charakteristische Erscheinung der neueren Wirtschaft – kompatibel ist, insofern sie auf die Sicherstellung ernormer Kapitalinvestitionen entgegen der freien Konkurrenz abzielt, diese Tatsache beweist eine gewisse Unzulänglichkeit des Prinzips der Freiheit als Fundament des wirtschaftlichen Lebens im Antikommunismus. All dies macht deutlich, daß der Sozialismus ein Feind der wirtschaftlichen Freiheit ist, und zwar wegen seiner Tendenz zur Verstaatlichung und Nationalisierung sowie wegen seiner Idee einer vollkommen organisierten kollektivistischen Gesellschaft der Zukunft.

Die Lösung des Problems liegt in folgendem: Bürgertum und Sozialismus, beide Strömungen des Liberalismus des vergangenen Jahrhunderts, beruhen auf dem Rationalismus und Individualismus und haben eine rein *negative* Auffassung der Freiheit: Für sie bedeutet Freiheit nur die Abwesenheit von Zwang seitens der öffentlichen Gewalt im gesellschaftlichen Leben als solchem. Für den Sozialismus sodann sind Verstaatlichung und Nationalisierung nur die Vorbereitung der künftigen, vollkommen organisierten, aber freien sozialistischen Gesellschaft. Schon heute nährt der Sozialismus mit seinen kollektivistischen Neuerungen das Empfinden, daß die „volonté générale“ mit dem „Wollen aller“ in eins zusammenfällt und daß dies die volle Wirklichkeit der künftigen, wenn auch vollkommen organisierten Gesellschaft sein werde. Indem wir eine unterdrückende und beherrschende öffentliche Gewalt nicht mehr spüren, werden wir alle frei sein.

Ohne Zweifel öffnet auch dieser inhaltlich völlig leere, weil negative Freiheitsbegriff keinen Zugang zum Verständnis des kommunistischen Gegenspielers. Ja, auch dieser schreit: Freiheit, und es will uns scheinen, daß seine Auffassung von Freiheit – wenn wir einmal von dem hier enthaltenen kollektivistischen und alles aufsaugenden Totalitarismus absehen – wenigstens formal richtiger ist als jene liberale. Die kommunistische Freiheit schließt ein unentbehrliches Element des Begriffs der Freiheit ein, nämlich die Freiheit *wozu*. Freilich ist seine Auffassung ebenso falsch, weil er nicht die objektiven Werte annimmt, die zielhaft die einzelnen Bereiche des gesellschaftlichen Lebens leiten, und vor allem nicht den obersten Wert dieses gesamten Lebens, indem er das Fundament der Freiheit zerstört: die Person als „Herr ihrer selbst“. Formal jedoch hat der Kommunismus recht, wenn er die negative Freiheit des Liberalismus zurückweist und wenn er versucht, die wirtschaftliche Aktivität in eine ganzheitliche Auffassung der Realität einzufügen. Im Hinblick auf unsere Fragestellung erhellt klar, daß das Prinzip der Freiheit, insoweit es von beiden, Antikommunismus und Kommunismus, angenommen ist, einen zutiefst antithetischen Inhalt besitzt und somit das Verständnis und die Unterscheidung der beiden Gegner verhindert.

Bisher haben wir versucht, das Wesen des Kommunismus als Wirtschaftssystem sozusagen von außen her zu bestimmen, von gewissen empirischen Daten und von zwei Prinzipien des gesellschaftlichen Lebens. Nun wollen wir uns kurz der *Erforschung von innen her* zuwenden. Hier befinden wir uns natürlich im theoretischen Bereich, und wir müssen die zweifelsohne legitime Annahme machen, daß auch heute die echt marxistische Interpretation der kapitalistischen Wirtschaft die entgegengesetzten *Ideen* des Kommunismus leitet.

Der schlimmste Stein des Anstoßes im Kapitalismus, die Quelle all seiner Übel, wie z.B. des Mehrwerts und der Ausbeutung der Arbeit, wurde von *Marx* im *Warencharakter des Arbeitsprodukts* erkannt, d.h. daß die Produkte nur als Tauschwerte, nicht aber als Gebrauchswerte Gegenstand des wirtschaftlichen Geschehens sind. Der Gebrauchswert eines Wirtschaftsgutes und das Bedürfnis hierfür bilden nur die Voraussetzung seiner Fähigkeit, Ware zu sein, sind aber nicht das konstitutive Element des Tauschwerts, seiner Warenqualität.

Der echt marxistische Kommunismus wird diesen Stein des Anstoßes mit den Wurzeln ausreißen, indem er die künftige gesellschaftliche Wirtschaft nicht mehr auf dem Tausch begründet. Dies bedeutet nichts anderes, als daß die kommunistische Wirtschaft den *Bedürfnissen* dienen wird, aber nicht der Produktion von Tauschwerten. Sie wird dadurch im vollsten Sinne, wie *Marx* schreibt, „gesellschaftliche Produktion des Lebens".

In der Tat wird diese Produktion des Lebens *gesellschaftlich* durchgeführt werden, und zwar unter einem doppelten Gesichtspunkt: 1. Die Produktion der Gebrauchsgüter erfordert, daß die verfügbare Arbeit von der Gesellschaft in entsprechendem Maß unter alle Produktionszweige aufgeteilt wird. 2. Ein Gut, eine Leistung entsteht erst, wenn ein Gebrauchswert, genauer wenn ein *gesellschaftliches* Bedürfnis vorliegen wird. Aber dies hängt davon ab, ob die Gesellschaft in der Lage und bereit ist, die notwendige Menge Arbeit für die Produktion dieser Güter und Dienstleistungen genau zuzuteilen.

Dies alles erscheint auf den ersten Blick recht sonderbar. Weder die Arbeit – immer die Arbeit eines einzelnen – noch das Bedürfnis – immer das Bedürfnis eines einzelnen oder Gruppen – werden als individuelle oder qualitative Gegebenheiten betrachtet. Die Arbeit erscheint insgesamt als eine Quantität, die es zu verteilen gilt. Alles ist quantifiziert und uniformiert. Erinnern wir uns, daß *Marx* schon eine ähnliche Abstraktion von jedem qualitativen Element vornimmt, wo er die Quantität der Arbeit als die Substanz des Tauschwertes bestimmt. Wo liegt der reale Grund für diese Abstraktionen, die sowohl die Arbeit und Werte wie auch die

Bedürfnisse auf einfache quantitative Bestimmtheiten zurückführen? Wir müssen diesen Grund in der *Entwicklung der materiellen Produktionskräfte* suchen. Sie wurde vermittels der modernen Technik erreicht und beruht auf den modernen Naturwissenschaften mit ihrer Tendenz, die Wirklichkeit gemäß quantitativer Kombinationen und einförmiger Bewegungen zu analysieren. *Marx* bleibt fasziniert von seiner persönlichen Erfahrung der ersten Erfolge des neuen Industriekapitalismus in England.

Dasselbe beobachten wir hinsichtlich des *Arbeitsvollzugs. Marx* ist der Ansicht, die Funktionsteilung – Besitzer und Lohnarbeiter, Leitende und Abhängige, spezialisierte und nicht spezialisierte Arbeiter, Stadt und Land – komme in ihrer Starrheit von der kapitalistischen Tatsache, daß auch die Arbeit Ware ist. Wer dies und den Tausch als Basis der gesellschaftlichen Wirtschaft beseitigt, beseitigt „den Gegensatz zwischen der aktuellen Entwicklung der materiellen Produktionskräfte" und der kapitalistischen Ordnung der Arbeit. Die moderne Technik macht die verschiedenen Funktionen im höchsten Grade wechselseitig substituierbar – man braucht nur an die *Ford*schen und *Taylor*schen Methoden zu denken; die modernen technisch vollkommen eingerichteten und organisierten Unternehmen gleichen einem Automatismus, der sich selbst trägt. Wir halten es nicht mehr für nötig, an jener strengen Scheidung zwischen leitenden und ausführenden Personen festzuhalten. Und wenn in diesem großen Automatismus der kommunistischen Wirtschaft die einzelnen bloße substituierbare, auf ein Minimum ihrer freien Individualität in ihrer Arbeit eingeschränkte Nummern sein werden, so ist dies die einfache Konsequenz der Tatsache, daß nur eine solchermaßen organisierte Sozialwirtschaft die höchste Produktivität mit einem Minimum an Arbeit für die einzelnen garantiert und somit die Beschränkung der Freiheit im Arbeitsvollzug überkompensiert wird.

Im eigentlichen Sinne handelt es sich *nicht um eine wirkliche Beschränkung der Freiheit.* Im Gegenteil, es handelt sich um die Verwirklichung der vollkommenen Freiheit der einzelnen. Der Mensch ist Mensch, insoweit er arbeitet; d.h. durch eine Bewegung, die eine Art dauernder Assimilation der Triebkräfte der Natur darstellt. Diese Kräfte sind keine individuellen, sondern Ausfluß der universalen Gesetze. Der Mensch wird daher vollkommen frei sein, wenn seine Arbeit entindividualisiert und universalisiert ist, wenn er sich durch und in seiner Arbeit vollkommen in das Wirken der universalen Naturgesetze einfügt, was die moderne Technik so weitgehend ermöglicht in der kommunistischen Wirtschaft. Wir können diesen Sachverhalt auch mit den *Hegel*schen Begriffen ausdrücken: Der Mensch wird frei, kehrt zu sich selbst zurück, wenn er sich objektiviert und verallgemeinert, indem er in die große Vergesellschaftung der Arbeit eingeht, in die große Einheit zwischen dem Arbeitsprozeß und dem Naturprozeß, wie sie auf der Grundlage der modernen „Entwicklung der materiellen Produktionskräfte" erreicht wird. Diese Grundlage ist gleichsam der „absolute Geist" *Hegels*. Sicherlich war für *Marx* die Arbeit immer vergesellschaftet, weshalb der Mensch immer gezwungen war, seiner Individualität zu entsagen. Seit den frühesten Epochen der Geschichte war dies ein Ergebnis der verschiedenen gesellschaftlichen Mächte, am Ende einer jeden Epoche immer im Gegensatz zur entsprechenden Entwicklung der „materiellen Produktionskräfte", am Ende der kapitalistischen Epoche im Gegensatz zur gesellschaftlichen Macht der privaten Kapitalbesitzer. Jetzt in der kommunistischen Epoche, wo die Manifestation der „materiellen Produktionskräfte" wesentlich zum Abschluß gekommen ist, ist ein weiterer Gegensatz ausgeschlossen. Daher haben wir eine Gesellschaft ohne gesellschaftliche Macht, die die einzelnen zwingt und sie vergesellschaftet; wir haben die Gesellschaft als Vereinigung freier Menschen. Mit diesem Kommunismus hat *Marx* das eigentliche Ziel seiner wissenschaftlichen und praktischen Betätigung erreicht: *die Beseitigung der Macht in der Gesellschaft*. Auch seine Feindseligkeit gegen die Religion findet in dieser Soziologie ihre Wurzel, nicht unmittelbar im Materialismus. *Marx* weist Gott als den *allmächtigen* Gott zurück, das Urbild jeder gesellschaftlichen Macht.

Gegensätzliche Entwicklung der realen Verhältnisse

Unsere kurze Kritik befaßt sich nur mit der grundlegenden und entscheidenden Funktion der „Entwicklung der materiellen Produktionskräfte". Heute, wo wir eine noch größere Überbewertung der Technik feststellen können, sind wir uns besonders des Grundgedankens des marxistischen Kommunismus bewußt. Vom wissenschaftlichen und philosophischen Standpunkt aus ist aber eine wesenhafte Suprematie der Technik über die Wirtschaft unannehmbar. Die Technik bestimmt das „Wie" der wirtschaftlichen Arbeit, aber nicht das „Was": Unter dieser Rücksicht folgt die Arbeit, und daher auch ihre Organisation, wesentlich der eigenen objektiven Zielhaftigkeit der gesellschaftlichen Wirtschaft. Das bedeutet, sie folgt wesentlich den verschiedenen und veränderlichen Ursachen des wirtschaftlichen Lebens, also den Wirk-, Form-, Material- und auch Dispositivursachen: z.B. Klima, Landschaft, den körperlichen, psychischen und rassischen Mannigfaltigkeiten der Völker, und insbesondere der demographischen Verschiedenheit.

Der systematische Geist von *Marx* vereinfacht den komplexen Charakter der gesellschaftlichen Wirtschaft, indem er der Entwicklung der modernen Technik zuviel Wert beimißt, die die ganze Welt – die organische und anorganische, Natur und Mensch, Arbeit und Bedürfnis – uniformiert, typisiert und entindividualisiert. So sieht *Marx* den Ort der Wirtschaft, unsere Erde, als ein homogen und zweidimensional gewordenes

Ganzes, eine bloße Quantität von unbegrenzter Länge und Breite sowie ohne Teile nach Art qualitativer Ganzheiten, die sich voneinander unterscheiden. Hier liegt für unseren Kapitalismusinterpreten die Heimat, das für „die Ware kat' exochen", das Finanzkapital, geradezu wie geschaffene Spielfeld, welches im bunten Kreislauf der Investitionen zum niedrigsten Preis Arbeit und Rohstoffe kombiniert zugunsten der eigenen Vermehrung. Wenn die Stunde des Untergangs des Kapitalismus und des Anbruchs des Kommunismus gekommen ist, bleibt die mit marxistischer Farbe gezeichnete Gestalt der Welt dieselbe, aber nun endlich das Feld, das für die in der ganzen Welt durch die volle „Entwicklung der materiellen Produktionskräfte" vergesellschaftete Arbeit allein zur Verfügung steht.

Das Bild ist zu einfach. Die Tatsachen sprechen dagegen. Tatsächlich war Rußland, als der Kommunismus seinen Einzug hielt, überwiegend ein Agrarland, verhältnismäßig wenig industrialisiert und technisiert und mit einer Lohnarbeiterschaft auf niedriger Kulturstufe. Heute müssen die russischen Kommunisten eilig erst die Voraussetzungen des marxistischen Kommunismus schaffen und vermittels eines beispiellosen technischen Antriebs und einer gesellschaftlichen Macht die Universalisierung der Menschen und Dinge.

Darüber hinaus verstärkt sich die Selbständigkeit der gesellschaftlichen Wirtschaft gegenüber der Technik. Die angenommene homogene Welt beginnt zu schwinden, nachdem der frühere „Weltmarkt", d.h. das eigentliche Feld des „Finanzkapitals", in dem starren Gegensatz der Länder versandet ist, die Dollars haben und die sie nicht haben. Dies ist nur das äußere Zeichen einer Krise, welche die von den kapitalistischen und technischen Kräften geschaffene unnatürliche Uniformität der wirtschaftlichen Welt anzeigt, eine Krise der Kontinuität (z.B. die Beziehung zwischen den industrialisierten und den nichtindustrialisierten Ländern, in denen durch das Fehlen der bisher bestehenden Handelsbeziehungen die Märkte, Binnen- wie Außenmärkte, versagen). Man kann dieser Strukturkrise der Wirtschaft nur entgehen durch eine Rückkehr und Wiederbelebung der nationalen Wirtschaften oder auch der zwischenstaatlich-regionalen Wirtschaftsbeziehungen, d.h. jener nationalökonomischen Einheiten, in denen man eine Stärkung des *inneren Marktes* vermittels einer organischeren Verbindung der drei Produktionsfaktoren Arbeit, Boden und Kapital anstrebt. Auch hinter dem eisernen Vorhang beginnt man bereits, dies zu ahnen.

Aber die heutige Situation widerspricht nicht nur der angenommenen homogenen wirtschaftlichen Welt im Sinne des kommunistischen Systems. Auch die unterschobene These der wachsenden Konzentration der Unternehmen infolge der technischen Entwicklung scheitert an der Selbständigkeit des wirtschaftlichen Lebens. Schon spricht man vom wirtschaftlichen „Optimum" der Unternehmensgröße; man denkt an das wirtschaftliche „Optimum“ aggregierter Unternehmen desselben Produktionszweiges, z. B. kleiner, mittlerer und großer landwirtschaftlicher Betriebe. Man spricht heute neuerdings von einem in gewissen Umständen gegebenen wirtschaftlichen „Optimum“ des arbeitsintensiven Unternehmens, wie es im Bereich des Handwerkers, des Bauern, der Kleinindustrie zutrifft. Folglich spricht man auch von den besseren Aussichten für den beruflich ausgebildeten Arbeiter als für den „universalisierten“ in der Massenproduktion *„Ford*schen“ Typs.

Besonders diese „Massenproduktion“, die dem modernen Industrialismus und Technizismus so konform und auch der universalisierenden Tendenz des marxistischen Kommunismus so sympathisch ist, begegnet immer mehr dem Widerstand der eigenen Zielhaftigkeit der gesellschaftlichen Wirtschaft. Beispielsweise wurde seit langem der Eigencharakter der Landwirtschaft als organische Erzeugung vernachlässigt durch die Anwendung industrieller Kalkulationsmethoden auf die bäuerliche Tätigkeit. Heute jammert man über die verhängnisvollen Auswirkungen: Ausbeutung des Bodens durch Monokultur in den Agrargebieten, auch in den Kolonien; Entvölkerung des Landes, besonders in den industrialisierten Ländern; die mehr oder weniger starke Einschränkung des bäuerlichen Betriebes mit gemischter Bodennutzung und somit auch einer besseren Produktivität. Das Ergebnis ist, daß unter wirtschaftlicher Rücksicht die Sicherstellung der Welternährung ein Ablassen vom Industrialismus in der Landwirtschaft fordert. Insbesondere müssen dem bäuerlichen Betrieb mit gemischter Bodennutzung neue Möglichkeiten und an erster Stelle eine höchst moderne, nicht universalisierende, sondern gerade individualisierende Technik an die Hand gegeben werden.

Abschließend stellen wir fest: Die wirtschaftliche Welt, wie sie im Wirtschaftssystem des marxistischen Kommunismus angenommen ist und in der beschriebenen „Entwicklung der materiellen Produktionskräfte“ beruht, steht in vollem Gegensatz zu den wirtschaftlichen Tendenzen, die sich aus der Situation von heute ergeben. All die Elemente, die das berühmte Kommunistische Manifest mit suggestiver Unfehlbarkeit zum Absterben verurteilt hat, fordern auch heute noch nach 100 Jahren im Namen der wirtschaftlichen Zielhaftigkeit selbst das Lebensrecht, ja, sie sind lebendiger als je zuvor. Wenn daher das kommunistische System Herr der gegenwärtigen menschlichen Wirtschaft (in Rußland) geworden ist, dann nicht aus der inneren Logik der Wirtschaft, sondern aus äußeren Gründen.

Weder für den marxistischen Kommunismus, noch für den Bolschewismus, der nach *Lenin* einen „Marxismus plus Elektrizität“ darstellt, noch vielleicht für einen „Marxismus plus Elektrizität plus Atomenergie“ schlägt heute, wirtschaftlich gesehen, die Stunde.

10.

Liberalismus als Gesellschaftssystem

In: Zur Freiheit berufen. Christentum freiheitlich – auch liberal? Augsburg 1963, S. 49–57 (Fuldaer Vorträge Bd. XXI). (Band II, S. 93–102).

Dem Wortsinn nach liegt folgendes vor: man stellt die Idee des freien Menschen in den Mittelpunkt bei der Frage nach der Ordnung der Gesellschaft, und die Frage nach der Ordnung der Gesellschaft bedeutet, wie „die Vielen" Einheit sind und Einheit bleiben.

Die Idee des freien Menschen als eines gesellschaftlichen Ordnungsprinzips

Aber die Idee der Freiheit als gesellschaftliches Ordnungsprinzip ist nicht ohne weiteres eindeutig. Wir müssen also zusehen, wie die Freiheit im Liberalismus gemeint ist. Beim staats- und gesellschaftspolitischen Liberalismus, wie er als Erbe des 19. Jahrhunderts auf uns gekommen ist, hat die Idee des freien Menschen ursprunghaft einen *negativen* Sinn. Sie bedeutet nämlich eine möglichst große Sicherheit und Unabhängigkeit in den gesellschaftlichen Beziehungen der Menschen gegenüber einem Dritten. Dieser Dritte war für die frühen Liberalen die Macht der absoluten Monarchie, die Macht eines ausgebildeten Verwaltungsapparates im Dienste dieser Monarchie, also der Bürokratie.

Auch, wo alle diese Institutionen durch die große Französische Revolution gefallen waren, blieb dennoch das Gesellschaftssystem des Liberalismus als des nächstberechtigten Erben der Revolution darauf abgestellt, das Zusammenleben der Menschen so zu ordnen, daß sie frei, möglichst frei sein sollten und könnten gegenüber der Macht eines Dritten, der irgendwie wieder an die Stelle von absoluter Monarchie und Bürokratie treten könnte, irgendwie wieder verfaßt als politische und gesellschaftliche Verbandsmacht. Zwischen den Individuen und dem Staat sollte nichts sein, und der Staat selber sollte nichts anderes sein als der Beauftragte der auf einem bestimmten Territorium dauernd zusammenlebenden Individuen. Sein Zweck sollte sein, nicht als dritte Ordnungsmacht aufzutreten, sondern den Willen der Individuen, von einer dritten Macht frei zu sein, vernünftig zu organisieren, in eine Ordnung zu bringen und in Ordnung zu halten.

So kontingent und historisch entstanden alle diese Gedankengänge auch waren, so konnte es doch angesichts des geistigen Bedürfnisses des Menschen, über sein Tun zu reflektieren, nicht ausbleiben, daß man eine überzeitliche, schlechthin gültige Rechtfertigung suchte, also das Bild, den *Begriff eines Gesellschaftssystems* zu entwerfen suchte. Dabei durfte man bei solcher Rechtfertigung nicht die Gefahr einer neuen dritten Macht heraufbeschwören, die, sich absolut setzend, doch wieder die negativ verstandene Freiheit der Individuen und ihrer gesellschaftlichen Beziehungen ordnend einschränken würde. Mit anderen Worten: man mußte die Idee der Freiheit von allen Wurzeln in einer Metaphysik vom Menschen oder gar in seiner Transzendenz, in seiner inneren Bezogenheit über sich selbst hinaus auf Gott, den Schöpfer und Ursprung aller Ordnung in der Welt, lösen. Man mußte das Gesellschaftssystem rein weltimmanent, d.h. wenigstens unter Absehen von Gott, seiner Schöpfungsmacht und Ordnungsmacht, begründen. Das will sagen: man mußte das Gesellschaftssystem auf eine allen Gegebenheiten der diesseitigen Welt innewohnende „Vernünftigkeit" zurückführen. Die Ratio tritt an die Stelle von Gott, sie ist eine der Welt innewohnende, kosmische, ordnende Kraft, die zum Menschen in keiner *besonderen* Beziehung steht, sondern die, wie in allen Bewegungen in der Welt, auch in den menschlichen Bewegungen und in den zwischenmenschlichen Beziehungen dauernd Ordnung und Harmonie, d.h. Ausgeglichenheit und Gleichgewicht der Bewegungstendenzen stiftet. Man nannte diese Erklärungsweise gesellschaftlicher Ordnung, im Gegensatz zur metaphysischen Erklärung, eine „wissenschaftliche" oder auch „positive".

Verwirklicht durch das Prinzip der „Vernünftigkeit"

Gesellschaftssystem bedeutet also beim Liberalismus ein durch die Vernunft dauernd zur optimalen Ordnung, zum Gleichgewicht und zur Ausgeglichenheit gebrachtes Zueinander menschlicher Leistungsbewegung oder Energieentfaltung.

Es ist nun klar, daß bei solcher Betrachtungsweise der Gesellschaft die „Wissenschaftlichkeit" ihren Prototyp, ihr Vorbild, in den modernen Naturwissenschaften hat. Denn diese enthüllen den Kosmos als einen Zusammenhang von sich beeinflussenden und ausgleichenden Energieleistungen, der in der immer wieder neu entdeckten funktionalen Gesetzmäßigkeit immer wieder die Vorgänge zur rationalen Harmonie eines einheitlichen Prozesses bringt, dessen Natur die *Rationalität* des Prozesses ist, d.h. den größten Effekt bei kleinstem Aufwand hervorzubringen. Irgendein Rückgriff metaphysischer Art auf das sog. „Wesen" der Dinge und Kräfte, auf eine „naturhafte" Zweckhaftigkeit, war nicht notwendig, auch nicht beim Menschen.

Es ist dann weiterhin naheliegend, daß bei der Übertragung solcher Grundvorstellungen des rational begründeten Kosmos auf den Menschen, auf sein gesellschaftliches Leben, sich die Wirtschaft und ihre Ordnung als Ausgangspunkt anbot. Ja, es ist so, daß bis heute der Liberalismus das gesellschaftliche Ordnungssystem von der Wirtschaft her sieht.

Waren denn nicht in der gesellschaftlichen Wirtschaft am ehesten jene eben erwähnten Grundkategorien der kosmischen Ordnungsfunktion der Vernunft sichtbar? Man hatte die Menschen-Individuen als Träger von Leistungsenergie, von Arbeitskraft, man hatte die Güter als „Vermögen“ (vermögend zu produktiver Leistung), als „vorgetane Arbeit“, als „Kapital“, als „Eigentum“ in der von einer dritten Macht ungehinderten Hand der einzelnen, man hatte den dauernden Zusammenstoß aller dieser individuellen Leistungen in der freien Konkurrenz, und man statuierte, daß jene Leistungszusammenstöße der Individuen um so eher zum optimalen Ausgleich, zur optimalen Harmonie des Prozesses gesellschaftlichen Wirtschaftens führen würden, je größer die Zahl der freien Konkurrenzbeziehungen und je weiter das Gebiet ihrer Ausbreitung wäre.

Es ist eben so, daß das Prinzip der Ratio, der Vernünftigkeit, als Prinzip der Ordnung in der *Mechanik* des Ordnens begründet ist, was sich in der Massenhaftigkeit der Vorgänge am besten entfaltet. So ist es im Weltall, so in der menschlichen Gesellschaft. Deshalb ist der freie Weltmarkt, der nicht durch Grenzen diskriminiert ist, wo alle und alles in Konkurrenz treten, wegen der größtmöglichen Massenhaftigkeit der Vorgänge und wegen seiner größtmöglichen Gebietsweite der beste Garant, daß immer wieder alles „von selbst“, mechanisch zur Ordnung, zum Ausgleich, zum Gleichgewicht führt. So sehr beherrscht das Bild von solcher Ordnung gesellschaftlicher Wirtschaft beim Liberalismus sein Bild von der Ordnung der menschlichen Gesellschaft überhaupt, daß die frühen Liberalen vom Ideal des Freihandels auch den ewigen Frieden unter Völkern und Menschen erwarteten.

Denn, so wird der Ausgleich auch auf allen anderen Gebieten des gesellschaftlichen Lebens gesehen: in der Wissenschaft, in der Kunst, in der Religion und allüberall. Die freien Individuen treten zueinander in die Konkurrenz ihrer Meinungen, ihrer Entwürfe. Sie bedienen sich dabei des Mittels freien Gedankenaustauschs, der dauernden, unbehinderten „Begegnung“, der nie aufhörenden „Diskussion“, des ununterbrochenen „Gesprächs“. So allein kann eine von der Vernünftigkeit, der Ratio geleitete Gesellschaft ein dauerndes, wirkliches Leben in Wissenschaft, Kunst, Religion und auf jedem anderen Kulturgebiet führen.

Ohne Anerkennung absoluter Werte

Nur eines ist ausgeschlossen: die Annahme absoluter Werte und gar eines einenden höchsten Ziels als des Grundpfeilers des Gesellschaftssystems. Denn dies würde sofort das Ordnen gesellschaftlichen Lebens dem sich selbst steuernden, in funktionaler Gesetzmäßigkeit konkurrierender Kräfte verlaufenden gesellschaftlichen Lebensprozeß entziehen. Wie ein Ding in sich und an sich würde der absolute Wert oder das höchste Ziel eine dritte

Macht sein, auf die hin Menschliches und Sachliches dauernd orientiert ist und durch deren Einfluß erst die gesellschaftliche Ordnung zustande kommt. Gesellschaftliche Wirtschaft z. B. wäre dann als Ordnungssystem durch einen Wertzusammenhang, durch einen absoluten Sinngehalt, durch ein alle und alles umgreifendes objektives Ziel des Wirtschaftens konstituiert, und nicht ein rein funktionaler Zusammenhang, den die Vernunft, die Ratio, das Gesetz des größten Effekts bei kleinstem Aufwand stiftet und der sich im Mechanismus des freien Konkurrierens der Individuen, in der Mechanik der Markt- und Preisbewegung ausdrückt.

Ja, bei der Annahme absoluter Werte wäre die Ratio als selbständige Kraft entthront. Sie würde ihres rein formalen, d. i. inhaltlosen Wesens als bloßer „Zweckrationalität" menschlichen Handelns entkleidet und würde nur durch die innere Zuordnung des geistigen Menschen auf absolute Werte und Ziele gesellschaftlichen Lebens Ratio sein. Es wäre auch der Mensch, der innerlich auf absolute Werte hingeordnet ist und deswegen auch das Gesellschaftsleben ordnet und eint. Es wäre auch der Mensch aus dem Kosmos und aus dem Prozeß seiner zweckrationalen „Vernünftigkeit" herausgenommen, ihm als sein Herr gegenübergestellt. Es wäre die Geistmächtigkeit des Menschen, seine innere Sinnfülle und Ordnung, die die Spur jeglicher Ordnung im Kosmos in sich hineinnimmt und zusammenfaßt.

Dies freilich bedeutet den Ausgang von einer Metaphysik des Menschen, von einer Philosophie des Menschen, wo Sein und Wert in innerer Verbundenheit gegeben sind. Demgegenüber verharrt aber das Gesellschaftsdenken des Liberalismus in einer vom Rationalismus der Aufklärung entlehnten und durch *Kant* und Neukantianismus bestätigten Metaphysikscheu. Dieses Denken trägt auch wie ein Dogma die „Wertfreiheit" in alle positiven, die Erfahrung verarbeitenden Sozialwissenschaften hinein. Auch hier ist die Mechanik der Vorgänge, die Aufstellung ihrer entsprechenden „Gesetzmäßigkeit" in den Zusammenhängen, das Sprechen von bloßen Tendenzen im gesellschaftlichen Geschehen methodisches Prinzip jeglicher „wissenschaftlichen" Erklärung. Auch die gesellschaftlichen Gebilde im religiösen Leben beruhen letztlich auf Bewegungen des religiösen Gefühls im Menschen, auf einer zwischen den Menschen auch hier stattfindenden Konkurrenz. Auf dem Höhepunkt des kulturellen Liberalismus um die Jahrhundertwende konnte ein *Ernst Troeltsch* sagen, daß das vollkommenste religiöse Gesellschaftsgebilde auf einem Parallelismus religiöser Spontaneitäten der Individuen beruhe. Damit war die Kirche, die ja auf dem Sprechen des sich offenbarenden Gottes beruht und ihre Glieder an absolute Wahrheit bindet, im Blick des Liberalismus aufs äußerste abgewertet. Man wird an den Standpunkt der frühen Aufklärung erinnert, wo Religion, in der Bindung an absolutes Sein und Wahrheit begriffen, als die Quelle der „Intoleranz" erscheint, als geborene

Feindin der „Toleranz". Man wird daran erinnert, daß solcher aufklärerischer Liberalismus z. B. das Martyrium für unsinnig erklärte und für einen moralischen Druck auf die Freiheit des einzelnen; denn entweder ist etwas wahr, und dann wird es sich kraft der allgemeinen Vernünftigkeit in der Welt von selbst durchsetzen, oder etwas ist nicht wahr, und dann hat es auch keinen Sinn, dafür zu sterben.

Der Liberalismus als Individualismus, Nominalismus und Totalitarismus

Ja, auch die Freiheit ist kein absoluter Wert, insofern er aus dem Innern des Menschen als Geistperson abgeleitet wird. Das freie Individuum ist vielmehr eine notwendige Annahme, die uns die allgemeine Vernünftigkeit auferlegt, weil wir nur so nach Lage der gesellschaftlichen Realität die Mechanik auch im Ordnen gesellschaftlichen Lebens in Vollzug setzen können. So ist denn auch das Recht eine Gegebenheit, eine Idee der ordnenden Vernunft. Es ist aber nicht etwas, das in der Gegebenheit menschlichen Seins fundiert ist. Das jeweilige System positiver Rechtsnormen ist nichts anderes als jeweilige Ausführung der auf Ordnung gerichteten Rechtsidee. Dem positiven Gesetz, das die Rechtsordnung begründet, wohnt also keine innere Beziehung zur Gerechtigkeit inne; denn dies würde ja voraussetzen, daß das Recht im Sein des Menschen und seiner gesellschaftlichen Beziehungen, also in einem Naturrecht begründet ist. Das einzige Kriterium, das nach dem Liberalismus auf die positive Gesetzgebung anzuwenden ist, ist die Forderung, daß sie ein logisch kohärentes System darstellt entsprechend der angenommenen ursprünglichen Rechtsidee, also hier des freien Individuums. Wiederum bricht also der Grundgedanke der „Vernünftigkeit" allen Geschehens durch.

Sie begründet auch die „Majestät" des Gesetzes – gemeint ist das positive Gesetz –, von der der Liberalismus auf dem Höhepunkt seiner Macht so betont sprach und die dem Einspruch im Namen des natürlichen Sittengesetzes, des Naturrechts oder gar des positiven, vom göttlichen Schöpfer und Erlöser stammenden Gesetzes keinen Raum ließ. Solcher Einspruch erschien vielmehr geradezu als „Revolution", als Bedrohung der Stabilität der Gesellschaftsordnung, insofern sie ja nicht anders als auf dem Wege der freien Diskussion und des Mehrheitsbeschlusses freier, nur der Vernünftigkeit des Ordnens hingegebener Individuen (Bürger) zustande kommen konnte.

Somit ist auch die gesellschaftliche Einheit der Menschen als solche etwas, was jeweils und nur im positiven Ordnen der Individuen begründet ist, insofern diese ihr Ordnen auf die den Zeitverhältnissen am meisten entsprechende Grundannahme vom absolut freien Einzelmenschen ausrichten. Die Einheit der menschlichen Gesellschaft ist also nicht etwas in der gesellschaftlichen Natur des Menschen Begründetes, ist somit in keiner Weise etwas die Individuen Übergreifendes, ein objektiver Ziel-, Wert- oder Sinnzusammenhang. In dieser Hinsicht ist die „Vernünftigkeit“ des Liberalismus völliger Individualismus und, weil den gesellschaftlichen Einheiten als solchen keine Realität zukommt, völliger Nominalismus.

Ja, die radikal unmetaphysische, jeder Begründung in einem Absoluten entbehrende Grundannahme vom schlechthin freien Individuum gibt dem gesellschaftlichen Ordnen auf dem Boden solcher Annahme einen gefährlich pragmatistischen Charakter. Dies will sagen, daß das gesellschaftliche Ordnen der Versuchung zum Manipulieren ausgesetzt ist unter dem Gesichtspunkt der bloßen Nützlichkeit zur Erreichung der Einheit. Grenzen, die im Sein des Menschen metaphysisch wurzeln, sind ja nicht anerkannt. Deshalb hat man schon mit Recht festgestellt, daß der Liberalismus aus seinem System heraus keineswegs dagegen gefeit ist, daß die Einheitstendenz ihn in einen richtigen Totalitarismus abgleiten läßt, wo die „Majestät“ des positiven Gesetzgebers und Gesetzes die Freiheit des Individuum überrollt.

Am deutlichsten wird dies auf dem Gebiet der Bildung und Erziehung. Weil Gesellschaft und Staat ja nicht in ihrem Fortbestand durch die metaphysisch gesehene und begründete gesellschaftliche Natur des Menschen gesichert sind, muß der Wille der Individuen zum Zusammenschluß so beschaffen sein und dauernd so beeinflußt werden, daß er sich in der Generationenfolge perpetuiert. Deshalb muß der Liberalismus als Gesellschaftssystem mit zwingender Notwendigkeit und zuallererst seine Hand auf das Bildungs- und Schulwesen in seinem Sinne legen. Das staatliche Monopol auf diesen Gebieten ist ein aus dem Innern des Liberalismus kommendes Postulat. Er wird es erst recht in unserer heutigen, sog. pluralistischen Gesellschaft geltend machen.

Schließlich hat der Liberalismus bei dem mechanistischen Grundzug seines Ordnungsdenkens wie alle Mechanik die Tendenz, die Fülle der lebendigen Wirklichkeit gewissermaßen einzuebnen, in möglichst allgemeinen Kategorien zusammenzufassen und zu vereinfachen. So erleichtert er sich die Vorstellung, daß die Ordnung sich immer wieder „von selbst“ ergibt. Das Gesellschaftsleben erscheint vereinfacht, weil es auf wenige, ganz und gar „abstrakte“ Kräfte, „Motive“ oder „Haltungen“ zurückgeführt wird. Die Menschen erscheinen in ihren inneren und notwendigen Differenzierungen als vergewaltigt; der einzelne Fall erscheint um des reibungslosen Gangs mechanischen Ordnens willen als lediglich subsumiert unter allgemeinste Gesetzmäßigkeit, somit seins- und wertmäßig nicht gewürdigt mit der Gefahr, daß Ungleiches gleich behandelt wird. Ein Ermessensspielraum beim Ordnen ist tunlichst vermieden, weil sein mechanischer, unpersönlicher Charakter dagegen steht. Die liberale Gesellschaftsordnung wird lebensfern, weil ihr einziges Ordnungsmittel, das möglichst universale, abstrakte „Gesetz“, das Konkrete, Personale menschlicher Beziehung nicht zu decken vermag. Die Flucht in die Fülle der Gesetzgeberei vermehrt dann das Übel und nimmt immer mehr dem „Gesetz“ und dem Gesetzgeber die Würde; sie sind nicht mehr Auswirkung der inneren Verbundenheit der Menschen im Gemeinwohl, sondern instrumentale Funktion im Verkehr mit Gütern und Leistungen.

11.

Katholizismus und Sozialismus

In: Christentum und demokratischer Sozialismus, Studien und Berichte der Katholischen Akademie in Bayern, Hrsg. *Karl Forster*, München 1958, H. 3, S. 9–27. (Band II, S. 153–162).

Mein Thema ist: Katholizismus und Sozialismus, näherhin: Katholizismus und Demokratischer Sozialismus. Dies ist als Vergleich beider Gegebenheiten und zugleich als Beurteilung ihres Verhältnisses zueinander gemeint.

Nun bin ich bei dem, was man heute in Deutschland Demokratischen Sozialismus, manchmal auch freiheitlichen Sozialismus nennt, etwas in Verlegenheit. Noch wissen wir von ihm zu wenig, zu wenig im Abstrakten, zu wenig noch mehr im Konkreten. Daß er ein vom Marxismus gelöster Sozialismus ist, scheint die Hauptsache zu sein, und ist wohl auch das, worauf man in katholischen Kreisen am meisten und vielfach auch am hoffnungsvollsten achten zu müssen meint. In der Tat ist es etwas Bemerkenswertes, daß zu einer Zeit, wo der Marxismus östlich von uns eine Hochkonjunktur hat, dieser neue Sozialismus hier im westlichen Bereich hervortritt. Darin liegt für nicht wenige Beobachter ein geistiges Plus, eine Verstärkung der geistigen Front des Westens; sie sprechen erwartungsvoll: Was wird aus diesem Kinde werden? Sie sind geneigt, alles Gute von ihm auszusagen, alles weniger Gute auszuschließen. Wer vorsichtig ist, wird des neuen Kindes Geburtsschein und Sippenzeugnis einsehen, sein geistiges Lebensklima erspüren, die ersten programmatischen Äußerungen prüfen und auch die Stärke der Reibungen abschätzen, die der schwierige Übergang der Klassenpartei zur Volkspartei im Lager des Sozialismus auslöst. Man wird keinen Blankoscheck des Vertrauens und der Zustimmung ausstellen, aber man wird dem Ernste der beteiligten Menschen des Sozialismus mit Ernst begegnen müssen, schon aus Verantwortung für alles, was unser Volk in seiner wahrhaft immer noch gefährdeten Lage innerlich konsolidieren könnte.

Dem also in etwa noch sehr unbekannten einen Glied der Vergleichsbeziehung, nämlich dem Demokratischen Sozialismus, entspricht das um so bekanntere andere Glied: der Katholizismus. Ja, wir müssen dieses Glied noch bekannter machen und statt Katholizismus besser „Kirche" sagen, mithin Kirche und Demokratischen Sozialismus vergleichen. Warum? Weil Demokratischer Sozialismus jedenfalls ein in der Gesellschaft und in der Geschichte wirkendes Gebilde, konkret gesehen, eine politische Partei sein will. Was diesem Gebilde in Gesellschaft und Geschichte begegnend entspricht, ist nun ebenfalls nicht ein Abstraktum von Ideen und Werten, das wir Katholizismus nennen, sondern ist die Kirche, das religiöse Gemeinschaftsgefüge von höchster Konkretheit, von universaler Gesellschaftlichkeit, von geladener Geschichtlichkeit, ausgeprägt in Seele und Leib, inneres Leben und Institution zugleich.

Aber indem wir die Kirche in die Vergleichsbeziehung zum neuen Demokratischen Sozialismus einsetzen, scheinen wir diesem als dem noch sehr Unbekannten die größere Chance wenigstens in der Gestaltung der irdischen Bereiche der heutigen Menschheit zu geben. Denn, wie gesagt, gerade, weil er unbekannt ist, glauben manche, alles Gute von ihm erwarten, alles weniger Gute von ihm ausschließen zu können. Die Kirche aber ist zu bekannt, mit Staub und gar Schmutz bedeckt, durch eine lange Pilgerfahrt in dieser Welt. Wir hören sie alle, die kritischen Rufe: Machtmißbrauch oder Klerikalismus, Versagen in der Gestaltung dieser Welt auf allen Gebieten der Kultur, besonders im Sozialen und Wirtschaftlichen gesellschaftlichen Lebens. Und heute erscheint die Kirche den Kritikern als eine müde gewordene; sie hat, wie man sagt, selbst die religiöse Substanz ihrer Menschen nicht wahren können; sie sucht Schutz bei einer politisch gewordenen Christlichkeit, die doch nichts anderes ist als blaß und bleich gewordener bürgerlicher Humanismus liberaler Observanz. Kann sie, die Kirche, die in der Gestaltung der Welt blutarm gewordene, nicht Blutzufuhr erwarten vom jugendlichen Demokratischen Sozialismus, der für ihr Versagen in dieser Welt eintritt und ihr die Bemühung um die andere, jenseitige Welt überläßt?

Indes wird die Kirche antworten können, daß sie im steten Kontakt mit den Menschen und Dingen dieser Welt dauernd Blutzufuhr erhält, daß sie aber dabei niemandes Vermittlung braucht, schon gar nicht die irgendeines politischen Systems, sei es ihr auch noch so günstig. Die Geschichte belegt hinlänglich die Gefahr solcher Vermittlung. Schon die Blutzufuhr im *unmittelbaren* Kontakt mit den Dingen der Welt hat ihre Gefahren, denn sie läuft über die Leidenschaftlichkeit, die Unwissenheit und vor allem die moralische Schwäche so mancher Menschen der Kirche. Woher sollte denn das eben angedeutete Sündenregister der Kirche kommen, das man übertrieben nennen, aber doch nicht einfach ableugnen kann? Dies war so von Anfang an in der Kirche. Die Erfahrungen von 1933 nach dem

Regierungswechsel machen da keine Ausnahme. Nur fehlt uns hier noch eine gründliche soziologische Untersuchung, um die Ungerechtigkeit von Pauschalurteilen zu vermeiden, die bis in die neueste Zeit gefällt werden.

Das Mitsein der Kirche mit Gesellschaft und Staat

Wenn wir in die Tiefe der Anliegen der menschlichen Gesellschaft sehen, dann war und ist Dasein und Wirken der Kirche zugunsten dieser irdischen Welt hervorragend und sogar entscheidend. Sie war es, die dem wahren Sinn des Sozialen, der Gesellschaftlichkeit, ihren Schutz lieh, indem sie die Gottebenbildlichkeit der menschlichen Person verkündete. Dadurch allein kommt der gesellschaftlichen Bezogenheit und Gegenseitigkeit der Menschen auf die objektive Wertfülle des Menschtums hin, also dem Sozialen als Solidarität, die innere unzerreißbare Begründung zu. Indem dann der neuzeitliche Liberalismus laizistisch und säkularisierend die Gesellschaft als solche gegen alle Wahrheit von Gott löste, vollführte er die verhängnisvollste Kernspaltung, deren Kettenreaktionen durch alle konkreten Bezüge des Gesellschaftslebens hindurch bis heute andauern: er löste das Soziale individualistisch, subjektivistisch auf in reinen Nominalismus oder Funktionalismus letztlich quantitativ bestimmbarer Kräfte. Letztes Ergebnis ist, daß man heute der Soziometrie und Ökonometrie eine so überragende, schier ausfüllende Rolle in den Sozialwissenschaften gibt. *Die Frage ist: wird sich der Demokratische Sozialismus so vom Marxismus lösen, daß er auch seine unbestreitbar liberalrationalistische Komponente und nicht nur die materialistische aufgibt?* Wird er jene verhängnisvolle Kernspaltung am Sozialen drangeben und in ihm nicht mehr lediglich die denkbar vernünftigste, das ist produktivste Organisation von Individuen sehen?

Die Kirche war es, die dem Recht der Person ihren Schutz lieh, indem sie wiederum in der Gottebenbildlichkeit der Menschen die Wurzel des Rechts betonte und die soziale, solidarische Verbundenheit auch als *Rechts*beziehung hervorhob. Folglich war es die Kirche auch, die im Organisieren menschlichen Zusammenlebens die stete Suche nach der Ausgewogenheit von Autorität und Freiheit sah. Sie trat dafür ein, schon durch ihre Existenz, in schweren Kämpfen gegen die Staatsomnipotenz zu Zeiten mittelalterlichen Kaisertums, gegen die Staatsomnipotenz des fürstlichen Absolutismus, des Führer-Cäsarismus und schließlich auch ebenfalls in neueren Zeiten gegen die totalitaristische Gesetzgebungsmaschine jakobinischer und plebiszitärer Demokratie.

Es ist also auch die Kirche, der wir die Verteidigung des Prinzips der Rechtssicherheit verdanken. Der Liberalismus hat es als Palladium gegen die Willkür jeglicher Autorität verstanden. Aber, indem er rationalistisch und gegen alle Wahrheit die gesellschaftliche Verbundenheit und Autorität vom göttlichen Wurzelgrund löste, hat er dem Prinzip der Rechtssicherheit nicht nur die feste Verankerung genommen, sondern den Schutz durch dieses Prinzip jedem *absolut* fundierten Recht entzogen. Die falsche Majestät des positiven menschlichen Gesetzes, des logisch kohärenten Systems von Rechten als Verkehrsregeln unter Menschen, tritt gegen das Naturrecht und gegen das positive Gesetz auf, um die formale Freiheit der Individuen zu sichern gegen das „Rauschgift" absoluter Werte, die sich als Naturrecht des Menschen oder gesellschaftlicher Ganzheiten niederschlagen, sich zur Norm des positiven, menschlichen Gesetzes aufwerfen und so die liberal verstandene Rechtssicherheit gefährden. Daß die Freiheit, ja, die Gewissensfreiheit derer, die sich auf ihr in absoluten Werten fundiertes Recht berufen, von der falschen Majestät der liberalen Gesetzgebungsmaschine brutal überrollt werden kann und auch wurde, beweist einmal wieder, daß der Liberalismus kein Schutz gegen Totalitarismus ist. Wir werden also auch hier zusehen müssen, ob der heutige Demokratische Sozialismus sich theoretisch und praktisch von der liberalen, also nicht nur von der materialistischen Komponente des Marxismus löst oder nicht.

Die Kirche war es auch, die durch ihr in der Erlösungsordnung begründetes innerliches *Mitsein* in Gesellschaft und Geschichte, durch ihr Festhalten an der wahren Natur des Sozialen, an einer Verankerung im Menschen als Person, als geistiger Substanz, schließlich auch die Auffassung vom Staat vor jener „Entwesung" schützte, von der man heute bedauernd spricht.

In der Tat ist „Staat" nicht formalistische Integration von Individuen oder Gruppen-Individuen her, die in der Haltung zweck-rationalen Strebens auf die Gesellschaft hin „politisch handeln", das ist Macht über Menschen erstreben und ausüben. Ganz zweifellos sieht sich beispielsweise die Formaldemokratie so. „Staat" ist vielmehr die notwendige Projektion jenes ontologischen Seins- und Wertbestandes des „Sozialen" ins Organisierende und Organisierte, notwendig um der Rechtsordnung willen, die Gebrauch und Bestand der in und mit dem Sozialen gegebenen Personrechte verlangt. „Staat" ist also selbst ein Gebilde objektiven Zwecks, und ihm kommt insofern Wesenhaftigkeit und Werthaftigkeit zu. Man nennt seinen Zweck das „Gemeinwohl" und meint damit jene spezifische organisierende Funktion am Sozialen als solchen, von der eben gesprochen wurde.

Wer dies durchdenkt, erkennt, daß „Staat" nicht möglich ist, wo nicht ein *Minimum an Gemeinsamkeit* von Grundwerten, von inhaltlich bestimmten Personrechten ist, die unantastbar sind, auch gegenüber der Abstimmungssouveränität des Volkes im demokratischen Staat.

Insofern sind aber dann auch alle politischen Parteien im demokratischen Staat notwendig das, was man Weltanschauungsparteien nennt,

d. h. sie folgen einer bestimmten Auffassung vom Sinn des Menschen und der Gesellschaft. Wo sie in dieser Auffassung pluralistisch auseinanderfallen, ist dennoch ein Ausgleich über unantastbare, der Abstimmung entzogene Grundwerte und Grundrechte, ein Ausgleich der Toleranz in dem, was für alle gelten soll, möglich und nötig, wenn überhaupt Staat, demokratischer Staat sein soll. Sonst nämlich würde in der Demokratie die Mehrheit, wenn sie ihren Willen durchsetzt, die Minderheit immer formell vergewaltigen.

Wenn man daher in neueren Verlautbarungen des Demokratischen Sozialismus liest, man sei keine „Weltanschauungspartei", *weil* man das Prinzip der Toleranz habe, so stellt man die Dinge geradezu auf den Kopf, und man stellt auch den Anspruch, „politische" Partei zu sein, in Frage; denn indem die echte politische Partei als solche notwendig auf den Staat, also auf ein Wert- und Zweckgeladenes, bezogen ist, kommt sie aus dem sogenannten Weltanschaulichen gar nicht heraus.

Dies alles gilt natürlich auch für den Fall des Zwei-Parteien-Systems. Es ist auch hier nicht so, daß man die Situation erleichtern könne, wenn man sogenannte „weltanschauungsfreie" Parteien fordert. Es sei denn, man konstituiere das Wesen einer politischen Partei überhaupt nicht unter *Voraussetzung* des Staates als objektiven Zweckgebildes des „Gemeinwohls", wie wir es soeben verstanden, sondern man leite umgekehrt den Staat aus dem „politischen Handeln" der Individuen ab, aus ihrem Streben nach der Macht in der Gesellschaft unter mannigfachen Titeln: „Soziale Gerechtigkeit" als „Einkommensverteilung", „Lebensstandarderhöhung" oder sonstwie. Aber schon die Erfahrung zeigt, daß auf diesem Wege immer ein Punkt kommt, wo „der" Staat als ein Eigenständiges sich dem Bewußtsein der Menschen aufdrängt; sie finden, daß die Interessen etwas überhören ließen, was dasein muß und soll, nämlich das „Gemeinwohl", das ist der Staat, der mehr ist als das Produkt formaler Integration von den bei Wahlen „politisch gewordenen", und dies heißt hier zahlenmäßig integrierten Individuen her. Die von Vertretern des „Demokratischen Sozialismus" nicht selten betonte „Weltanschauungsfreiheit" im Politischen enthält also erhebliche Schwierigkeiten und zum mindesten Dunkelheiten hinsichtlich der wahren Natur des Staates, die doch auch in der Demokratie nicht geopfert werden darf.

Es könnte einer sagen, daß alle bisherigen Überlegungen Gedanken über geschichtliche Tatbestände waren, daß sie aber nicht beweisen, wie der katholische politisch handelnde Mensch in seiner Sicht von der Kirche umfaßt ist und so auch den Demokratischen Sozialismus beurteilt. Dennoch ist gerade dies der Fall, und zwar grundsätzlich. Um alle Mißverständnisse eines hier etwa gemeinten katholischen Integralismus oder Totalitarismus oder gar des vielberufenen Klerikalismus zu vermeiden, um klarzustellen, daß hier keine der vom Schöpfergott gesetzten Eigengesetzlichkeiten der einzelnen Lebensbezirke der Menschheit aufgehoben oder auch nur verletzt werden, müssen wir diesen Punkt näher erläutern. Der politische Mensch ist als Katholik von der Kirche umfaßt, und zwar wesentlich, weil die Kirche in einem von Gott gewollten Sinne das Lebensprinzip der menschlichen Gesellschaft ist. Dies ist gemeint im Sinne einer vom Erlösergott gesetzten Koexistenz, eines inneren Mitseins der Kirche in der menschlichen Gesellschaft und Geschichte, wobei, wie schon gesagt, die in der Gesellschaft und allen ihren Bezirken gegebenen, vom Schöpfergott stammenden Eigengesetzlichkeiten oder objektiven Sinnzusammenhänge nicht aufgehoben, sondern im und durch das Mitsein der Kirche geschützt und gefördert werden.

Also, um es nochmals zu betonen: keine Theokratie, kein religiös begründeter Integralismus und Totalitarismus, auch kein Klerikalismus! Denn in diesem so verstandenen Mitsein der Kirche in der menschlichen Gesellschaft ist auch enthalten, daß dieses schützende und fördernde Mitsein der Kirche in der Gesellschaft und in allen ihren Bezirken vor allem von den Laiengliedern der Kirche wahrzunehmen ist, weil gerade sie in den einzelnen Bezirken stehen und subsidiär unterstützt von der Hierarchie, indem sie ihr Lehr-, Priester-, Hirtenamt auf den fruchtbaren Vollzug jenes Mitseins ausrichtet. Hier ist ein eindrucksvolles Beispiel der lebensvollen Beziehung von Hierarchie und Laien in der Kirche grundgelegt. Für beide aber ist maßgebend die aus dem Mitsein der Kirche in Gesellschaft und Geschichte erfließende Verantwortung für die ewigen Ordnungen in der von Gott geschaffenen und zur Erlösung bestimmten Welt.

Wer diese von Gott gesetzte Weltordnung anerkennt, kann als politischer Mensch nur Kirche *mit* Staat sehen, nie aber Staat ohne Kirche oder gar gegen die Kirche. Wir reden nicht, wohlbemerkt, von den rechtlichen Formen, die jenes Mit haben kann. Der politisch handelnde Katholik wird also auch von jeder Partei erfragen müssen, ob sie diese Sicht hat. Nicht, daß wir von den andern erwarten, daß sie die katholische Sicht von der Kirche hätten, aber in dem Sinne, daß sie die von der Kirche in ihrem Mitsein mit der menschlichen Gesellschaft vertretenen Prinzipien der natürlichen Vernunft über Gesellschaftlichkeit, Rechtsordnung, Freiheit und Autorität und den Sinn des Staates anerkennen. Das gilt also auch gegenüber dem Demokratischen Sozialismus. Der Katholik muß auch ihm gegenüber nicht zunächst fragen: Was vertritt er sozialpolitisch, kulturpolitisch oder staatspolitisch? sondern: Wie steht er zum Mitsein der Kirche gerade im Hinblick auf die von der Kirche geschützten Grundprinzipien auf allen diesen Gebieten?

Es mag diesem oder jenem überraschend erscheinen, daß wir gerade die Kirche so sehr in den Mittelpunkt dieser grundsätzlich politischen Betrachtung stellen. Aber vielleicht ist dies durch die besondere Lagerung unserer Gegenwart in eigenartiger Weise gerechtfertigt. Nach einer hinter uns liegenden Zeit des Individualismus auch auf religiösem Gebiete tritt das Bewußtsein der Kirche und der kirchlichen Verbundenheit wiederum mehr hervor. Das gilt vielleicht noch mehr als im katholischen Bereich im Bereich der nichtkatholischen Christenheit. Und zwar ist dieses Bewußtsein von der Kirche gesteigert auch auf ihre Institutionalität, auf ihre in der Gesellschaft und in der Geschichte wirkende Konkretheit bezogen und läßt immer mehr die einstige Gefahr reiner Innerlichkeit hinter sich. Wir sind weit entfernt, auch auf diesem Gebiete, von den Auswirkungen liberaler religiöser Soziologie, die schließlich mit *Ernst Troeltsch* das höchste religiöse Gebilde als „Parallelismus religiöser Spontaneitäten" definierte.

Dieses erwachte Bewußtsein von der Kirche als dem Lebensprinzip der menschlichen Gesellschaft – immer wieder sei die Notwendigkeit richtigen Verständnisses dieses Begriffs und dieser Realität betont – steht unseres Erachtens auch auf dem Hintergrund der politischen Form, die neuerdings die Christlichkeit bei uns in Deutschland gefunden hat. So paradox es klingen mag und so paradox es angesichts der zweifellos vorhandenen Gegensätze der religiösen Gemeinschaften im christlichen Raum zu sein scheinen mag, es ist doch so, daß das erwachte Bewußtsein von der irdischen Bedeutung der Kirche jene politische Neugestaltung trägt. Deshalb wird sie auch dort immer am meisten gefährdet bleiben, wo man das Gewissen des politisch handelnden Christen auf die reine Situationsbezogenheit, auf den reinen historischen Augenblick des unmittelbar vor Gott stehenden Einzelchristen bezieht. Wo man aber, ob im katholischen Sinn oder in irgendeinem anderen Sinn, das Gewissen mit Nachdruck auf die vor Gott zu vertretenden grundsätzlichen Ordnungen des Weltbildes bezieht, wird keine Schwierigkeit sein, den politisch handelnden Christen als von der Kirche umfaßt in dem geschilderten Sinne sich zu denken.

Auch dem Demokratischen Sozialismus wird der politisch handelnde Christ nicht die Frage ersparen können: was hältst du von der Kirche? Diese Frage und ihre Beantwortung wird sogar, wie schon ausgeführt, entscheidend sein. Nicht nur, weil die Kirche die ältere ist, wird sie an den Demokratischen Sozialismus diese Frage richten dürfen und müssen, sondern auch weil sie in der Ordnung Gottes in der Welt diese fundierende Rolle des Mitseins schützend und helfend vollzieht. Es genügt also nicht, eine saubere Trennung von Weltlichem und Sakralem zu fordern oder zuzugestehen. Im Gegenteil, gerade dies würde das verkennen, was die Kirche in der Weltordnung Gottes im gesellschaftlichen Raum und also auch im staatlichen und politischen grundlegend bedeutet.

Aus allen diesen Ausführungen geht hervor, daß wir in der Loslösung des Demokratischen Sozialismus vom Marxismus nicht in erster Linie theoretisch und praktisch das Problem der Lösung vom Materialismus sehen, sondern in der Lösung von der liberalen Ahnenreihe und dem liberalen Blute. Wer aufmerksam in der Enzyklika *Quadragesimo anno* jene Teile liest, wo *Pius XI.* sich mit dem veränderten Sozialismus seiner Tage befaßt, wird finden, daß dort dieselbe Auffassung vorliegt. Wenn also der Papst zum Schlußurteil kommt, daß jeglicher Sozialismus mit der Lehre der Kirche unvereinbar ist, so liegt dies zum tiefsten an der Auffassung des Sozialismus als einer laizistischen, säkularisierend auftretenden Form proletarischen Liberalismus. Solange der Demokratische Sozialismus theoretisch und praktisch diese Sachlage nicht klärt, wird man das Urteil des Papstes auch auf ihn anwenden müssen. *Pius XI.* liegt übrigens mit seiner Auffassung vom Sozialismus vollständig auf der Linie der frühesten Tradition vom Verhältnis des Katholizismus zum Sozialismus. Der Sozialismus erscheint in den frühesten Beurteilungen durchaus als eine eigene Form von Liberalismus.

Daran ändert sich auch nichts, wenn man katholischerseits eine Wandlung des Sozialismus nach Art der englischen Labour Party erwartet. Denn es besteht kein päpstliches Dokument, das gerade den Sozialismus der englischen Labour Party anerkennt. Erst recht nicht existiert ein päpstliches Dokument, das den Sozialismus der englischen Labour Party von jenem Urteil *Pius XI.* ausnimmt. Es ist ferner bei der englischen Labour Party kein einheitliches Bild des Menschen und der Gesellschaft vorhanden. Der englische Katholik kann also bei der verschwindenden Minderheit, die er außerdem in seinem Land darstellt, sich vorstellen, daß er gewissermaßen missionarisch dort wirken kann. Diese Situation ist aber nicht dort gegeben, wo die Katholiken zahlenmäßig in der Lage sind, dem grundsätzlich gegebenen Mitsein der Kirche mit dem Staat politischen Ausdruck zu geben, erst recht, wenn andere weite Kreise nichtkatholischer Christen nach derselben Richtung drängen. Das Missionarische im Hinblick auf politisch dissidente Gruppen wird dann in erster Linie darin liegen, daß man den eigenen Standpunkt konsolidiert, äußerlich und vor allen Dingen innerlich kräftigt und so durch das Beispiel etwaige Mauserungsprozesse in anderen Lagern unterstützt.

Gewiß existiert der Kommentar des Bischofs von Innsbruck zum Hirtenbrief sozialen Charakters des österreichischen Episkopats vom vorigen Jahr, wo auch große Hoffnung der Kirche auf die Entwicklung des festländischen Sozialismus zu einer Art Labour Party ausgedrückt wird. Der Sozialismus wird geradezu beschworen, daß er doch endlich das sein möge, was er sein soll, nämlich so etwas wie die Labour Party.

Offenbar ist gemeint, dann sei alles gut. Aber wir haben gezeigt, daß das Verständnis des politisch handelnden Katholiken gerade vom Standpunkt der Kirche aus und, weil er von der Kirche umfaßt ist, doch weit tiefergehende Betrachtungen erfordert. Zudem darf man auch daran erinnern, daß im „Progressismus" katholischen Gepräges Bücher und Artikel erscheinen, in denen der Kommunismus beschworen wird, doch endlich das zu sein, was er eigentlich ist, nämlich Humanismus. Offenbar mit dem Grundgedanken: dann sei alles zwischen Katholizismus und Kommunismus gut. Wir sehen, wie bald man mit so leichtgerüsteter Argumentation auf die schiefe Ebene gerät.

Der Mensch – unteilbare Ganzheit

Eine Schlußbemerkung, die das Verhältnis zum Demokratischen Sozialismus noch beleuchten kann, bezieht sich auf die Eigenart staatlicher, besonders gesetzgeberischer Tätigkeit. Daß wir hier in unserer Vortragsreihe Grundsätzliches, Staatspolitisches, Kulturpolitisches und Sozialpolitisches trennten und daß diese Gebiete, wenigstens die drei letzten, auch in der Praxis getrennt sind, hat einen pragmatischen, organisatorischen Grund. In Wirklichkeit ist der Mensch in der Gesellschaft immer nur als Ganzes Gegenstand staatlicher, gesetzgeberischer Maßnahmen, wenigstens, wenn wir den Sachverhalt im Lichte des von uns in den Mittelpunkt gestellten grundsätzlichen Mitseins von Kirche und Staat sehen. Dann kann auch dem Staat letzten Endes der Mensch nur als Ganzes begegnen, er zerfällt nicht mechanistisch in verschiedene Sphären der Anliegen.

Das mechanische Denken, das unseres Erachtens auch durch bestimmte Methoden in den heutigen Sozialwissenschaften genährt wird, steht dem allerdings entgegen. Das Modelldenken, das sich beispielsweise als nützliches Instrumentarium dem Wirtschafts- und Sozialpolitiker anbietet, und die Fortschritte, die man methodisch in der Erstellung einer volkswirtschaftlichen Gesamtrechnung macht, sind dafür bezeichnende Beispiele. Das Modelldenken läßt leicht vergessen, daß der wirtschaftliche und soziale Ablauf des Geschehens nicht wie ein perpetuum mobile nach den Regeln im Modellzusammenhang verläuft und der Mensch nur anhängt, sondern der Mensch ist, wie *Schumpeter* sagte, wirklich Impuls, eigentliche, unübersehbare causa efficiens. Zu ähnlichen Verkehrungen des Sachverhalts kann auch vorstellungsmäßig die Praxis mit der volkswirtschaftlichen Gesamtrechnung führen. Denn dort erscheint vom Menschen im Ablauf des Geschehens nur das, was preismäßig im Markt oder sonstwie im Verkehr relevant wird. Aber der Mensch ist und bleibt wahre causa principalis und efficiens, wahrer Impuls des gesellschaftlichen Geschehens, des wirtschaftlichen und sozialen Ablaufs. Und so treten alle jene Elemente in den Ablauf wirtschaftlichen und sozialen Geschehens entscheidend ein, die mit der menschlichen Sozialität als solcher und mit allen ihren konkreten, naturhaften und frei gewählten Ausformungen zusammenhängen, mehr entscheidend jedenfalls als jene meßbaren Größen, die man bei den genannten rechenhaften Veranstaltungen allein berücksichtigen kann. Man mag dann mit ihrer Hilfe Nützliches tun zu können glauben für Kontrolle, Lenkung und sogar Planung der Volkswirtschaft; aber man muß sich des Problematischen all dieser Vornahmen bewußt bleiben; denn sie könnten etwa staatspolitisch oder gar kulturpolitisch unerwünschte Folgen zeitigen oder sogar der Grundsatzbetrachtung des Menschen als eines unteilbaren Ganzen widersprechen. Wir sagen dies, weil der Demokratische Sozialismus nach allem, was man hört, von jenen Möglichkeiten kalkulatorischer Art, in den Ablauf des wirtschaftlichen und sozialen Geschehens einzugreifen, sich sehr viel verspricht und vielleicht durch die hier zugrunde liegende mechanistische Gesellschaftsauffassung weniger gestört wird als wir. Jedenfalls aber kann vom sozialpolitischen Sektor allein unser Verhältnis zu ihm nicht beurteilt werden; der Mensch ist und bleibt ein Ganzes.

Dieser Blick auf den Menschen als *Ganzes* beherrscht aber auch nach katholischer Auffassung die Analyse der gesamten Situation unseres Volkes in der Gegenwart. In einem Augenblick, da eine völlig freizügige Technokratie fortfährt, Stütze und Halt der Menschen in den traditionellen und sogar in den naturhaften Bindungen aufzulösen, erweist es sich für die katholische Auffassung als unabweisbar, das Ordnungsbemühen um die Gesellschaft gegen jene verhängnisvollen Tendenzen einzusetzen. Es kann sich für uns nur darum handeln, Tradition und naturhaft organisch Zusammenhängendes wieder zu gesellschaftlichen Stützpunkten und Pfeilern des sonst dem Verschwimmen ausgesetzten Menschen zu machen; selbstverständlich in zeitgemäßer, der „Industriellen Gesellschaft" angepaßter Form. Ich denke an die Kräftigung von Familie, Berufseignung, Nachbarschaft und Gemeinde als Lebensgemeinschaften und als Ort der Bewährung für das Hervorwachsen einer wirklichen, politischen Elite, deren unsere Demokratie so dringend bedarf. Freilich bedeutet dies, daß das religiöse Zentrum unserer Gesellschaft und unserer Gesellschaftlichkeit in der Gottebenbildlichkeit der menschlichen Person gesehen, geschützt und gefördert wird. Mit anderen Worten: wir wollen die menschliche Kultur in allen ihren Ausprägungen auf *Gott* als den Ursprung und das Fundament zurückführen.

Wird der Demokratische Sozialismus seine liberale Erbschaft drangeben und politisch helfen, die religiös begründete Kultur zu schützen, die natürlich aus den Eigenkräften einer religiös, seelsorglich erneuerten Gesellschaft kommen muß? Wir können nicht im Zustand der liberalen Unentschiedenheit verbleiben, wo, politisch aufs höchste konzentriert, eine gottlose Gesellschaft, *der Kult gar der Endlichkeit des Menschen* gegen uns angesetzt ist, nicht nur im Osten, sondern auch im Westen.

Mit dieser letzten Frage an den Demokratischen Sozialismus schließe ich. Der Ernst seiner Menschen, die uns hier begegnen, sei nochmals anerkannt. Aber ohne Klarheit in allen unseren hier aufgeworfenen Grundproblemen kann niemand Vertrauen schenken.

12.

SPD – Kirche, katholisch gesehen

In: Politisch-Soziale Korrespondenz, Sonderdruck Dezember 1959, S. 11–12. (Band II, S. 179–183).

Im neuen Parteiprogramm von Godesberg ist der Demokratische Sozialismus in der deutschen Sozialdemokratie sieghaft zum Ausdruck gekommen. Dieselben Formulierungen, meist auch dieselben Führer kehren in Godesberg wieder, die sich schon im Januar 1958 bei der Münchener Tagung der „Katholischen Akademie in Bayern" im Gespräch „Christentum und Demokratischer Sozialismus" einstellten. Wer nach Godesberg die Akten jener Tagung neu liest, wird sehr oft in den Godesberger Feststellungen auf Auffassungen das Echo von München konstatieren. Bleiben nun auch nach Godesberg die Steine des Anstoßes, die damals in München klar heraustraten und für den Katholiken das Christentum vom Sozialismus trennten?

Man hat sich in Godesberg wie in München von der materialistisch-deterministischen Betrachtungsweise und ihrer wunderlichen Verquikkung mit *Hegel*scher Dialektik gelöst, mithin vom „wissenschaftlichen Sozialismus" der *Marx* und *Engels*. Man stellt entschlossen die Gesellschaft auf den Wurzelboden des Geistes und folglich auch der Moral. Ist nun nicht eigentlich damit schon die Frage nach dem Verhältnis von SPD und Kirche beantwortet, und zwar positiv? In München war man katholischerseits nicht so vorschnell und oberflächlich, solcher Lösung zuzustimmen. Man sollte es auch nach Godesberg nicht sein und nicht einfach sagen: Wo Moral, da ist auch die Kirche. Dabei wird man an einen Vorgang aus diesem Spätsommer in West-Berlin erinnert. Ein in der Bundesrepublik sehr bekannter, hervorragender Kenner des sowjetrussischen philosophischen Schrifttums zeichnete im unmittelbaren Anschluß an diese Quellen und mit wissenschaftlicher Objektivität das vom materialistischen Kommunismus eigentlich gemeinte Menschenbild edelster Gemeinschaftsethik. Nicht wenige der meist katholischen Zuhörer waren stärkstens beeindruckt. Sie waren wohl auch versucht zu sagen: Wo

Moral und Ethik, da ist doch auch die Kirche, und der Petersplatz als „Roter Platz" scheint keineswegs ein böser, sondern ein guter Traum zu sein. Aber so einfach ist es eben nicht. Schon einen *Kant* quälte es, und der Katholik weiß es von jeher, daß mit ethischem Sollen unmittelbar der Charakter des *Absoluten* verknüpft ist, daß Frage und Antwort wegen seiner Begründung unumgänglich sind. Nicht also, daß eine politische Partei wie jetzt der Demokratische Sozialismus „Grundwerte" und davon abgeleitete „Grundforderungen" ethischen, moralischen Charakters aufstellt, ist für den Katholiken, aber auch für jedermann entscheidend oder auch nur genügend, um Sozialist sein zu können. Es kommt vielmehr darauf an, ob und wie die Frage nach der Begründung der Absolutheit des Sollens bei jenen ethischen Werten beantwortet wird.

Der Nebel um die gemeinsame Plattform

In Godesberg hat man mit Recht als politische Partei sich in jener Frage für unzuständig erklärt und es im Programm sogar ausdrücklich abgelehnt, „letzte Wahrheiten" verkünden zu können oder zu wollen. Aber darum geht es nicht, einer politischen Partei die Rolle eines Philosophiekatheders oder einer Kirchenkanzel zuzumuten. Die Frage geht unmittelbar an und um die Plattform politischen Handelns, die sich die Partei mit der Proklamierung von „Grundwerten des Sozialismus" – Freiheit, Gerechtigkeit, Solidarität – geschaffen hat. Ist jene Plattform so objektiv gesichert und so innerlich einheitlich, daß sie die Absolutheit ethischen Sollens bei den „Grundwerten" rechtfertigt? Der Hinweis darauf, daß dem neuen Parteiprogramm Leute mit den verschiedensten Motiven innerlich zustimmen können – entweder aus Gründen „Christlicher Ethik" und auch nur der „Bergpredigt" oder der „Klassischen Philosophie" oder des „Humanismus" oder schließlich, zum Trost der noch verbliebenen Marxismustreuen, der marxistischen Analyse –, vermehrt eher den Nebel um die gemeinsame Plattform, ihre unumgängliche objektive Sicherheit und Einheitlichkeit.

Man kann auch dem Nebel nicht dadurch entrinnen, daß man sagt, wir lebten halt in einer „pluralistischen Gesellschaft" von vielfältigen Gruppen mit vielfältigen Lebensanschauungen. Denn dann müßte man eben entschlossen auf „Grundwerte" verzichten und gemäß neopositivistischer Soziologie auf den verschiedenen Lebensgebieten, etwa im Staatlich-Politischen oder im Gewerkschaftlichen, den einenden Punkt nur in einem jeweils wertfreien „Sachgerechten" sehen. Der Demokratische Sozialismus aber ist der richtigen Auffassung, daß es Gesellschaft ohne „Grundwerte" nicht gibt und daß „sachgerechtes" Handeln nur bei Mittelwahl auf „Grundwerte" hin gesellschaftlich sinnvoll ist. *Adolf Arndt* warnte z.B. in Godesberg davor, Demokratie als Staatsform nach Art einer „sachgerechten" Prozeßordnung aufzufassen. Den Nebel durchstößt *Willi Eichler*. Er erklärte in Godesberg, daß die „Grundwerte des Sozialismus" als solche nicht eigengeartet sozialistisch seien, sie seien vielmehr auf *allgemeinmenschlicher* Plattform proklamiert und seien schon z.B. Sozialgut der in der Französischen Revolution siegreichen Bourgeoisie gewesen. Er hätte ebensogut auch auf die Katholische Soziallehre hinweisen können. Das spezifisch Sozialistische kommt nach *Eichler* erst in den auf Grund der Werte aufgestellten „Grundforderungen" zum Ausdruck; da allerdings mit aller unterscheidenden Schärfe gegenüber anderen Richtungen und Parteien und so, daß der Sozialismus als *die* Erfüllung der Demokratie klar wird. Das spezifisch Sozialistische liege nämlich in dem entschiedenen Willen der SPD, die allgemeinmenschlichen Grundwerte zugunsten *aller* Menschen und Völker zu verwirklichen.

Die Plattform der „Grundwerte" des Demokratischen Sozialismus ist also im „Humanum", im Allgemeinmenschlichen objektiv gesichert und zu innerer Einheit geformt. Dies ist „für den Sozialdemokraten selbstverständlich", sagte *Adolf Arndt* in Godesberg und fügte bei, „soweit eine politische Partei über ein Menschenbild aussagen kann". Dies ist richtig. Die Aussage über die Wert-Plattform des „Humanum" kann für die SPD nur „vorletzte" Wahrheit sein, da das Programm ja auf keine „letzte Wahrheit" sich einlassen darf. Dennoch aber muß das „Humanum" auf letzte Wahrheit objektiv bezogen sein, um die Absolutheit ethischer Grundwerte zu sichern, die es enthält. Man wird uns sagen, das hänge von dem Punkt ab, an dem als „letzter Wahrheit" die Plattform der moralischen „Grundwerte des Sozialismus" aufgehängt sei. Man könne von der Plattform aus auf verschiedenen Leitern zu einem solchen Punkt aufsteigen: auf der christlich-ethischen, der klassisch-philosophischen, der rationalistisch-humanistischen und der marxistisch-analytischen. Zudem zeige sich gerade hier die Toleranz des Godesberger Sozialismus, der zwar gegenüber den Leitern indifferent sei, nicht aber gegenüber dem Aufstieg als solchem zur „letzten Wahrheit", den er in jedem Fall um der absoluten Normkraft des *„Humanum"* willen als einen Wert bejahe.

Das Humanum Gottesland – nicht Niemandsland

Wer dieses Selbstverständnis des Demokratischen Sozialismus überdenkt, stellt fest: Im Hinblick auf seine absolute Normkraft als Plattform gesellschaftsgestaltender Werte ist das „Humanum" in sich seins- und wahrheitsgemäß Niemandsland, gerade um im Sozialismus, alle Richtungen einend, Jedermannsland sein zu können. Für den Katholiken aber liegt derselbe Sachverhalt im Lichte des Glaubens und der Vernunft so: Das *„Humanum"* im gemeinten Sinne ist in sich *Gottesland,* seinsmäßig und auch wahrheitsmäßig, gerade um im gestaltenden christlichen Ordnungsbild, alle Richtungen unterscheidend, *nicht Jedermannsland* sein zu können. Ferner muß im Sozialismus mangels der seins- und wahrheitsmäßigen Prägung des „Humanum", die ihm als *Niemandsland* versagt sein muß, auch den gesellschaftsordnenden „Grundwerten" ein rein formaler, inhaltlich unbestimmter und negativer Grundcharakter eignen. Freiheit, Gerechtigkeit, Solidarität erscheinen im Programm praktisch lediglich als Korrekturtendenz an gesellschaftlicher Macht, die Verletzung der Personwürde, rechtswidrige Maßlosigkeit, gemeinschaftssprengenden Egoismus mit sich bringt. In katholischer Sicht aber des „Humanum" als seins- und wahrheitsmäßigen Gotteslandes sind Freiheit, Gerechtigkeit und Solidarität positiver Ausdruck wesensmäßiger und eindeutiger Beziehungen in der Gesellschaft, hergeleitet aus Gottes ordnender Macht und in diesem Rahmen auch menschliche Macht positiv bejahend.

Wer also als guter Katholik wirklicher Sozialist sein will, ist in eine objektiv widersprüchliche Lage versetzt. Als Katholiken ist ihm das „Humanum" Gottesland und somit die Religion als objektive Fundierung der gesellschaftlichen Ordnung in Gottes Weltordnung unerläßlich; als Sozialisten ist ihm das „Humanum" Niemandsland und somit die Religion bei aller subjektiven Schätzung in jener fundierenden Rolle objektiv unerheblich. Ferner: auf politischem Feld ist ihm als Katholiken die Kirche im gottgewollten „Mitsein" mit Staat und Gesellschaft überhaupt, wobei das „Humanum" als Gottesland – übernatürliche Präsenz des Göttlichen dort, natürliche hier – das Vermittelnde ist zwischen selbständigen Größen; als Sozialisten aber ist ihm die Kirche, weil ja das vermittelnde „Humanum" als Gottesland ausfällt, zwar wegen persönlicher religiöser Bedürfnisse zu begrüßen und zu schützen, weil und soweit Menschen aus religiöser Verantwortung gesellschaftliche Aufgaben betätigen, aber dies alles gilt der Kirche doch nur im Sinne einer „freien Partnerschaft" mit der Partei (!) als eigentlicher Trägerin demokratischer Lebensformung der Gesellschaft und unter ausdrücklicher, für den Frieden mit der Kirche wenig verheißender Verwarnung vor „parteipolitischem" oder „antidemokratischem" Mißbrauch. Alles in allem ist also der neue „humanitäre" Sozialismus Nachfahre des Laizismus der liberalen Bourgeoisie und vielleicht Regeneration des Liberalismus vermöge des neuen, für die moderne „industrielle Gesellschaft" charakteristischen „Kleinbürgertums" der gehobenen Unselbständigen und enttäuschten Schein-Selbständigen, die so oder so „Freiheit von Macht" wollen.

Willi Eichler hat mit Recht bedauert, daß in Godesberg der neue Sozialismus nicht durch Analyse in die „historische Situation der Menschheit" gestellt werden konnte. Wer aber das Programm studiert, findet doch eine Situationsanalyse, nämlich Schutz der Demokratie durch Schutz der Freiheit vor der Macht. Uns scheint diese Analyse zu sehr unter der Erinnerung an die Hitlerzeit zu stehen und in der Abwehr gegen den Kommunismus und andere Totalitarismen. Wer so sehr und so formal von verantwortlicher Entscheidungsmöglichkeit für alle und in allem redet, ruft eine Überschwemmung von gewählten „Räten" und anzurufenden Kontrollinstanzen und neutralen Schiedsstellen hervor, so daß die freie Persönlichkeit vom Demokratischen Sozialismus auf dem Weg organisierter Freiheit getötet werden könnte. Man kann das Machtelement nicht wegorganisieren. Die auf dem „Humanum" als Gottesland stehende Demokratie will es auch nicht; sie bejaht es positiv, wie oben gesagt wurde, und kann deshalb auch gegen den Mißbrauch der Macht kämpfen. Und in diesen Zusammenhang gehört das eigentliche Problem unserer und jeder Demokratie, das die Zeitanalyse unserer Zustände aufwirft: es ist das Problem der Autorität, besser das Problem: Autorität und Freiheit. Der Demokratische Sozialismus ist diesem drängenden Zeitproblem ausgewichen; wir suchen sogar das Wort „Autorität" im Programm vergebens. *Pius XI.* hat einst in *Quadragesimo anno* die „humanitäre" Wendung des Sozialismus vorausgesehen, aber auch das Liberal-Laizistische des sozialistischen Ordnungsbildes. Deshalb sein Wort, das wahrhaftig nicht über subjektive Gewissen richten will: Ein guter Katholik kann nicht wirklicher Sozialist sein. Er würde es heute wiederholen und dies sogar für kirchenpolitische Klugheit halten, die über die Vor- und Nachteile des Augenblicks hinweg das Ganze der Entwicklung von Kirche und Gesellschaft sieht.

III. ZUR CHRISTLICHEN AUFFASSUNG ÜBER DEN STAAT

In mehreren Artikeln setzte sich Gundlach vor 1933 mit jenen Strömungen auseinander, die sich gegen die Weimarer Demokratie richteten. Dazu gehörte auch die ständige Kritik an den Parteien und das Liebäugeln mit einer „autoritären Staatsführung". Der Beitrag „Grundsätzliches über Partei und Parteien" enthält Überlegungen zur Parteienstruktur, zur weltanschaulichen Grundlage jeder Partei und zum vorparlamentarischen Raum, die auch heute noch Beachtung verdienen.

Der Aufsatz über die Koexistenz aus dem Jahre 1957 stammt aus der Phase des sogenannten Kalten Krieges zwischen Ost und West. In einer Koexistenz, die von der „Wahrheit", von den Gegensätzen in der Menschen- und Gesellschaftsauffassung absehen zu können glaubt, um die wirtschaftlichen Verbindungen besser zu gestalten, erblickte Gundlach eine große Gefahr für die Selbstbehauptung der freien Völker.

Von bleibender Aktualität ist der Vortrag über das Verhältnis der Kirche zu den weltlichen Machtsystemen.

13.

Der Staat: wesenhaft Rahmengebilde

Aus: Die christliche Auffassung vom Staat. In: Akademische Bonifatius-Korrespondenz 48 (1933), S. 1–9. (Band I, S. 555–558).

(...) Welchen Ort hat der Staat im ganzen Bereich menschlicher Verbände? Er ist neben der Familie das wesenhafte *Rahmen*gebilde menschlichen Gesellschaftslebens. Unter Gesellschaftsleben wird hier der Gesamtumfang aller menschlichen Gesellung verstanden, die sich um die einzelnen Kulturwerte (z. B. Wirtschaft, Kunst, Wissenschaft usw.) und um ihre abgestufte Zusammenordnung bildet. Gesellschaftsleben fällt unter dieser Rücksicht mit Kulturleben zusammen. Während für dieses Gesellschaftsleben die Familie insofern Rahmengebilde ist, als sie dem Menschen Dasein und erste Formung für die Betätigung in der Gesellschaft gibt, fällt dem Staat insofern eine Rahmenfunktion zu, als er zwar letzter, aber wesenhaft notwendiger Garant der Einheit und des Bestandes menschlichen Gesellschaftslebens ist. Lediglich für den Kulturwert der Religion ist durch die Tatsachen der christlichen Offenbarung und vor allem durch die Stiftung der Kirche insofern eine Sonderstellung geschaffen, als für die christliche Gesellschaftslehre der eigenständige Bestand eines besonderen gesellschaftlichen Gebildes anzuerkennen ist, nämlich der Kirche. Dadurch ist aber die innere Beziehung von Kirche und Staat keineswegs gelöst, sondern besteht fort, und zwar einmal wegen der letzten Zurückführung beider gesellschaftlichen Gebilde auf Gott und dann wegen der notwendigen Beziehung beider Gebilde zu demselben menschlichen Kulturleben, ein Verhältnis, das durch die christologische Tatsache der Hypostatischen Union eine weitere Vertiefung erfährt.

Der Staat ist also Rahmengebilde menschlichen Gesellschafts- oder Kulturlebens. Die Eigenständigkeit menschlicher Gesellschaftsbezirke und ihre aus dem jeweiligen Wert- und Sachgehalt erfließende Möglichkeit und Berechtigung zur Selbstordnung und Selbstverwaltung wird also, wenn man die staatliche Wesensfunktion als *Rahmen*funktion auffaßt, nicht nur nicht aufgehoben, sondern geradezu gefordert. Den Staat im Sinne des Begriffs „totaler Staat" als *einzigen und ursprünglichen* Ordner auffassen, heißt mithin das Verhältnis von Gesellschaft und Staat gerade umkehren. Der Staat hat also die echte Selbstverwaltung gesellschaftlichen Lebens nicht nur zu erhalten, sondern auch, wenn sie etwa durch liberalistische Atomisierung der Gesellschaft verloren war, ihr wieder Raum zu schaffen. Nur diesen Sinn kann es für den Katholiken haben, wenn heute der Staat durch gesetzliche Maßnahmen eine berufsständische Ordnung gesellschaftlichen Lebens einführt. Die Berufsstände müssen Organe echter Selbstverwaltung und dürfen keineswegs die in die Gesellschaft verlängerten Arme des Staates, der Ausdruck seines Integrations- und Einheitswillens sein. Insofern ist der Pluralismus aus dem Aufbau von Gesellschaft und Staat gar nicht zu entfernen. Er liegt in der naturhaften Rahmenfunktion des Staates begründet, der eben gesellschaftliches Leben umschließt; gesellschaftliches Leben aber stellt eine organische Ordnung dar, eine Einheit zwar, aber auch eine Mannigfaltigkeit, die menschliche Persönlichkeit, Familien, räumliche und berufliche Verbundenheiten in objektiver Zuordnung, in Form eines stufenweisen Aufbaus von unten her umgreift. Nur muß der Pluralismus wirklich Ausdruck der genannten naturhaften Ordnungseinheiten sein und nicht das Ergebnis künstlicher und mehr oder weniger gewaltsamer Schichtungen im Staatsvolk. Dann wird er auch weder dem notwendigen Einheitsprinzip noch auch dem Eigensein und Eigenleben des Staates Abbruch tun.

Inhaltlich drückt man diese so verstandene Rahmenfunktion des Staates im *Staatszweck* des Rechtsschutzes und der Wohlfahrt aus. Der Staat ist dann weder der Schöpfer des Rechts, sei es Naturrecht oder sei es der *ganze* Umfang des positiven Rechts, noch der alleinige Schöpfer der

Wohlfahrt, d.h. hier des sinnvollen Funktionierens aller gesellschaftlichen Lebens- oder Kulturbezirke und ihres organischen Ineinandergreifens. Als Gebilde echter Selbstverwaltung, repräsentiert durch eigenständige Organe öffentlichen Rechts, geben sich nämlich die einzelnen Lebensgebiete selbst ihre Rechtsordnung, wobei ihre Befugnis hierzu auf ihrer naturrechtlich gegebenen Eigenständigkeit und Selbständigkeit beruht. Der Staat hat auch nur insofern in ihr sinnvolles Funktionieren einzugreifen, als sie nicht aus Eigenem ihre Zwecke verwirklichen können. Rechtsschutz und Wohlfahrt sind auch nicht zwei getrennte Staatszwecke, sondern bilden eine innere Einheit, weil man ja das Recht nicht so formal auffassen darf, daß man es aus dem lebendigen Zusammenhang mit dem Sinn jenes Lebensgebietes löst, auf dem es Ordnungsregel sein soll.

Diese Rahmenfunktion des Staates, Rechtsschutz und Wohlfahrt, gegenüber dem Gesellschaftsleben bezeichnet man auch als die *subsidiäre* Natur des Staates. Er hat die Bedingungen einer sinnvollen Entwicklung des Gesellschaftslebens zu sichern und zu schaffen, soweit die obengenannten natürlichen Einheiten der Gesellschaft dazu nicht in der Lage sind. Die Gesamtheit dieser Bedingungen und ihre Auswirkung auf den Gang des Gesellschaftslebens nennt man auch das „bonum commune" oder das Gemeinwohl. Daraus geht hervor, daß auch der Begriff des „Gemeinwohls" nicht so inhaltsleer und formal ist, daß es genügt, wenn der konkrete Staat nur *irgendwie* den Zweck des Gemeinwohls erfüllt. Er muß ihn nämlich so erfüllen, daß er wirklich nur Rahmenfunktion ist und die natürlichen Einheiten der Gesellschaft zur möglichsten Auswirkung kommen läßt und doch wieder die notwendige letzte Einheit garantiert. Mit Recht hat *Linhardt* in seinem empfehlenswerten Büchlein „Verfassungsreform und katholisches Gewissen" (München 1933) gerade auf diesen Punkt hingewiesen, womit er freilich einen stets von der katholischen Staatslehre festgehaltenen Standpunkt lediglich neu betont hat.

In seiner inneren Struktur besteht der Staat aus den auf einem bestimmten Raum zusammenlebenden Menschen in ihrer geistig-sittlichen Verbundenheit und Verpflichtung zum eben entwickelten Staatszweck des „bonum commune" oder des Gemeinwohls. Daß die im Raum zum Staat geeinten Menschen auch eine Einheit in nationaler Hinsicht oder gar in der Blutseinheit bilden, ist kein aus dem Wesen des Staates erfließendes Erfordernis. Es sind vielmehr im Laufe der Geschichte noch ganz andere zum Staat vereinende Faktoren, z.B. natürliche Gegebenheiten räumlicher Art oder auch eine Dynastie, zu einer kräftigen Staatsbildung wirksamer gewesen als Nation und Blut. Immerhin erleichtert das Ineinsfallen von Staatsvolk und nationaler oder völkischer Einheit das Ineinandergreifen von Gesellschaft und Staat, besonders im Hinblick auf die heute die Menschen bewegenden Triebkräfte. Doch dürfen diese Beziehungen nicht übersteigert und vor allem nicht zu einem überzeitlichen und metaphysischen Prinzip der Staatslehre werden.

Die staatliche Autorität

Unter Menschen als geistleiblichen Wesen genügt nun die geistig-sittliche Verbundenheit und Verpflichtung zum Staatszweck des Gemeinwohls nicht, um die notwendige Einheitlichkeit der staatlichen Betätigung zu sichern. Es muß vielmehr eine oberste Leitungsbefugnis dem staatlichen Gebilde innewohnen, die wir die staatliche Autorität nennen. Die Notwendigkeit der Autorität hat also durchaus nichts mit der Sündhaftigkeit der Menschen zu tun; sie erfließt schon aus der Natur des Staates und aus seinem Zweck. Freilich ist dann aber auch die Autorität ebenso wie der Staat selbst in der Natur des Menschen und seines Gesellschaftslebens verankert und also wie diese von Gott. Wie kein positiver Akt des Menschen die Natur des Staates ins Dasein rief, so hat auch kein positiver Akt der Menschen die Autorität im Staate ins Dasein rufen können. Dies ist allerdings nicht zu verwechseln mit der Entstehung dieses oder jenes konkreten Staates und mit der Ausstattung dieses oder jenes Menschen oder Organs mit der staatlichen Autorität. Die staatliche Autorität ist also wie der Staat selbst etwas Gottgegebenes, Geistig-Sittliches. Hierfür das Bewußtsein in den Menschen wachzuhalten, war von jeher ein Hauptanliegen des kirchlichen Lehramts, vor allem der letzten Kundgebungen *Leos XIII.* und *Pius XI.* zu den gesellschaftlichen Angelegenheiten. Wenn man dies mit dem Schlagwort „autoritärer Staat“ hervorheben will, tut man recht; sonst aber ist dieser Begriff, wie aus den eben gemachten Darlegungen hervorgeht, ein recht mißverständlicher Begriff, zumal es im Wesen des Staates liegt, daß er Autorität haben muß.

Allerdings ist das Autoritätsprinzip das formende Element des Staates lediglich in Auswirkung der geistig-sittlichen Verbundenheit und Verpflichtung der im Staate lebenden Menschen zum Staatszweck des Gemeinwohls. Der Staatszweck bestimmt also Umfang und Grenze, aber auch die Wirkweise staatlicher Autorität. Das Autoritätsprinzip ist kein isoliertes Prinzip staatlichen Lebens, wie die eingangs dargestellten antiliberalen oder sogenannten konservativen Auffassungen des modernen Protestantismus wollen. Es untersteht dem Staatszweck, und zwar jenem Staatszweck, wie er im konkreten Staat nach der Verfassung oder den Grundgesetzen verwirklicht werden soll. Man erschüttert also geradezu den konservativen Charakter des Autoritätsprinzips im Staate, wenn man die Handhabung der staatlichen Autorität vom Staatszweck des Gemeinwohls entweder völlig loslöst oder von der verfassungsmäßig festgelegten Handhabung staatlicher Autorität *ohne äußerst zwingenden Grund des Gemeinwohls* abweicht. Diese Unterstellung des staatlichen Autoritätsprinzips unter den

Staatszweck des Gemeinwohls rechtfertigt es auch, wenn in manchen, besonders in republikanischen Verfassungen bestimmt wird, daß die Maßnahmen staatlicher Autorität, etwa der Gesetzgebung, einer richterlichen Nachprüfung auf ihre Verfassungsmäßigkeit unterzogen werden können. Nur wer fälschlich das Autoritätsprinzip völlig isoliert auffaßt, kann in derartigen Bestimmungen einen grundsätzlichen Widerspruch gegen den Gedanken staatlicher Autorität sehen. Im Gegenteil, derartige Bestimmungen werden in der Regel sehr konservativ, d. h. im Sinne der Stetigkeit der Staatsführung und im Sinne der Rechtskontinuität, wirken.

Die Lebensverbundenheit des staatlichen Autoritätsprinzips mit der geistig-sittlichen Verbundenheit und Verpflichtung der im Staate lebenden Menschen zum Staatszweck des Gemeinwohls bezeichnet auch eine Grenze der Autorität nach den Staatsgliedern hin. Sie darf weder zur Despotie noch zu einem mechanisch zentralisierten Staatswillen werden. Sie muß den Lebensraum der Gesellschaft, der sich von der Persönlichkeit aufwärts in der oben beschriebenen Weise aufgliedert, achten und darf nur nach den Notwendigkeiten des Gemeinwohls eingreifen. Sonst zerstört sie mit der Selbständigkeit des Lebensraums auch den geistig-sittlichen Willen zum Staat, also sich selbst. Dieser Irrweg staatlicher Autorität zu einem mechanisch zentralisierten Staatswillen wird auch dann nicht vermieden, wenn die Autorität sich auf die Zustimmung der „Massen“ beruft, wobei die „Massen“ unter Zerstörung der erwähnten natürlich-eigenständigen Gliederungseinheiten des Staatsvolkes zu einer irgendwie herbeigeführten Einerleiheit gemacht worden sind. In den gezeigten sittlichen Beziehungen der staatlichen Autorität zu den Staatsgliedern ist auch der immer berechtigte und gesunde Kern demokratischer Verfassungsformen des Staates enthalten, d. h. die Zulässigkeit und unter Umständen Notwendigkeit, die Staatsglieder an der Bildung staatlichen Willens mitzubeteiligen. Diese Notwendigkeit ist um so größer, je mehr etwa durch die wirtschaftlich-industrielle Entwicklung die Schicksale der einzelnen miteinander und mit den Entscheidungen staatlichen Willens eng zusammenhängen, wie es in den modernen Staaten der Fall ist und sich ja auch deutlich in der innerpolitischen Entwicklung Deutschlands im und durch den Krieg gezeigt hat.

14.

Grundsätzliches über Partei und Parteien

In: Stimmen der Zeit 124 (1932), S. 145–153. (Band I, S. 580–589).

Unter die Anzeichen der (. . .) antiliberalen Konjunktur gehört auch die Abneigung gegen die „Partei“ oder „die Parteien“. Eine „überparteiliche“ oder „parteiunabhängige“ Regierung gilt als oberstes Ziel einer sog. konservativen oder autoritären Staatsführung. Wie sehr bei derartigen Vorstellungen die Begriffe „konservativ“ und „autoritär“ einseitigen gesellschaftspolitischen Wunschbildern entspringen und einer soziologischen und sozialphilosophischen Prüfung nicht standhalten, wurde in dem genannten Aufsatz kurz beleuchtet. Etwas Ähnliches dürfte auch bei der Abneigung gegen die Partei oder gegen die Parteien der Fall sein.

Begriffliche Klärung

Zunächst ist schon der Begriff der Partei in Unklarheit gehüllt. Für die naive und oberflächliche Betrachtung verbindet sich der Begriff mit „Parteibuch“, mit „Schiebung“, mit „staatlicher Futterkrippe“, kurz, die Partei erscheint als ein riesenhafter Geschäftsbetrieb zur Ausbeutung von Staat, Provinz und Gemeinde durch das Mittel parteipolitischer Machtstellung. Niemand, der aufrichtig und sachlich den „Staat von Weimar“ würdigt, wird an der traurigen Tatsache derartiger Auswirkungen des „Parteiismus“ vorbeisehen dürfen. Zweifellos wird aber auch hier vom Gegner der heutigen Demokratie maßlos übertrieben und ein allzu billiges Spiel mit den leicht erregbaren Neid- und Verärgerungsinstinkten des Durchschnittsbürgers getrieben; vor allem aber wird die Zeit vor Weimar in unkritischer Weise idealisiert und der tatsächlichen ungemein schwierigen Zeitlage bei der Entstehung und ersten Entwicklung der deutschen parlamentarischen Demokratie zu wenig Rechnung getragen.

Muß man also die eben angedeutete, allzu oberflächliche Betrachtung von Partei und Parteien ablehnen, so gilt das gleiche von einer Auffassung, die das Parteiwesen ausschließlich vom Wirtschaftlichen her sieht. Agrarische oder industrielle Interessen, die weltwirtschaftlichen Interessen der auf Ausfuhr eingestellten Kreise in Erzeugung und Handel oder den binnenwirtschaftlichen Einheitswillen anderer Wirtschaftsgruppen sieht man hinter hochtönenden Parteiparolen wie Nation, Ehre, Weltgeltung, Freiheit und Fortschritt, Autorität und Tradition, Demokratie und Persönlichkeitsrechte, starker Staat, Disziplin und Führung. Wie sehr auch eine derartige „Entzauberung“ politischer Begriffe am Platze ist, so darf sie doch nicht zu einer Verabsolutierung des Wirtschaftlichen führen, wozu wir heute in der Notzeit besonders neigen. Die Parole „Arbeit und Brot“ mag heute als Parteiparole zugkräftig sein, aber sie kann doch nur auf vom Geistigen leer gewordene und zermürbte Wählermassen wirken. Der Staat, auf dessen Beeinflussung doch schließlich jede Partei zielt, ist eben mehr als eine große Aktiengesellschaft „Deutschland“, und ist dies trotz *Max Weber* auch sogar im kapitalistischen Zeitalter. Für den objektiven Betrachter ist die Staatsidee eine geistig-sittliche Norm, vielfältig verknüpft mit andern geistig-sittlichen Normen des menschlichen Gesellschaftslebens. Darum geht es auch im konkret-lebendigen Staat um viel mehr als nur um „Arbeit und Brot“, und wenn auch der Staat unmittelbar hauptsächlich auf die materielle Seite des menschlichen Daseins hinzielt, so ist doch von entscheidender Bedeutung für die Staatsführung, ob und in welchem umfassenderen Zusammenhang diese materielle Seite gesehen wird. Deshalb steckt ein wahres Staatsempfinden in der Wahl der obenerwähnten tönenden Parteiparolen. Somit wäre es ein unhaltbarer Wertskeptizismus, wollte man die „nur-wirtschaftliche“ Erklärung des Parteiwesens annehmen. Man machte dann sogar jegliche Erklärung unmöglich, denn, um ein Wort *Windelbands* zu gebrauchen, der Skeptizismus ist „die Weltanschauung des Blasierten“, dieser aber bringt weder den Willen zum Staat noch auch den Willen zur Partei auf.

Allzu vereinfachend und darum falsch ist auch das Bemühen, im Anschluß an *Karl Marx* die Parteien als politische Organisationen der Klassenfronten, mithin als Ausdruck der sozialen Lage der Menschen aufzufassen. Zwar steht das Politische durch die Wucht der gesellschaftlichen Auswirkungen der kapitalistischen Wirtschaftsweise stark unter der formenden Gewalt der verschiedenen Arbeitsmarktlage; aber gerade diese Auswirkung des Sozialen ins Politische zeigt, daß *Karl Marx* das Wesen der „Klasse“ zu einseitig vom ökonomischen Interesse her sah, und auch, daß er die Eigenart des Staates und der politischen Partei gegenüber dem Wirtschaftlichen übersah. Keineswegs nämlich ist es Zufall oder „bürgerliche Verführung“, daß der Sozialismus die Enge des Nur-Ökonomischen noch immer verließ, sobald er praktische und positive Arbeit am Staate leisten mußte. Das *wahre* Verhältnis des Politischen und Ökonomischen zwingt ihn dazu, und das wahre Wesen der Dinge erweist sich stärker als alle Ideologie. Mag man also auch den politischen Kampf als Klassenkampf auffassen, man muß dann im Widerspruch zu *Marx* zugestehen, daß es den kämpfenden Klassen wesensmäßig um mehr geht als um das ökonomische Interesse, nämlich um die Gestaltung des „objektiven Staates“. Somit ist es auch nicht nur Propagandabedürfnis, wenn der politische Kampf der Klassenfronten immer wieder zum Werturteil flüchtet und sich in Parolen wie „Gerechtigkeit“ und „allgemeine Wohlfahrt“ ergeht. Auch darin liegt ein natürliches Empfinden von dem tieferen, wahren und metaphysischen Wesen des Staates und somit auch der politischen Partei.

Freilich hat nun der rationalistische Liberalismus diese Vernunftnorm des „wahren“ Staates, diese Überzeugung von einem geistig-sittlichen Wesen des Staates ausgehöhlt, indem er diese Norm jedes bestimmten Inhaltes entleerte und sie zu einer bloß formalen Richtungsidee für das politische Wollen erniedrigte. Schuld hieran ist der Atomismus und Individualismus des liberalen Weltbildes und der liberalen Erkenntnislehre. Die Folge dieses Formalismus war, daß man zwar mit Recht im Staat ein Ordnungssystem sah, aber seine Verwirklichung nicht in bestimmter inhaltlicher Zielsetzung erblickte, sondern in dem Streben, die verschiedenen auf Staatsgestaltung hinzielenden Kräfte und Gruppen jeweils immer wieder in eine Gleichgewichtslage zu bringen. Daraus ergab sich dann jene politische Mechanik und vor allem jene Arithmetik des Koalitionsspiels der Parteien, die zu vergessen schienen, daß man eine metaphysische Wesenheit wie den Staat und das Staatsziel nicht quantifizierend und nicht mit dem Rechenstift des Koalitionsstatikers durch Zusammenzählen von Mandatsziffern ins Leben überführen kann. Zutiefst ist eben das Wesen einer Partei durch mehr bestimmt als durch die Summe der Menschen, die sie als Fraktion ins Parlament schickte. Indem jede politische Partei wesensmäßig auf den Staat und die Gestaltung des Staates hinzielt, ist sie durch ihre Stellung zum metaphysischen Sein des Staates jeweils als ein eigenartiges Quale von Grundhaltung und Grundsätzen und nicht als ein Quantum von Mandatsstärke bestimmt. Und in der Treue zu diesem ihrem eigenen Wesen liegt für die Partei sowohl die Unbefangenheit wie auch die Zurückhaltung in Koalitionsfragen begründet. So ist es denn die Metaphysik, die dem Satz, daß Politik die Kunst des Möglichen sei, in einem höheren Sinne Wahrheit verleiht, als die Techniker und Mechaniker des politischen Lebens darunter verstehen und in der liberalen Vorstellung vom „geordneten" Staat als einer so oder so hergestellten mechanischen Gleichgewichtslage parlamentarisch-parteimäßiger Kräfte ausdrücken. Aus diesem Inbegriff liberaler Staatsweisheit folgt dann jene „Realpolitik", die schlechthin von Übel ist, nicht weil sie Realpolitik ist, sondern weil sie Realpolitik ohne festen und bleibenden metaphysischen Standpunkt ist.

Notwendige Rückbesinnung auf das metaphysische Wesen des Staates

Die heute verbreitete Abneigung gegen die parlamentarische Demokratie und gegen „die Parteien" beruht nun bei vielen Menschen auf der Beobachtung, daß die politische Praxis jenen eben als liberal gekennzeichneten Weg ging. Aber dieser falsche Weg ergab und ergibt sich niemals aus dem *Wesen* der Partei und der parlamentarischen Demokratie, sondern stellt sich im Lichte des eben Dargelegten als etwas durchaus Wesenswidriges dar. Darum ist auch die Folgerung, die man aus den liberalistischen Irrgängen der Parlamentspolitik zieht und die vielfach auf eine grundsätzliche Verwerfung der Parteien und der parlamentarischen Demokratie hinausläuft, völlig verfehlt. Die einzige Folgerung, die zu ziehen ist, ist vielmehr die Forderung allseitiger Rückbesinnung auf das metaphysische Wesen des Staates, um von hier aus Sinn und Funktion der Parteien wieder zu erfassen. Dann wäre jedenfalls eine Verfassungsreform erst im vollen Ernst der Aufgabe erkannt, und die heute vielfach vorhandene Überheblichkeit über „die Männer von Weimar" würde einer bescheideneren Haltung wenigstens bei den ehrlich gesinnten Verfassungsreformern Platz machen. Die Verlegenheit um eine tiefere, *gemeinsame* Grundlage der Staatsgesinnung für das Verfassungswerk ist nämlich heute eher größer als damals.

Am wenigsten wird nun der Forderung nach metaphysischer Staatsbesinnung gerade jene regierungsfähig gewordene Strömung gerecht, die auf eine parteien- und parlamentsunabhängige „autoritäre Staatsführung" hinstrebt. Das Fehlen jeglicher metaphysischen Staatsauffassung ist nämlich für diese Richtung kennzeichnend, also gerade das, was ihre Gegnerin, die liberalistische Parteidemokratie, unfähig gemacht hat. Wir sehen diesen Mangel an Metaphysischem der im Augenblick tonangebenden „autoritären Staatsführung" einmal durch die Staatstheorie verschuldet, die mittelbar und unmittelbar auf die leitenden Männer einwirkt, und dann durch die Sinnesart jener soziologischen Schicht, die Hauptträger der autoritären Politik ist. Der „Dezisionismus" der Staatstheorie *Carl Schmitts* ist alogisch und voluntaristisch, ist bewußt Gegner der Metaphysik im Sinne des scholastischen Naturrechts und wesenhafter Seinsstrukturen. Dabei liegt freilich dennoch eine „Metaphysik" versteckt zugrunde, die die jeweilige Machtrichtung und Willensentscheidung „rechtfertigt", nämlich eine Art Manichäismus des guten und bösen Prinzips in der Welt mit dem Ergebnis, daß Politik nicht im Sinne des hl. *Thomas* und der Scholastik ein sinnvolles „Ordnen", sondern ein machthaftes „Entscheiden" zur Bewältigung des „Freund-Feindverhältnisses" ist. Eine derartige „Metaphysik" sieht dann auch folgerichtig im Staat nur den *Macht*staat, während in Wahrheit vom Wesen des Staates Macht *und* Recht untrennbar und Lebensfunktionen dieses Wesens sind. Zu dieser machtstaatlichen Theorie paßt dann die ungeistige, zur „schneidigen" Machtentscheidung hinneigende Denkart der die „autoritäre Staatsführung" heute tragenden soziologischen Schicht, nämlich eines gewissen preußischen Junkertums und der von ihm beeinflußten Militärkreise. Während die aristotelisch-scholastische Metaphysik mit ihrer Ehrfurcht vor den wesenhaften Strukturen des Seins, mithin auch des gesellschaftlichen Lebens, dem politischen Handeln das Gepräge der Sinnfülle und des Maßes gibt, erzeugt die eben angedeutete bewußte oder unbewußte Metaphysikscheu und Metaphysikfreiheit jene forsche Bedenkenlosigkeit und allenfalls jene Diszipliniertheit rein äußerlicher Formbeherrschung, die immer mehr die augenblickliche Politik bei uns zu bestimmen drohen. Der Mangel an Staatsmetaphysik macht jedenfalls die Richtung der „autoritären Staatsführung" völlig ungeeignet, über liberalistische Parteiendemokratie zu Gericht zu sitzen; dieser Mangel richtet sie selbst. Und es ist nicht „konfessionelles" Vorurteil, wenn der Großteil des deutschen politischen Katholizismus gegen eine solche „autoritäre Staatsführung" stärkstes Bedenken hat. Der bewußte Katholik denkt eben wesenhaft metaphysisch, auch im

Politischen; er hat daher angesichts der neuen politischen Methoden das peinliche Empfinden des Rückfalls ins Primitive, der für den religiösen Menschen und Christen gleichzeitig immer auch ein Sündenfall ist.

Rückbesinnung auf das metaphysische Wesen des Staates ist also der alleinige Weg, auf dem das deutsche Parteiwesen und die parlamentarische Demokratie nach eigenen Naturgesetzen gesunden kann. Wenn wir die geistige Lage Deutschlands und ihre Verworrenheit betrachten, wird allerdings die Schwierigkeit und beinah Unlösbarkeit jener Aufgabe deutlich. Die Quelle der Skepsis gegenüber unserer Demokratie liegt eben anderswo, als die sehr oberflächlichen Antidemokraten unserer Zeit meinen. Erst recht liegt die Quelle dieser Skepsis nicht da, wo manche Freunde unserer Demokratie sie sehen, wenn sie verlangen: weg von den Weltanschauungsparteien und hin zu den Parteien der „reinen Staatspolitik". Denn was soll „reine Staatspolitik" heißen? Eine irgendwie beschaffene und begründete Idee von der Aufgabe des Staates muß doch dem politischen Handeln als einem sinnvollen Handeln zugrunde liegen, wenn anders man nicht zum liberalen Dogma der „Wertfreiheit" sich bekennt und das Wesen der Politik sozusagen technisiert und in jenem oben zurückgewiesenen Bemühen um die dauernde Herstellung des Gleichgewichts zwischen den verschiedenen Gruppen und Bestrebungen sieht.

Weltanschauliche Grundlage jeder Partei

So gewiß also der Staat und seine Aufgabe nur weltanschaulich begründet und verstanden werden kann, ebenso gewiß ist auch die weltanschauliche Grundlage jeder Parteibildung, weil ja die Partei von der inneren Beziehung zur Staatsaufgabe nicht getrennt werden kann. Wo immer also in einem Lande die Parteibildung nicht nach weltanschaulichen Gesichtspunkten geschieht, erfolgt dies nicht aus mangelnder Betonung und Wertschätzung des Weltanschaulichen, sondern weil man im Gegenteil aus natürlicher Veranlagung und geschichtlicher Erziehung des gemeinsamen *weltanschaulichen* Bodens für den Staat und somit auch für die Parteien sicher ist. Die Parteien sind dann zwar in einem annehmbaren Sinne „rein politisch", aber durchaus nicht ohne weltanschauliches Fundament; denn sie sind in diesem Falle politische Organisationen des verschiedenen Denkens und Wollens hinsichtlich der Mittel und Wege zur Verwirklichung der im übrigen gemeinsamen, *weltanschaulich begründeten* Idee und Aufgabe des Staates. So ist es bis jetzt in England, wo im natürlichen „common sense" und in einer geschichtlich gewachsenen nationalen Einheitsidee eine gemeinsame *weltanschauliche* Basis für das politische Leben beinah als selbstverständlich und fast unbewußt gegeben ist. In Deutschland liegen die Dinge leider nicht so. Der natürliche Volkscharakter und die geschichtlich gewordene Zerrissenheit machen die notwendige weltanschauliche Basis des Staatslebens immer wieder zum Problem und zum Gegenstand verschiedener Auffassungen. Bei dieser Sachlage wäre die Nichtexistenz von Weltanschauungsparteien geradezu das Zeichen politischer Oberflächlichkeit unseres Volkes.

Man muß also im Interesse der Fruchtbarkeit unseres politischen Lebens eine Stärkung der Weltanschauungs-Parteien wünschen. Und was die dem deutschen Katholizismus nahestehenden beiden politischen Parteien betrifft, so wird man es begrüßen, daß das Bewußtsein für den Wert und die Notwendigkeit der weltanschaulichen Grundlegung gerade in den letzten Zeiten wieder stark erwacht ist. Mögen die Zeiten für immer vorbei sein, wo ein wirklicher oder vermeintlicher Zentrumsmann in einer allgemein-politischen Erörterung im „Berliner Tageblatt" sinngemäß etwa schreiben konnte, daß für den Politiker die Besinnung auf Grundsätzliches immer ein Zeichen von Verlegenheit sei. Mit Freuden wird man in dem Mitteilungsblatt „Das Zentrum" (Nr. 10/11, 1932, 297) folgende programmatische Richtlinie lesen: „Die Zentrumspartei ist eine *politische Partei*, welche sich die Aufgabe gesetzt hat, von ihren Grundanschauungen aus an der Gestaltung der politischen Ordnung des gesamten deutschen Volkes mitzuwirken. Sie geht dabei in gleicher Weise aus von den natürlichen Grundlagen deutschen Volkstums, deutscher Geschichte und Kultur, von den naturhaften Gegebenheiten in Staat, Gesellschaft und Wirtschaft und von den Grundwahrheiten des Naturrechts und des christlichen Offenbarungsgutes, wie sie von der katholischen Kirche gelehrt werden. In der Bezugnahme auf diese Ausprägung der christlichen Grundwahrheiten findet die Zentrumspartei für ihre politischen Arbeiten und Ziele wesenhafte Besonderheiten sowie prinzipielle Klarheit, Eindeutigkeit, Sicherheit und Endgültigkeit." (. . .)

Eine in metaphysischer Treue der Demokratie dienende Partei wird von diesem demokratischen Wesen auch im Verhältnis von Fraktion und Fraktionsführung etwas verspüren lassen. Liegt schon für das Volk der Vorteil demokratischer Einrichtungen nach dem hl. *Thomas* in einer größeren Anteilnahme der einzelnen am öffentlichen Geschehen, so gilt dies natürlich noch mehr vom einzelnen Fraktionsmitglied. Die Politik von Partei und Fraktion darf nicht die Geheimkunst einiger weniger sein; jene falsche, auf einem mechanistischen Begriff der Demokratie fußende Meinung darf sich im inneren Leben einer Fraktion nicht bewahrheiten, wonach die Demokratie sich zwangsläufig zur Oligarchie entwickle, in diesem Fall also zur Oligarchie der „Fraktionshonoratioren", um ein ähnliches Wort *Max Webers* zu gebrauchen. Wird die Fraktion zum Abstimmungsapparat gemacht, so wird ebenso zwangsläufig die Partei zur Wahlmaschine. Dann mag die Technik einer vorzüglichen Organisation über die eine oder andere schwierige Lage noch hinweghelfen, aber einmal wird der Mangel an Leben zur Krise führen. Ein demokratisch denkender Parteiführer wird daher eigentlich insofern niemals eine unpopuläre Politik machen, als er darauf ausgehen wird, mit allen Mitteln seine Politik populär zu machen. Dies kann er aber nur, wenn er nicht eine Parteimaschine, sondern ein Partei*volk* vor sich hat. Gerade dies ist ja eigentlich auch heute gemeint, wenn man in mißverständlicher Wortprägung statt „Parteien" nunmehr „Volksbewegungen" haben will.

Bedeutung des vorparlamentarischen Raums

Damit rückt das Parteivolk, der vorparlamentarische Raum, von dem die Partei ausgeht, in den Vordergrund. Das katholische Volk in allen seinen Gruppen, Schichten und Organisationen stellt diesen vorparlamentarischen Raum dar. Ist er lebendig genug, um immer wieder geistige Strömungen aufzunehmen und um immer wieder die Parteipolitik und die Parteipolitiker zu befruchten und wiederum Anregungen zu empfangen? Und umgekehrt: ist die offizielle Partei bis hinauf zur Fraktion und zur Fraktionsführung zu dieser lebendigen Wechselwirkung überhaupt bereit und aufnahmefähig? Nach beiden Seiten hin werden heute Wünsche laut. Man sagt, daß unser katholisches Volk zu wenig politisch aktiviert ist, und daß es immer noch dazu neigt, Politik nicht in dem umfassenden Sinne zu nehmen, den ihr der Katholizismus geben kann und muß, sondern im engen kirchenpolitischen Sinne. Vielfach klagt man, daß eine sog. katholische Presse durch die fast banale Art ihres Katholizismus zu dieser Enge und Schwunglosigkeit des politischen Weltbildes beiträgt. Der Klerus als der Hauptbildner des katholischen Volkes soll durchgängig nicht hinreichend zur Schau politischer Zusammenhänge orientiert sein. Man sagt zudem von ihm, daß er leicht der Gefahr des politischen Kurzschlusses unterliege, nämlich die Politik dann in Ordnung zu sehen, wenn rein äußere Maßnahmen zum Schutz der öffentlichen Moral oder der kirchlichen Betätigung vom Staate durchgeführt sind. Und bei den offiziellen Politikern wiederum vermißt man durch die Eigenart unseres Listenwahlsystems nicht selten die Volksnähe. Es bildet sich leicht die Gefahr einer Zunft von Mandatsträgern als einer Art privilegierter Schicht, die die Beschäftigung anderer katholischer Menschen und Gruppen mit politischen Fragen als unberechtigte Konkurrenz empfindet. Und doch könnte die Stimme eines politisch wachen katholischen Volkes in schweren Entscheidungen für die Fraktion im parlamentarischen Kampf eine Stütze sein, auch, und gerade dann, wenn es zum Kompromiß kommen muß und die katholische Forderung hundertprozentig nicht durchgesetzt werden kann. Möge man daher der Stimme des katholischen Volkes im vorparlamentarischen Raum die Möglichkeit geben, sich hören zu lassen, und möge man sie hören.

Freilich, es gibt Beobachter des politischen Lebens im katholischen Deutschland, die meinen, daß dieses katholische Volk im vorparlamentarischen Raum überhaupt nicht mehr da ist. Man weist auf die vielen und oft riesengroßen Verbände hin, die *allein* den vorparlamentarischen Raum auszufüllen scheinen. Darin liegt zweifellos eine Mehrheit von Gefahren für die politische Auswirkung des deutschen Katholizismus. Zunächst können diese Verbände eine Macht sein und werden, die eines Tages die Freiheit und Selbständigkeit der politischen Partei ernsthaft einengt und gar erschüttert. Wenn ferner die durchaus in Einzelfällen verständliche Übung, Verbandsfunktionäre gleichzeitig mit Mandaten auszustatten, gewohnheitsmäßig Platz greifen sollte, könnte der vorparlamentarische Raum eines Tages überhaupt mit dem parlamentarischen Raum der Fraktion zusammenfallen; dann wäre aber gerade jene oben erwähnte fruchtbare Wechselwirkung unmöglich gemacht. Außerdem würde dadurch das Leben des öffentlichen Katholizismus von immer weniger „offiziellen" Köpfen bestritten, was sicher der Sache nicht zuträglich ist. Endlich besteht nach manchen scharfen Beobachtern die Gefahr, daß eine lückenlose Beherrschung des vorparlamentarischen Raumes durch die großen, stark durchorganisierten katholischen Verbände diesen Raum des größtmöglichen Lebens berauben und ihm somit seine Funktion als Kraft- und Ideenquelle für das parlamentarische Geschehen schmälern würde. Denn bei aller Notwendigkeit und bei allen unbestreitbaren und unbestrittenen Verdiensten der großen katholischen Verbände besteht dennoch die Möglichkeit, daß die Gefahr persönlicher Rivalitäten der Großfunktionäre nicht vermeidbar ist, daß es zu modernen Formen von „Hausmächten" im deutschen Katholizismus kommen, und daß unter Umständen das Sitzen dieser Verbände am gemeinsamen Tisch in lebenswichtigen katholischen Fragen bestenfalls zu einer geschickten „Regie", d.i. zum Nichtsagen des Wesentlichen und zum Nichtttun des Nötigen, führen kann. Ganz zu schweigen von der großen Versuchung, daß der eine oder andere Verband unter Umständen wegen sehr menschlicher Rücksichten nur schwer dem Kurs der politischen Partei folgen wird, wenn sie zum konkreten Staat in Opposition treten muß. Sollten alle diese Beobachtungen oder Befürchtungen zu Recht bestehen, dann wäre die Forderung zu erheben, den vorparlamentarischen Raum wegen seiner grundlegenden Bedeutung für eine lebendige Politik der den Katholizismus vertretenden Partei aufzulockern und „das katholische Volk" auch noch anders als nur unter dem Schleier der Verbände, eben durch volksnahe Persönlichkeitskandidaturen zur wirksamen Erscheinung zu bringen. (...)

15.

Die Frage der Koexistenz

In: Bolschewismus, Koexistenz, Infiltration, Überwindung. Hrsg. v. d. Ostpriesterhilfe Königstein i.T., Bd. IV, Limburg 1957, S. 11–22. (Band I, S. 617–627).

Koexistenz der Menschen

(...) Für die christliche Sicht ist *Koexistenz* der Menschen ganz zweifellos *Ausdruck ihrer Lebensfülle,* ist Ausdruck ihrer innerlich begründeten Gesellschaftlichkeit oder Sozialität, die wurzelhaft alles grundlegt, was Natur und Geschichte des Menschen an echten Gemeinschaftsformen so reichlich und in bunter Fülle hervorrufen. Aber so verstanden ist Koexistenz immer innere Verbundenheit der Menschen, begründet darauf, daß sie alle das jeweils individuelle, personhafte Bild Gottes, ihres Schöpfers und Erlösers, sind und sich in gegenseitiger Hochachtung und im gegenseitigen Beispielgeben und -nehmen, dauernd begegnen auf dem gemeinsamen Feld der Verwirklichung der objektiven, von allen anerkannten, in Gott und seiner Weltordnung begründeten Menschtumswerte, die da sind: Religion, Wissenschaft, Wirtschaft als Unterhaltsfürsorge. Das ist Koexistenz in christlicher Sicht als innere Verbundenheit der Menschen. Wenn nun der Heilige Vater nicht nur einmal, sondern mehrmals von der *Koexistenz in Wahrheit* spricht und sie fordert, so meint er gerade diese eben entwickelte, innere Verbundenheit der Menschen. Er fordert die innere Verbundenheit der Menschen sicherlich nicht in vollkommenster Verwirklichung, um von Koexistenz sprechen zu können, aber seine Betrachtung der Koexistenzfrage geht von der inneren Verbundenheit der Menschen aus und besagt, daß der Ordnungswert der Parole Koexistenz vom Grad abhängt, wie jene innere Verbundenheit der Menschen vorhanden ist, wie sie als Norm wirksam ist oder wenigstens als Sehnsucht empfunden wird. Deshalb verknüpfte er in seiner Weihnachtsansprache 1954 den Gedanken der Koexistenz mit dem Bild eines Brückenbaues, möglich, ja sogar moralisch vorhanden zwischen den Menschen, die hier im Westen die innere Verbundenheit noch als Lebensnorm anerkennen, und jenen vielen im Osten, die unter dem Druck eines gottfeindlichen und personfeindlichen Systems die innere Verbundenheit der Menschen als Vätererbe oder auch als stille Sehnsucht der anima naturaliter christiana im Herzen tragen. Das war das Bild vom Brückenschlag. Hineinzuschauen in die innere Verfassung der Menschen da drüben ist uns in zureichendem Maße nicht möglich. Deshalb befaßt sich der Heilige Vater immer wieder mit der inneren Verfassung der Menschen im Westen. Wieweit bringen sie noch oder wieder die Voraussetzung der Koexistenz in Wahrheit mit? Wieweit leben sie die innere Verbundenheit, um die es hier geht? Wieweit sind sie zu jenem geistigen Brückenschlag nach drüben hin fähig, wenn einmal die äußeren Hindernisse fallen sollten?

Koexistenz in Wahrheit ist im Munde des Heiligen Vaters vorerst ein *Aufruf zur Gewissenserforschung* für uns hier im Westen und eine tröstende Weisung für die Zukunft an die Menschen hinter den Eisernen Vorhängen. Es soll freilich nicht verschwiegen werden, daß Papst *Pius XII.* die erwähnte Gewissenserforschung bei den Menschen des Westens für nötig hält. Viele Anzeichen sprechen dafür, daß die innere Verbundenheit einem bloßen Nebeneinanderleben weicht. Das Bewußtsein von Gottes Wirklichkeit ist bei nicht wenigen schwach geworden und sogar fast ausgelöscht. Damit entfällt auch die gesellschaftsformende Kraft jener Wahrheit, daß ein jeder im andern das Bild Gottes zu sehen hat, den Bruder im geschaffenen und erlösten Menschen. Das Soziale bleibt nicht „Geben und Nehmen", wie ich ja anfangs sagte, sondern wird leider nur zu oft einseitiges Fordern. Die normative verbindliche Kraft objektiver für alle gültigen Menschtumszwecke und Menschtumswerte weicht bis in die Teilbezirke des gesellschaftlichen Lebens hinein einem bloßen Subjektivismus, der spaltet. (...)

Dies alles macht verständlich, wenn man gegenüber der hier geübten Kritik zufrieden ist mit der Behauptung, die Koexistenz bleibt im Westen gültige Parole, sogar vorbildlich für den Osten, weil sie wenigstens die Freiheit als entscheidenden Wert bejaht. Aber man vergißt, daß Freiheit überhaupt nur dann ein gesellschaftlich brauchbarer Wert ist, wenn er sich aus der inneren Verbundenheit der Menschen als Forderung erhebt. Nur dann erhält Freiheit ihre Begründung, ihren Inhalt, ihren Sinn im gesellschaftlichen Leben. Weil aber gerade die individualistische Philosophie des Liberalismus, seine Tendenz, die Religion aus der Gesellschaft hinaus und in die Privatsphäre zu verweisen, wesentliche Elemente der inneren Verbundenheit der Menschen zerstört oder wenigstens schwächt, ist die Freiheitsparole des Liberalismus nicht geeignet, die Koexistenz als Lebensfülle zu retten und sie vor dem drohenden Abweg in die geschilderte Lebensleere zu retten. Daß heute die Menschen wieder nach Ordnungsstrukturen im gesellschaftlichen Leben rufen, die sie selber mitwirkend tragen, wo sie also nicht nur allein getragen werden und wo sie sich so wechselseitig Daseinsstütze geben, ist ein Zeichen, daß man die Bedrohung der Koexistenz in Wahrheit durch die atomisierende Fehlentwicklung der modernen Gesellschaft merkt. Deshalb ist auch der Ruf zur Gewissenserforschung an den Westen in der Frage der Koexistenz nicht pessimistisch gemeint. Er will alles ermuntern, was die Grundlage wahrer Koexistenz, die innere Verbundenheit der Menschen, stärkt, Lebensfülle anstelle der Lebensleere setzt. Nur so wird der Westen fähig bleiben,

Koexistenz in Wahrheit zu leben und für den Brückenschlag bereit zu bleiben. Denn es wäre wahrhaftig traurig, wenn es wahr wäre, was manche fürchten: Der Westen, verliebt in seine wirtschaftliche Prosperität, hat keine eigenen Werte mehr und sucht sie jedenfalls anderswo und vielleicht sogar im Osten.

Koexistenz der Staaten und Völker

Unser Schicksal ist also, ob die Koexistenz der heutigen Menschen Ausdruck ihrer Lebensfülle oder ihrer Lebensleere ist. Man hat von dieser Frage der Koexistenz als innerer Verbundenheit der Menschen absehen zu können geglaubt, sobald es um die Koexistenz der Staaten und Völker geht. Hier, sei es in den wirtschaftlichen Beziehungen, sei es in den politisch zwischenstaatlichen Beziehungen, handele es sich doch um offenbar reine *Machtfragen*, wirtschaftlich um Reichtumsmacht, politisch um Machtreichtum, hier habe eine geistige Welt der objektiven Menschtumszwecke und Menschtumswerte und sogar die Wirklichkeit Gottes und der Wesens- und Zweckordnung seiner geschaffenen Welt keinen Platz. Das alles, was die innere Verbundenheit der Menschen begründet, habe hier in diesem Zusammenhang auszuscheiden. Hier gehe man um so sicherer voran, je mehr man die Frage der Koexistenz von sog. Weltanschauung löse und, wie man ebenfalls formuliert, „wertfrei", von Wirtschaft allein oder von Politik allein die Koexistenz, die friedliche Koexistenz von Staaten und Völkern erwartet. Aber es ist merkwürdig, wer das Weltbild von Gott, dem Allmächtigen löst, wird mit dem Problem der Macht im gesellschaftlichen Leben nicht fertig. Er ist nicht mehr in der Lage, das Machtelement in der Gesellschaft innerlich und positiv mit ihren von Gott stammenden und von Gott gewollten Wesensstrukturen zu verknüpfen. Das Machtelement in der Gesellschaft wird dann grundsätzlich etwas Böses oder wenigstens ein Übel oder es ist dann doch durch Unterwerfung unter mechanistische Vorstellungen und entsprechende Einrichtungen möglichst unschädlich zu machen. Es gilt, den Mißbrauch, die Gefahr des Mißbrauchs der Macht durch solche mechanistische Vorkehrungen und Einrichtungen bis in die Gesetzgebungen, in die Verfassungen hinein möglichst zu bannen. Mehr kann man mit der Macht nicht anfangen, wenn man sie von Gott löst. Man kann sagen, daß solche Vorstellungen einer rein wirtschaftlich oder rein politisch gemeinten Koexistenz, die mechanisch, gewissermaßen von sich aus, den Frieden auslöse, den Heiligen Vater auf den Plan riefen und seine Weihnachtsansprache vom Jahre 1954 über die Koexistenz veranlaßten. Deshalb haben ja auch gerade die Kreise, die bei uns in Deutschland um Kirche und Koexistenz so eifrig bemüht sind, diese Weihnachtsansprache möglichst in den Hintergrund geschoben.

Die christliche Gesellschaftslehre kann in der Tat das Problem der Koexistenz von Staaten und Völkern nicht dadurch lösen, daß man das Machtelement, sei es wirtschaftlicher, sei es politischer Natur, von der geistigen Grundlage alles menschlichen Zusammenlebens, und zwar in jedem Bezirk, löst. Dies heißt nicht über die Macht in den Händen der Menschen siegen, sie meistern, sondern vor ihr kapitulieren. Denn ihren Gebrauch möglichst mechanisch wirkenden Prozeduren und Veranstaltungen unterwerfen, heißt, das Machtproblem nicht menschlich meistern, sondern vor seinem inneren menschlich-göttlichen Gehalt fliehen. Der Papst verwies 1954 darauf, wie vor mehr als 100 Jahren das Verstecken des Machtproblems durch die mechanischen Vorstellungen der englischen ersten Apostel des Freihandels zur Illusion einer durch Wirtschaftsbeziehungen, durch solche Koexistenz endgültig befriedeten Welt führte. Aber um so grausamer trat das ungelöste Machtproblem wieder hervor und zerriß, wie die Geschichte uns zeigt, die angeblich einige Welt im Gegensatz der Wirtschaftsimperialismen. Der Traum einer auf Wirtschaftsbeziehungen allein begründeten, gegenüber der geistigen objektiven Basis der Menschen und ihrer Gesellschaft indifferenten Koexistenz der Staaten und Völker war zu Ende.

Will man den Irrweg dieser angeblichen Realisten der Wirtschaft, dieser Vertreter eines Ökonomismus, der mit Ökonomie, mit Wirtschaft als Menschtumswert, nichts zu tun hat, nochmals gehen? Deshalb hat Papst *Pius XII.* vor zwei Jahren schon gewarnt und durch seinen Hinweis auf die Koexistenz in Wahrheit betont, daß auch wirtschaftliche Koexistenz ohne gemeinsame geistige Basis eine trügerische Vorstellung ist. Der Papst verwies darauf, daß man auch auf dem Feld der reinen Politik das Machtelement von der geistigen Grundlage des Staats- und Völkerlebens lösen und mechanistisch überwinden wollte. Er meinte, das Spiel der Nationalstaaten sei dem Verfall der mittelalterlichen Welt gefolgt, ein Spiel im sog. Gleichgewicht der Kräfte mit der Möglichkeit der Staaten, von einer zur anderen Bündniskoalition hinüberzuwechseln. Das ging leidlich noch, solange noch geistige Reste einstiger christlicher Einheit da waren. Aber dann, als diese Nationalstaaten sich nicht selten von Gott abwandten und offiziell einem Laizismus verfielen, als sie sich zu reinen Machtstaaten entwickelten, als auch die von diesen Staaten betriebene Kolonisation jede Glaubwürdigkeit als Kulturmission infolgedessen verlor, da war die geistige Basis eines solchen Gleichgewichts der Kräfte dahin. Es war nur noch ein Vertrauen auf eine rein mechanisch wirkende und befriedende Koexistenz. Und wiederum die große Illusion; die Geschichte zeigt es uns: das Wettrüsten, dieses brennende Aufflackern der Grenzprobleme der Grenzen so vieler Staaten an allen möglichen Stellen, der Fanatismus des Nationalen, die Kriege und, heute müssen wir sagen, aus vielen Gründen, nicht nur aus Gründen der Kosten der Rüstung ist das nationalstaatliche Ideal dieser Konzeption des Gleichgewichts der Kräfte erledigt.

Hier liegt kein Weg zum Frieden mehr, kein Weg zur Koexistenz mehr, hier ist keine innere Meisterung der Macht mehr möglich. Aber der Heilige Vater hat damals darauf aufmerksam gemacht, daß die Konzeption von dem Gleichgewicht der Kräfte, diese schließlich und letztlich doch auch mechanistische Konzeption der Koexistenz der Menschen und der Befriedung der Völker und Staaten, daß sie schon heute sich ablöst und abgelöst wird von einer anderen politischen Konzeption, die im Verlauf des letzten Weltkrieges und besonders mit seinem Ende immer mehr in die Erscheinung tritt. Nicht mehr die Fülle von Nationalstaaten, die in gegenseitigen Bündnissen sich im Gleichgewicht halten, in wechselnden Bündnissen, sondern Machtblöcke mit ihren Satelliten, das ist die Ersatzkonstruktion von der gleichen, im Grunde genommen, gleichen mechanistischen Art. Denn auch hier wird die Macht nicht gebunden an Menschtumswerte und dadurch gemeistert; die Macht wird konzentriert, ein mechanischer Prozeß; und die Elastizität des früheren nationalstaatlichen Bündnisspiels ist auch nicht mehr da, das stabile Verhältnis des Machtträgers zu seinen Satelliten tritt ein, die Mechanik ist im Grunde genommen nur noch erhöht in diesem Spiel der Koexistenz von Machtblöcken. Die Satelliten sind unselbständig, ständig eine Quelle der Unzufriedenheit, und man hat ein Neues eingeführt, die neutralisierten Gebiete, in sich eine fragwürdige Sache, nach ihrer Geschichte und ihrer Lage, und in jedem Fall dann doch immer in Gefahr, das eigentliche, mindestens kulturelle Kampffeld der sich widerstrebenden Machtblöcke zu werden.

So ist diese mechanistische Koexistenz der Machtblöcke keine Meisterung des Problems der Macht in der menschlichen Gesellschaft; die ständige Unruhe weicht nicht, sie vergrößert sich; statt der Macht in ehrfürchtigen Händen der Menschen als ein Geschenk Gottes und als eine Aufgabe, ist die Macht zum Gegenstand der Furcht geworden in der menschlichen Gesellschaft; schreckliches Erleben knüpft sich daran in der Erinnerung, und Schreckliches erwartet man noch von dieser entfesselten Macht für die Zukunft; geistige Koexistenz kommt nicht aus dieser mechanistischen Konzeption der Politik; es fehlt die geistige Konzeption, es fehlt die Koexistenz in Wahrheit, so hat der Heilige Vater auch über diese Art von koexistentieller Politik geurteilt.

Koexistenz der Kirche mit der menschlichen Gesellschaft

Und nun lassen Sie mich noch diese Bemerkung über die Koexistenz der Staaten und der Völker beschließen mit Ausführungen über die *Koexistenz der Kirche mit der menschlichen Gesellschaft:* Ein *Ärgernis* oder das *Lebensprinzip.* Die Kirche ist ins heutige Koexistenzproblem hineingezogen. Wir denken dabei an die Journalisten, und sie sind ja besonders hier im Frankfurter Raum recht eifrig gewesen. Aber glauben Sie nicht, daß die Kirche ins Koexistenzproblem von den Journalisten hineingezogen wird. Sie steht durch ihre Natur mitten drin. Aber weil sie mitten drin steht und sich gar nicht aus diesem Problem lösen kann, deshalb ist sie der Gegenstand zunächst eines großen Ärgernisses. Sie mahnt an die geistigen Grundlagen der Koexistenz in demselben Augenblick, wo es Leute gibt, die nur an Wirtschaft denken oder an Umänderung der politischen Methoden, Kampf gegen eine bestimmte Regierung.

Diese Stellungnahme der Kirche zum Koexistenzproblem hier im Westen liegt eben manchen Leuten nicht. Dieses ständige Mahnen, keine Koexistenz ohne gemeinsame geistige Basis wenigstens im Wesentlichen, dieses erscheint diesen Menschen als ein Mangel an Realismus bei der Kirche. Und sie gehen so weit, unter Umständen die Kirche zu mahnen, ihr zu sagen: „Was willst du denn eigentlich? Wie viele Menschen stehen denn überhaupt noch hinter dir? Ist deine laute Sprache nicht im umgekehrten Verhältnis zu deiner Macht über die Menschen? So bescheide dich doch, schweige, übe wie einst Arkandisziplin mit deinen heiligen Sakramenten und deinem heiligen Opfer, aber verschwinde aus diesem Koexistenzgeschrei! Und wenn du das nicht willst, so laß dich doch wenigstens dann herbei, wenn wir die Koexistenz herbeiführen, die liturgische Verzierung dieser Koexistenz zu bilden!" Den Petersplatz als Roten Platz aufziehen bei den Hauptfesten dieser kommenden Koexistenz, das liegt im Sehnsuchtsbild, glaube ich, von Menschen, die gar nicht so wenige sind. Also sie sagen: die Kirche will nicht. Sie ruft immer, immer wieder von dieser geistigen Grundlage, und man geht so weit, daß man sagt, ja, die Kirche will unter Umständen ja gar nicht den Frieden, gar nicht diese befriedete, in Koexistenz befriedete Welt, sie will den Kampf. All das sind ja Verzerrungen des Bildes von der Kirche, gewonnen aus einem Mangel an Verständnis für ihre innere Natur. Und die anderen sagen, die Kirche möchte Koexistenz und möchte sie doch wieder nicht. Sie bietet das Bild einer gewissen schlauen Wendigkeit, die heute so tut, jawohl, es geht; die morgen sich wieder versagt und dann immer wieder bereit ist, auf den günstigen Augenblick zu warten, und so haben manche die Auffassung von der Kirche, daß sie in der Koexistenzfrage nicht ehrlich sei, so eine gewisse römische Schläue und so eine Wendigkeit, von der man nicht weiß, wohin sie geht. Sie malen dann dieses Bild der Kirche.

Es ist ja nicht neu, dieses Bild von der sog. wendigen Kirche. Es ist ja in früheren Zeiten schon gemalt worden, es wird aber heute wieder gemalt und soll in erster Linie das Vertrauen der Menschen zur Kirche erschüttern. Und so holen diese Maler alle möglichen Farbtöne zusammen aus den Geschehnissen heute in der weiten Welt, besonders hinter den Eisernen Vorhängen, und stellen die disparatesten Dinge zusammen, nur um am Schluß herauszubekommen: „Hier seht ihr, wie die Kirche wendig ist! Wie sie anfängt, sich zu wenden zur Koexistenz!“ Und doch sind alles falsche Interpretationen, gewonnen vielleicht aus einem Vorurteil gegenüber der Wendigkeit der Kirche, gewonnen auch vielleicht aus einem politischen Anliegen, die Kirche zu lösen aus der angeblichen Abhängigkeit von Washington und zu zeigen, wie sie sich hier löst und auf Moskau hingeht, damit doch die Leute in Bonn endlich merken, was geschlagen hat.

Das alles steckt hinter diesen Schreibereien um Koexistenz der Kirche mit dem Kommunismus. Wir müssen das wissen, und doch, nicht wahr, müssen wir auch als christliche Menschen uns eins vor Augen halten: Die Kirche wird unter allen Umständen alle Möglichkeiten suchen, um ein Minimum von Seelsorge in den Gebieten zu sichern, wo heute keine ist. Und sie wird alle Wege gehen, die dieses einigermaßen sicherstellen. Sie wird alle Wege suchen, um einen modus vivendi zu finden, um der Seelen willen, die der Lehre entbehren, der Sakramente; aber das ist nicht ein inneres Hingehen und Hinüberwechseln zum Kommunismus, das ist nicht eine Übernahme der wesentlichen Elemente dieses Systems, das ist nicht Koexistenz. Wer das so nimmt, hat von der Aufgabe und der Natur der Kirche keine Ahnung. In allen Zeiten hat die Kirche in den schwierigsten Lagen versucht, zu retten, was zu retten ist, Wege zu gehen, die überhaupt noch gangbar sind, nur um ihrer Hauptaufgabe zu genügen, die Seelen zu retten, ihnen die christliche Lehre zu vermitteln und die Gnade der Sakramente. Aber Koexistenz ist das nicht. (...)

Ich habe gesagt, die Kirche ist in der Koexistenzfrage nicht nur ein Ärgernis für alle die vielen, von denen ich eben sprach, und für diese verschiedenartigen Beleuchtungen der Kirche. Sie ist auch koexistent, nämlich sie ist das *Lebensprinzip der Gesellschaft*. Sie ist das kraft ihrer inneren Natur, sie ist der fortlebende Christus. Grundgelegt ist das in der Menschwerdung des Herrn, wo er eine wahre menschliche Natur annahm, ein inneres Verhältnis auch zur menschlichen Gesellschaft und ihren wesentlichen Formen einging; er gewann dadurch ein inneres Verhältnis zum gesellschaftlichen Leben, zum geschichtlichen Leben der Menschheit. Und so hat die Kirche als fortlebender Christus von sich aus dieses innere Verhältnis zum Menschen, zur wesenhaften Struktur des Menschen in der Gesellschaft und in der Geschichte. Das kann man ihr nicht nehmen, das hat sie. Und so ist sie hineingestellt in dieses Koexistenzproblem. Aber wie? Als Träger politischer Macht? Als Träger wirtschaftlicher Macht? Nein! Gerade sie ist koexistent der menschlichen Gesellschaft, weil sie durch ihre Lehre, durch ihre Moral, durch ihre pastorale Führung bemüht ist, die geistige Basis der menschlichen Koexistenz, die *Koexistenz in Wahrheit* dauernd zu stärken und zu fördern. So ist sie innerlich verbunden mit der Menschheit und der menschlichen Gesellschaft, mit ihrer Natur und mit ihrer Geschichte: Über Christus, den menschgewordenen Gott, Schöpfer und Erlöser. Und sie ist koexistent mit jeder Kultur, nicht nur mit der des Abendlandes. Der Heilige Vater hat oft und oft gesagt, der Kommunismus ist in wesentlichen Punkten seiner Auffassung vom Menschen, auch von der Geschichte nicht zu vereinbaren mit der katholischen Lehre. Das will sagen, der Kommunismus leugnet wesentliche Elemente dieser inneren Verbundenheit der Menschen, dieser Koexistenz in Wahrheit: er ist nicht Kultur. Deshalb ist es so falsch, wenn man etwa aus dem Satz, die Kirche ist mit jeder Kultur vereinbar, geschlossen hat, also auch mit dem Kommunismus; gerade dies ist nicht der Fall, weil der Kommunismus alle wesentlichen Elemente der inneren Verbundenheit der Menschen, von denen ich am Anfang sprach, leugnet und zerstört. Er ist keine Kultur. (...)

16.

Das Verhältnis der Kirche zu den weltlichen Machtsystemen

Vortrag in „Funk-Universität", RIAS Berlin, 14. 2. 1962. Abgedruckt in: Band I, S. 573–580.

Das Thema, das hier aus dem Blick der katholischen Kirche behandelt wird, meint offenbar unter weltlichen Machtsystemen die Formen des irgendwie immer geordneten Zusammenlebens im staatlichen und deshalb politischen Bereich. Denn dieses Zusammenleben vollzieht sich immer als *Macht*ordnung, d.h. als eine Ordnung, die Bestehen und Ausübung von leitender Macht und Unterworfensein unter Macht einschließt. Macht aber bedeutet ganz allgemein und also auch im Falle gesellschaftlicher Macht im Machthaber die Möglichkeit, den Willen anderer zu einem bestimmten Verhalten zu zwingen und umgekehrt die Möglichkeit, dem zwingenden Willen anderer zu widerstehen.

Grundsätzlich ist nun gleich zu sagen, daß weder Kirche als gesellschaftliche Veranstaltung des Gnaden- und Liebeswillens Gottes kraft der Erlösungstat Christi eine positive Beziehung zu weltlichen Machtsystemen ausschließt, noch auch, daß das Wesen der Macht selber in einem ausschließenden Gegensatz zur christlichen Wirklichkeit der Gnade und Liebe sich befindet.

Es ist sogar noch mehr zu sagen: die christliche Erlösungsordnung schließt weltliche Machtsysteme mit ein, und die christliche Wirklichkeit selber ist mannigfach mit Macht ausgestattet. Innere Widersprüche sind also an sich nicht vorhanden.

Die christliche Erlösungsordnung schließt weltliche Machtsysteme mit ein. Man wird hier an die so oft erörterte Stelle aus dem Brief des hl. *Paulus* an die Römer erinnern dürfen, wo der Apostel im Beginn des 13. Kapitels eine Art von Staatsethik gibt. Es heißt da: „Jedermann sei der obrigkeitlichen Gewalt untertan, denn es gibt Gewalt nur von Gott, und die bestehende Gewalt ist von Gott geordnet. Wer sich also gegen die Obrigkeit auflehnt, widersteht der Anordnung Gottes: die Widersetzlichen ziehen sich selber ihr Gericht zu."

Und weiter lesen wir: „Die Regierenden sind Anlaß zur Furcht nicht wegen der guten Tat, sondern wegen der bösen. Willst du vor der Obrigkeit dich nicht fürchten, so tue das Gute, und du wirst Lob von ihr erhalten, denn sie ist Gottes Dienerin, dir zum Guten. Tust du freilich das Böse, so hast du Grund zu fürchten, sie trägt das Schwert nicht umsonst: sie ist doch Gottes Dienerin, Richterin und Vollstreckung des (göttlichen) Zorns an dem Übeltäter."

Noch eindringlicher, innerlicher beschließt *Paulus* seine Unterweisung: „Also muß man sich unterwerfen nicht allein des Zornes wegen, sondern auch um des Gewissens willen. Deshalb zahlt ihr ja auch die Steuer. Sie walten in Gottes Namen und sind gerade deshalb in ihrem Amte. Gebt allen, was ihr ihnen schuldig seid: wo Steuer, da Steuer; wo Zoll, da Zoll; wo Furcht, da Furcht; wo Ehre, da Ehre."

Es ist schon immer aufgefallen, daß der Apostel hier, was doch sehr nahegelegen hätte, nicht auf das Wort Christi in der Steuerfrage sich beruft. Es ist das bekannte Wort, das *Matthäus* im 22. Kap., Vers 21 übermittelt: „So gebt dem Kaiser, was dem Kaiser gehört, und Gott, was Gott gehört." *Paulus* gibt vielmehr den Menschen nicht ein den Evangelien entnommenes Motiv für ihr sittliches Verhalten gegenüber der Obrigkeit im weltlichen Raum, sondern ein der natürlichen Ethik entstammendes Motiv. Er sagt: „um des Gewissens willen". Er verweist also nicht auf das Vorangehen und Beispiel des Herrn oder auf einen anderen, ausschließlich dem in Christus und durch ihn offenbarten Wort Gottes angehörenden Beweggrund, sondern auf die das Gewissen schlechthin normierende Ordnung in der von Gott geschaffenen Welt.

Wir stoßen hier auf einen für unser Thema sehr entscheidenden Grundstandpunkt der katholischen Lehre: *die Ethik des Evangeliums bricht die Linie der natürlichen Ethik nicht ab,* sondern nimmt sie auf, setzt sie vervollkommnend fort. Das Gesetz Christi, die Ordnung für die in göttlicher Liebe und Gnade erlöste Menschheit, ist zwar reines Gnadengeschenk Gottes und kommt dem Menschen als solchem aus keinem geschöpflichen Grunde zu. Insofern ist sie etwas wesentlich anderes, etwas völlig und unerhört Neues im Vergleich mit der Schöpfungsordnung, die für den geschaffenen Menschen als solchen notwendig das natürliche Sittengesetz und das Naturrecht einschließt. Aber als Ergebnis der souveränen Machtwirkung Gottes nach außen, bestimmt, seine unendliche Ehre und Herrlichkeit kundzutun, kommen beide Ordnungen überein. So ist es möglich, daß die Erlösungsordnung die Schöpfungsordnung in sich aufnimmt, wenn auch aus neuem Grunde.

Deshalb sagt *Paulus* im Brief an die Kolosser, daß Christus, der Erlöser und Gottmensch, der ist, „in dem alles geschaffen ward, was im Himmel und auf Erden ist. Alles ist durch ihn und zu ihm hin geschaffen. Er ist vor allem, und das All hat in ihm seinen Bestand." Alles, was aus diesem Grunde von der Ordnung der Schöpfung gesagt werden kann und muß, geht also auch in die Erlösungsordnung ein. Und dies ist viel: Gottes, des Schöpfers, Geist prägt sich ein in der Schöpfung. Dies fügt sie zur Einheit in der Mannigfaltigkeit, zur immer wieder Staunen erregenden Gesetzmäßigkeit des Kosmos, des Alls, des Universums. Und in der Menschenwelt prägt derselbe Schöpfergeist sich aus zur Einheit menschlicher Sozialität oder Gesellschaftlichkeit in und mit den menschlichen Personen als geschaffenen Ebenbildern des göttlichen Geistwesens. In so beschaffener menschlicher Sozialität ist dann der Ort, wo das reiche menschliche Gesellschaftsleben mit seinen Beziehungen und Gebilden ansetzt und Geschichte sich vollziehen kann. Hier in dieser geschöpflich-menschlichen Sphäre der Ebenbildlichkeit mit der machtvollen, auf Ordnung und Einheit gerichteten Wirklichkeit des Schöpfergeistes ist dann auch der Ort für die Staatlichkeit, für ihre Gewalt, für die Unterworfenheit unter sie. Und weil dies alles, wie gesagt, in die Ordnung der Erlösung eingeht, ist und bleibt auch der Christ das, was er in der Schöpfungsordnung ist: Wertmittelpunkt des Kosmos, konstitutiv als menschliches Geistwesen und kraft der Ausrichtung auf die ganze Höhe, Tiefe und Breite der Werte des Menschentums – für den Sinn des Universums im ganzen und in seinen einzelnen Sachbereichen. Der Mensch als Christ bleibt auch das, was er in der Schöpfungsordnung ist: personales Ebenbild der personalen Macht des Schöpfergeistes, durch Einsicht und Wille verantwortlicher Träger von Ordnungsaufgaben im privaten und öffentlichen Leben, personales Subjekt von Pflichten und Rechten in allen Bezirken der Gesellschaft, von Rechten und Pflichten, die jedem Menschen im Gewissen aufleuchten als Normen des natürlichen Lichtes der Vernunft.

Seit Jahrhunderten hat man im Hinblick auf die Erbsünde und ihre Folgen auf christlicher Seite diese katholische Lehre in Frage gestellt. Sie sei unvereinbar mit der alleinigen christlichen Wirklichkeit, die mit und nach der Erlösung durch Christus den Menschen in seiner durch die Erbsünde verursachten inneren Unwertigkeit und Unfähigkeit völlig belasse und um so mehr die Fülle der Liebe und Gnade Gottes betone, der sich dem Menschen zuwende. Die Schöpfungsordnung sei also aus der Erlösungsordnung auszuschließen.

Sie sei, was unser Thema angeht, vor allem da auszuschließen, wo sie eine dem Menschen als Geistwesen eigene innere Mächtigkeit enthalte, das Gesellschaftsleben zu ordnen, Staat, Staatsgewalt und Unterworfenheit unter sie im Lichte der natürlichen Vernunft im Gewissen zu verankern. Vielmehr seien alle diese Ordnungseinrichtungen im Weltlichen Veranstaltungen des Zornes Gottes gegenüber dem sündigen Menschen geworden und als solche vom Christen anzuerkennen. Allenfalls seien sie Bewahrungsordnungen, damit der Mensch in der Erlösungsordnung stehen könne, und hätten somit nur eine äußere Beziehung zur Erlösungsordnung. Vollends sei es unvereinbar mit der christlichen Wirklichkeit, wenn die katholische Lehre aussage, es sei auch nach dem Sündenfall das All der Welt ein Kosmos, eine Ordnung, während es doch völlig dem Zorn Gottes verfallen sei. Es sei durch den Fall *Adams* mit sich selbst gewissermaßen im Zwiespalt, von Gott verlassen und winde sich jämmerlich „in Seufzen und Stöhnen", wie *Paulus* selber im Römerbrief sage. Alles in allem: die einzige christliche Wirklichkeit sei die Gnade und Liebe Gottes, der Mensch aber bleibe unwertig und Sünder. Das einzige Licht sei das Offenbarungslicht im Glauben; das natürliche Licht der Vernunft aber mit sittlicher Ordnung in Gesetz und Recht, in Machtordnung vor allem, sei, christlich gesprochen, ein erloschenes Licht.

Demgegenüber hält die katholische Lehre daran fest, daß auch im Römerbrief das All keineswegs von Gott gewissermaßen verstoßen ist, daß er es im Gegenteil dem Menschen überantwortet, damit er es in Ordnung halte, damit es Weggenosse des Menschen sei, und zwar auf allen Stationen der von Christus erlösten Menschheit bis zur endgültigen Vollendung. Denn das Wort im Brief an die Epheser bleibt wahr: Gottes Wille ist, „die beschlossene Fülle der Zeiten herbeizuführen, um alles, was im Himmel und auf Erden ist, in Christus, dem Haupte, zusammenzufassen."

Vor allem aber: der ganze Abschnitt des Römerbriefes, der auch die für uns so wichtige Stelle über Staatsgewalt und Bürgergehorsam und über die dem Gewissen sich auflegende weltliche Gemeinschaftsordnung enthält und den Christen zu entsprechenden, tagtäglichen Werken auffordert, ist keineswegs ein bloß äußerer, moralisierender Anhang an den vorhergehenden Abschnitt, wo Schicksal und Lage der Menschheit in und nach dem Sündenfall unter dem Zorn Gottes und dann die große Wende in Liebe und Gnade mit der Erlösung durch Christus geschildert werden. Vielmehr ist alles, was im zweiten Abschnitt gesagt wird, organische Einheit mit dem ersten, Auswirkung der neuen Machttat Gottes, die er in der Erlösung durch Christus der Schöpfungstat folgen läßt.

Deshalb ist auch das neue, in der Gnade und Liebe Christi geschenkte Leben im Menschen in erster Linie eben *Leben*, neue Daseinsmächtigkeit und Energie, die sich bewährt in Werken, in sittlich verantwortlicher Ordnungsmacht im einzelnen und in der Gesellschaft. Gerade darum aber kann auch das unerhört Neue anknüpfen an das, was der Geist Gottes, seine machtvolle Schöpfungstat schon im menschlichen Sein ebenbildlich grundgelegt hat: personale Daseinsmächtigkeit und Selbstmächtigkeit in Freiheit und in der staatlichen Gesellschaft Machtordnung und hoheitliche Gewalt. Die Erbsünde und ihre Folgen wirken sich gewiß verhängnisvoll aus; sie schwächen die Fähigkeiten des geistigen Geschöpfs, aber heben sie nicht auf. Zudem kommt ja nunmehr mit der Erlösung auch die dauernde Hilfe durch die Gnade Christi.

Man kann daher auch nicht sagen, daß das Wesen der Macht selber in einem ausschließenden Gegensatz zur christlichen Wirklichkeit der Gnade und Liebe sich befindet. Das am meisten unerhört Neue in der Erlösungsordnung, der Gottmensch selber, ist für *Paulus König, Herr eines Reiches* der Gnade und Liebe, und sogar in der Schwachheit am meisten, wenn wir so sagen dürfen. Und die Kirche als Wirklichkeit jenes Reiches, das alle Getauften zusammenfaßt, ist durch sie Ballung einer neuen Energie und Gnaden-Macht, in Weltweite sogar. Sie ist auch hierarchisch verfaßt, mithin als übernatürliche Machtordnung konstituiert, aufgebaut auf dem Weihesakrament, wodurch Autorität, eine neue Mächtigkeit und Kraft mitgeteilt wird, wie es im zweiten Brief an *Timotheus* heißt, ein „Geist, nicht der Feigheit, sondern der Kraft", allerdings, wird zugefügt, auch ein Geist „der Liebe und Besonnenheit". Der neue Mensch aber, der Christenmensch, erscheint als einer, der mit neuer sittlicher Kraft ausgestattet ist, von innen heraus fähig und bereit, in personaler Selbstmächtigkeit die Gnadeneinheit mit Christus zu leben. Wie er Pflichten hat, so hat er auch Rechte. Dazu gehört zweifellos das Recht der Selbstbehauptung für sich und ein ganzes Volk, gerade auch dann, wenn die Hoheit und Machtordnung Gottes überhaupt bestritten und angegriffen wird; die Treue zu ihr ist Treue zu sich.

Alle Macht in Gott begründet

Von Gott eben ist alle Mächtigkeit in der Freiheitsordnung personalen und gesellschaftlich-staatlichen Lebens. Es kommt wie in der Schöpfungsordnung so auch in der Erlösungsordnung darauf an, daß Gottes machtvolle Hoheit durch die dem Menschen personal und gesellschaftlich gegebene Macht verherrlicht werde. Dies verbindet beide Ordnungen zu einer einheitlichen christlichen Auffassung von Macht, auch der hoheitlichen Macht des Staates. Sie ist sittliche Macht, sie ist Recht, sie ist Ordnungsmacht, weil sie in der von Gottes Schöpfungs- und Erlösungstat gefügten und geheiligten Ordnung menschlicher Gesellschaftlichkeit konstituiert ist. Der hl. *Augustinus* fand diese Macht deshalb grundsätzlich auch im damaligen heidnischen Staate, weil sie Gottes Schöpfer- und Ordnungswillen entspringt, der in der christlichen Erlösungsordnung weiter gilt. Worauf es diesem Kirchenvater und auch uns allen im katholischen Sinne ankommt, ist, daß jegliche Macht im gesellschaftlichen Leben in Gottes ewigem Gesetz der Weltordnung stehe, in dem auch für den Christen fortbestehenden sittlichen Naturgesetz und Naturrecht. Die augustinische Unterscheidung von „Civitas Dei" und „Civitas Terrena" bedeutet nicht die Unterscheidung zweier Reiche, des Reiches weltlicher Ordnungen und des Reiches der Gnadenordnung Christi; vielmehr geht die Trennungslinie durch die Menschen beider Reiche hindurch und setzt allüberall widergöttliche Macht gegen in Gott geübte Macht. Der große Lehrer sieht das Thema der Geschichte darin, daß die Macht des „Fürsten dieser Welt", die Macht aller widergöttlichen Kräfte, nicht triumphiere, sondern Gottes Macht, hoheitsvoll in Schöpfungs- und Erlösungsordnung bekundet zu seiner Ehre.

Von diesem Grundstandpunkt her baut sich auch das Verhältnis der Kirche zu den heute bestehenden Machtsystemen auf, die sich im weltlichen Bereich, besonders im Staatlichen, darstellen. Keine Salbung von Königen durch die Kirche hat je bedeutet, daß gewissermaßen ein Gott-König nach Art asiatischer Großkönige eingesetzt oder anerkannt wurde. Das „von Gottes Gnaden" war immer auch die Mahnung, daß die königliche Macht unter dem Gesetz Gottes steht in seiner ganzen Fülle.

Umgekehrt aber: als Häretiker des Mittelalters Mißstände in der Gesellschaft zum Anlaß nahmen, nicht nur die Machtordnung im Gebrauch materieller Dinge anzugreifen, die im Privateigentumsrecht als gesellschaftlicher Institution liegt, sondern auch die Machtordnung in der Institution der Ehe und in der Institution des Staates, kurz, als sie jegliche irdische Macht als unchristlich verwarfen, als unvereinbar mit dem Reich Christi in Gnade und Liebe, setzte sich die Kirche getreu dem eben ausgeführten für die Macht als ein positives Element im menschlichen Gesellschaftsleben ein. Macht, von innen her Recht der Person und auch Recht des Staates zum wesensgemäßen Leben, ist eben wirklich ein positives Element in der von Gott gewollten Gesellschaftsordnung. Nicht, daß der Christ die Augen schließen müsse vor dem möglichen und tatsächlichen Mißbrauch der Macht in dieser von der Erbsünde und ihren Folgen schwer getroffenen Welt. Er darf gegen den Mißbrauch sogar angehen im Rahmen seiner rechtlichen und tatsächlichen Möglichkeiten, ob nun der Mißbrauch im Übernatürlich-Religiösen oder im Weltlichen vorliegt. Aber grundsätzlich ist die Macht für die christliche Sicht, die aus der Einheit von Schöpfungs- und Erlösungsordnung sieht, ein positives Element, auch und vor allem in der gesellschaftlichen Ordnung der Menschen.

Als, wie die Heilige Schrift sagt, die „Fülle der Zeiten" gekommen war und mit Christus, dem Gottmenschen, auch die von ihm gestiftete Kirche in die menschliche Gesellschaft und ihre geschichtliche Entwicklung eintrat, war sie, durch ihren gottmenschlichen Stifter und kraft der eben betonten Einheit von Schöpfungs- und Erlösungsordnung, auch mit der menschlichen Gesellschaftlichkeit und allen ihren wesentlichen Ordnungsformen nicht nur äußerlich, sondern auch innerlich verbunden; also auch mit der Staatlichkeit menschlichen Zusammenlebens, wie immer diese Staatlichkeit sich auch ausformte. Maßgebend für die Kirche war nur, daß die Staatshoheit ihren Zweck der Wahrung des Gemeinwohls, nämlich vor allem der menschlichen Gesellschaftlichkeit die äußere Ordnung des Rechts zu sichern, nach dem Willen Gottes erfüllte. Dies aber bedeutete grundlegend die Beobachtung des sittlichen Naturgesetzes und der naturrechtlichen Ordnung bei solcher Wahrung des Gemeinwohls. Hier hat für die Kirche der Bürgergehorsam seine unabdingbare Norm, ob nun die Gesellschaft, in der Kirche und Staat gemeinsam stehen, heidnisch oder christlich, weltanschaulich einheitlich oder pluralistisch ist. Hier ist auch der Punkt, wo hierarchische Kirchenmacht und Staatsmacht sich immer wieder zu friedlicher Kooperation finden können und müssen im Hinblick auf das Gemeinwohl der menschlichen Gesellschaft. Denn weder Kirche noch Staat können gegenüber den grundlegenden Forderungen menschlicher Gesellschaftlichkeit und ihrer organisierenden Ordnung indifferent sein, beide können nur auf dem Boden jener wurzelhaften Gesellschaftlichkeit wachsen, wenn auch aus verschiedenem Grunde. Einheit und doch Differenzierung des Blicks des Christen, der ja Schöpfungs- und Erlösungsordnung verbinden muß, werden hier relevant.

Papst *Pius XII.* hat einst die Kirche das *Lebensprinzip der menschlichen Gesellschaft* genannt. Dies hat weder mit Klerikalismus noch Integralismus, mit Tendenzen, die weltlichen Bereiche zur Kirche zu machen, etwas zu tun. Dies bedeutet vielmehr, daß die Kirche aus der ihr eigenen, mit Christus geeinten menschlichen Gesellschaftlichkeit heraus die Grundlagen jeglicher menschlichen Gesellschaft und ihrer Ordnungsformen dauernd stärkt, das Bewußtsein davon beim Menschen wach und ungetrübt hält. Vor allem, daß der Mensch in personaler Selbstmächtigkeit Ursprung und Ziel gesellschaftlichen Lebens in allen Bezirken objektiver menschlicher Wertverwirklichung ist und sein soll, bezeugt die Kirche selber, denn die in der Taufe mit Christus und den anderen Getauften innerlich verbundene Person ist Kern und Stern kirchlicher Gesellschaftlichkeit. Die Freiheit der menschlichen Person, die bei der Taufe des kleinen Kindes stellvertretend zur Geltung kommt, wird vom Kirchlichen Gesetzbuch grundlegend gefordert, indem festgestellt wird: den Glauben anzunehmen, soll niemand gegen seinen Willen gezwungen werden.

Darin liegt die Anerkennung der schon naturrechtlich feststehenden Würde und Selbstmächtigkeit der menschlichen Person.

So hat denn auch die Kirche ein *positives Verhältnis* zu jeder Machtordnung gesellschaftlichen Lebens, auch zur Gemeinwohlordnung des Staates, wenn sie nur eine Freiheitsordnung in personaler Verantwortung ist. Gewiß ist dies verschiedener Verwirklichung fähig, und die Geschichte zeigt, wie sehr berechtigte Faktoren mannigfacher Art auf jene Verwirklichung einwirken. Nie hat die Kirche, die so viele Veränderungen im Staatlichen und Politischen überlebte, gezögert, jene Veränderungen echter Staatlichkeit anzuerkennen, wenn sie auch anderen Völkern mit anderer Geistigkeit und Geschichte nicht gefielen oder gefallen.

Nie aber hat sie ihr Ja-Wort zu Staatsverfassungen gesprochen, wo die Gemeinwohlordnung als personale Freiheitsordnung direkt geleugnet, ins Gegenteil grundsätzlich verkehrt, mit anderen Worten vom gottgegebenen naturrechtlichen Fundament völlig abgesetzt ist. Wo Staatshoheit in keiner Weise mehr Gottes Mächtigkeit spiegelt, sondern widergöttlich ist, ist ein grundsätzliches Ja der Kirche nicht möglich, denn hier ist das objektive Fundament jeglicher menschlichen Autorität, nämlich Gott, unmittelbar angegriffen. Der einzelne Christ aber muß und soll in solchen Umständen so sich verhalten, daß er alles tut und läßt, was er auch in normalen naturrechtlichen Bedingungen im öffentlichen Leben tun und lassen würde, vorausgesetzt, daß sein Tun und Lassen nicht als Abfall von Gottes Ordnung gedeutet werden muß. Immer aber bleibt ihm grundsätzlich die personale Verantwortung zur Mitgestaltung neuer, dem echten Gemeinwohl entsprechender Verhältnisse. Dies hat einst *Pius XI.* ausdrücklich bestätigt, als er am 28. März 1937 den mexikanischen Bischöfen auf die Anfrage wegen des Widerstandsrechtes und seiner Verwirklichung antwortete.

Man sieht, wie die katholische Lehre über die weltlichen Machtsysteme durch die Zurückführung des Machtelementes auf Gott und seine Schöpfungsordnung im Menschen eine Sicherheit und Geborgenheit begründet, die weit ab ist von einem grundsätzlichen Mißtrauen zur Macht, sei es in der Person, sei es in der öffentlichen Ordnungsmacht des Staates. Es ist interessant zu beobachten, daß das moderne Absehen von Gott, der sogenannte Säkularisierungsprozeß weltlicher Ordnungen Gesellschaftssysteme entwickelt hat, die recht eigentlich darauf beruhen, das Machtelement zu paralysieren und die sich deshalb auf einem grundsätzlichen Mißtrauen zur Macht aufbauen. Man konstruiert das Gemeinwohl als rationale Gesetzgebungsmaschine oder als optimal-rationale Organisation gesellschaftlichen Lebens. In beiden Fällen ergibt sich logisch und tatsächlich die Gefahr der Vergewaltigung des personalen Charakters gesellschaftlichen Lebens und die Gefahr der Intoleranz gegen die Gewissensüberzeugung. Erst recht ist dies der Fall, wenn das Element der Macht von der Norm der Gemeinwohlwahrung abgesetzt wird und in den Dienst konkreter Machtballung gestellt wird. Dann ergibt sich erst recht die Gefahr der totalitären Nichtachtung der Person und ihrer Seins- und Wertmächtigkeit.

Papst *Pius XII.* hat in einer berühmt gewordenen Rede an den Internationalen Kongreß für Geschichtswissenschaften im Jahre 1955 auseinandergesetzt, wie nach katholischer Auffassung die Macht in Kirche und Staat sich treffen im echten Gedanken der Gemeinwohlordnung der gesamten menschlichen Gesellschaft. Die Macht, sicher in Gott verankert, ist die beste Gewähr für ihre Ausübung in Toleranz.

IV. DAS ANLIEGEN DER CHRISTLICHEN SOZIALREFORM

Mit den Artikeln „Klasse“ und „Klassenkampf“ in der fünften Auflage des Staatslexikons der Görres-Gesellschaft im Jahre 1929 bereitete Gundlach eine Wende im sozialen Katholizismus in Deutschland und auch in der katholischen Soziallehre vor. Bisher hatte der Katholizismus in der „Standwerdung“ der Arbeiterschaft die Lösung der Sozialen Frage gesehen. Der Kampf gegen den Sozialismus, der auf Klassenkampf und Revolution des Proletariats setzte, war so aufreibend, daß man auch das marxistische Vokabular ablehnte. Aber trotz der Bemühungen der katholischen Arbeiter-Bewegung (KAB) und der christlichen Gewerkschaften, des christlich-sozialen Schrifttums und der katholischen Tageszeitungen, den traditionellen Ständegedanken für die Sozialreform fruchtbar zu machen, hatten sich die Gegensätze in der damaligen Klassengesellschaft verschärft.

Gundlach war in dieser Situation bemüht, einerseits eine nüchterne, wirklichkeitsbezogene Analyse der sozialen Verhältnisse zu gewinnen, die an der Existenz von Klassen und ebenso an den Gegensätzen der Klassengesellschaft nicht vorbeiging, andererseits die grundsätzlichen Unterschiede zur marxistischen Klassenlehre und Klassenkampfideologie herauszuarbeiten. Freilich, schon die Verwendung der Begriffe Klasse und Klassenkampf löste bei den Führern der katholischen Arbeiterbewegung Unruhe und Befremden aus. Man befürchtete eine Begriffsverwirrung, die die Grenzlinien zum Sozialismus marxistischer Prägung und auch zum damaligen „religiösen Sozialismus“ verwischen würde. Gundlach unterschied zwischen dem Klassenkampf im marxistischen Sinn, der die Geschichte der Menschheit bestimme und erst mit der klassenlosen Gesellschaft ende, und der Klassenauseinandersetzung im christlichen Sinne, die zur Überwindung einer bestehenden Klassenschichtung der Gesellschaft und ihrer Neuordnung im Sinne des Gemeinwohls führen müsse. Diese Auffassung und Unterscheidung gingen auch in die Sozialenzyklika Pius XI. „Quadragesimo anno“ ein.

Was die berufsständische Ordnung betrifft, so erblickte der soziale Katholizismus darin das Ziel, die Zerstörungen, die der Wirtschaftsliberalismus angerichtet hatte, zu überwinden. Entscheidend war für Gundlach der Gedanke, zwischen den Einzelnen und dem Staat wieder Ordnungsstrukturen zu schaffen, die an den Beruf als eine fundamentale Kategorie des gesellschaftlichen Lebens anknüpfen sollten. Allerdings gab er sich keinen Täuschungen über die Schwierigkeiten der Verwirklichung der berufsständischen Ordnung, auch ihrer möglichen Fehldeutungen hin.

Leider hat sich Gundlach wenig mit der Frage befaßt, ob nicht das System der Tarifautonomie, das auf dem Zusammenwirken der Sozialpartner Arbeitgeber und Arbeitnehmer beruht und durchaus an die Kategorie der beruflichen Leistung anknüpft, diesen Erfordernissen entsprechen könne. Vermutlich waren es weniger die traditionellen Vorlieben im Katholizismus, die hier hemmend im Wege standen, sondern die eher negativen Erfahrungen mit dem Tarifwesen in der Weimarer Zeit, als sich die Tarifpartner mehr als Klassengegner denn als soziale Partner verstanden.

Nach dem Zweiten Weltkrieg haben katholische Sozialpolitiker wesentlich zum Aufbau des modernen Sozialstaats beigetragen. Im sozialen Katholizismus allerdings konzentrierte sich das Interesse lange Zeit einseitig auf die Frage der Mitbestimmung der Arbeitnehmer in den wirtschaftlichen Angelegenheiten des Unternehmens. Diese Form von Mitbestimmung war im Ruhrgebiet von der Besatzungsmacht angestoßen worden, um die Großindustrie in den Bereichen Kohle und Stahl an die Kette zu legen. Für die Gewerkschaften bot diese Mitbestimmung die Möglichkeit, Machtpositionen in der Wirtschaft zu besetzen. Im sozialen Katholizismus sah man in den neuen „Einheitsgewerkschaften" eine Gewähr für eine arbeitnehmerfreundliche Entwicklung und versuchte, an Stelle der früher angestrebten berufsständischen Neuordnung, die „paritätische Mitbestimmung" als Forderung der katholischen Soziallehre herauszustellen (Katholikentag in Bochum 1949). Gundlach erblickte in der Mitbestimmung keinen Ersatz für eine Neuordnung der Gesellschaft, sondern eine Verfestigung der Machtpositionen von Großorganisationen. Zudem würde die paritätische Mitbestimmung die Verfügungsbefugnis des Eigentümers im Kern in Frage stellen und die Anonymität in der Wirtschaft verstärken.

17.

Klassenkampf

In: Staatslexikon der Görres-Gesellschaft, Bd. III, 5. Aufl., Freiburg i. Br. 1929, Sp. 394–399. (Band II, S. 212–216).

Begriff und Objekt

Im Begriff der Klasse liegt die Auseinandersetzung und in diesem Sinne der Kampf mit einer gleichgearteten Großgruppe innerhalb desselben Staatsvolks als Wesensmerkmal eingeschlossen. Das Ziel des klassenmäßigen

Zusammenschlusses ist daher auch das Objekt der Auseinandersetzung der Klassen. Als Ausgangspunkt der Klasse haben wir im Artikel Klasse die ablehnende bzw. billigende Stellungnahme gegenüber der tatsächlichen Gestaltung der „öffentlichen Wohlfahrt" (bonum commune) erkannt, mithin gegenüber der bestimmten Art, wie der Staat seinen geistig-sittlichen Zweck erfüllt, Rechtsschutz und Wohlfahrt aller Staatsglieder zu ermöglichen. Ebenfalls im Artikel Klasse wird der Inhalt der „öffentlichen Wohlfahrt" im aktiven Sinne beschrieben als ein bestimmter, sich in Organisationsart und Ertragsverteilung auswirkender Einfluß der staatsverbundenen Gesamtkraft auf den Zustand der arbeitsteiligen Gesellschaft, der von der Eigenart der politischen Machtverteilung und des bestehenden Rechts, von der besonderen Färbung der öffentlichen Meinung hinsichtlich der sozialen Geltung und der Lebenshaltung der einzelnen Gruppen des arbeitsteiligen Staatsvolks begleitet ist. Gegenstand der Klassenauseinandersetzung ist also ein durchaus zusammengesetztes Objekt, ein alle Sphären des öffentlichen Einflusses umfassendes Ganze, während als schlagwortmäßige Kampflosung die Forderung von „Gerechtigkeit" an das Staatsganze gestellt wird, und zwar von der einen Seite im Sinn der Gewährung „vorenthaltener Rechte", von der anderen Seite im Sinn des Schutzes „wohlerworbener Rechte".

Psychologie

Aus der Eigenart von Objekt und Losung des Klassenkampfes ergeben sich für die Psychologie der Parteien weitere Aufschlüsse, die naturgemäß in höherem Grad und in einigen Punkten ausschließlich auf die angreifende Klasse zutreffen, während bei der verteidigenden Klasse mehr oder weniger entsprechende Reaktionserscheinungen feststellbar sind. Die Zusammengesetztheit des Kampfobjekts erklärt, wie von ihm nicht nur die nach ihrer ökonomisch-sozialen Lage Interessierten, sondern auch intellektuell orientierte Theoretiker und Praktiker des Gesellschaftslebens und schließlich auch mitfühlende Menschenfreunde und psychisch angeregte Künstler angezogen werden. Es entsteht, unbeschadet aller Unterschiede der wirtschaftlichen Lage, des Bildungsgrades und des Berufs unter diesen Menschen ein Zusammengehörigkeitsbewußtsein: die Klassensolidarität. Der Kampfcharakter, welcher der Klasse schon an sich eignet, ist dann ein dieses Solidaritätsbewußtsein weiter steigerndes Moment. Indem ferner Menschen, die aus irgendwelchen Gründen zum Typus der „Oppositionellen" gehören, in der Klasse ihre geistige Heimat finden, empfängt die Klasse für den Kampf nicht selten ihre besten Propagandisten nach innen und nach außen. Da weiterhin der Kampfcharakter zur Offenhaltung und steten Ausdehnung der eigenen Reihen drängt, kommt zum Solidaritätsbewußtsein das besonders für die weniger gebildeten Mitglieder seelisch wichtige Moment des Massenbewußtseins, gesteigert bis zur Vorstellung weltweiter internationaler Verbrüderung und bestrebt, diese im Grunde mehr biologische als moralische Masseneinheit in möglichst großen öffentlichen Demonstrationen und Umzügen zur sinnfälligen Erscheinung zu bringen. Der Klassenangehörige als Kämpfer gehört entweder schon aus sich heraus oder durch äußere Einwirkung der Organisation zum Typ der aktiven Menschen, seine Sinnesart ist antikonservativ, kritisch bis zur äußersten Skepsis und bis zum Mißtrauen gegenüber allen Werten außerhalb des eigenen Klassenideals. Er hat die Stabilität, die jeder ständischen Ordnung eigen ist, in jeder Weise wenigstens innerlich durchbrochen, die Begriffe „standesgemäße Nahrung und Lebenshaltung" sind ausgehöhlt. Es ist ein Zeichen der im Zustand des Klassenkampfes befindlichen Gesellschaft, daß ein jeder in den Lebensgewohnheiten und Sitten der wirtschaftlichen und sozial nächsthöheren Schicht ein erstrebenswertes Ziel sieht. Es gibt hier kein Standesbewußtsein, kein inneres Verhältnis zum Beruf mehr. Das Emporsteigen auf der sozialen Stufenleiter wird ohne Rücksicht auf die objektive persönliche Eignung und das Gemeinwohl als ein in sich erstrebenswertes Gut gewertet. Die Berufszugehörigkeit bietet nur noch die äußere Unterlage zur organisatorischen Zusammenfassung, der gemeinsame geistige Inhalt aber ist die Klasse. Endlich birgt die kämpferische Tendenz des Klassenkampfes die Gefahr in sich, diese Einstellung zu verabsolutieren und zu verewigen. Dann wird aus dem Klassenkampf der Klassenhaß, ein ungeistiger, unsittlicher Ausbruch von Interessen- und Machtinstinkten, ein endgültiger Abfall von der echten Klassenidee, von der Richtung auf das Volksganze.

Beurteilung

Im Artikel Klasse ist hinsichtlich der Frage Klasse und „normale" Gesellschaftsschichtung ausgeführt, daß in der vom Ideal stets abfallenden Wirklichkeit unter Umständen die klassenmäßige Schichtung der Gesellschaft ein geeignetes, gegebenenfalls sogar notwendiges Mittel ist, den organischen Staatszweck zur Verwirklichung zu bringen. Damit ist auch die Beurteilung der klassenmäßigen Auseinandersetzung, des Klassenkampfes, ausgesprochen; denn das Moment der Auseinandersetzung ist in unserem Klassenbegriff notwendig enthalten. Klassenkampf ist ein Prozeß zur organischen Gesundung der Gesellschaft und, entgegen dem Marxismus, nur als solcher sinnvoll, wobei die Ursachen der innergesellschaftlichen Lebensstörung und der oft langen Dauer des Gesundungsvorgangs, also auch der klassenmäßigen Auseinandersetzung, in den wesentlichen Änderungen der Existenzbedingungen des wirtschaftenden Staatsvolks hauptsächlich zu suchen sind. Als Erscheinung eines Gesundungsprozesses im Gesellschaftskörper bewährt also die Klasse gerade durch den Kampf für eine sinngemäße Verwirklichung der organischen Staatsidee ihr Kulturwesen, die letzte Willensrichtung auf das Volksganze. Je tiefer diese Willensrichtung in den Klassenangehörigen verankert ist, desto versöhnlicher und sachlicher gestaltet sich die Auseinandersetzung, desto ferner ist der Klassenhaß und desto abgeschwächter sind die oben geschilderten seelischen Kampferscheinungen. Dann wird auch die Klasse mit Bereitwilligkeit auf die von der Staatsgewalt ergriffene Initiative zur gesetzgeberischen Umgestaltung des Kampfobjekts, nämlich des konkreten Zustands der „öffentlichen Wohlfahrt" (bonum commune) eingehen, mit anderen Worten, sie wird die Sozialpolitik unterstützen und dadurch praktisch zeigen, daß das wahre Ziel der klassenmäßigen Auseinandersetzung in der schöpferischen Einigung zugunsten eines höheren Dritten liegt, nämlich des Staats- und Volksganzen. Dies wird gesinnungsmäßig am ehesten innerhalb einer einheitlichen religiösen Weltanschauung und entsprechenden Staatsauffassung oder auf dem Untergrund eines stark entwickelten Staatsbewußtseins geschehen. Dann ist es sogar möglich, daß die Klassen ihre Auseinandersetzung innerhalb derselben weltanschaulich fundierten Partei austragen und gerade dadurch die innerpolitische Fruchtbarkeit dieser Partei steigern. Überhaupt kann das Streben der Klassen, ihren eigenen politischen Willen parteimäßig auszuwirken und in der parlamentarischen Auseinandersetzung zu betätigen, zur Weckung und Förderung des versöhnenden Volks- und Staatsbewußtseins in der Klasse beitragen, was die grundsätzliche Feindschaft der Syndikalisten als *absoluter* Klassenkämpfer gegenüber parlamentarischer Beteiligung hinlänglich erklärt.

Marxistische Auffassung

Im christlichen Sinn haben wir es mit einer aus sittlichen Motiven unter bestimmten Voraussetzungen sich vollziehenden innerstaatlichen Bewegung zur Verwirklichung des geistig-sittlichen Staatszwecks und der wahren gesellschaftlichen Natur des Menschen zu tun. Im marxistischen Sinn aber ist der Klassenkampf Erzeugnis „der" Wirtschaft, der am Lebendigen erbrachte Beweis, daß nicht der Mensch die Wirtschaft, sondern ausschließlich „die" Wirtschaft den Menschen und seine gesellschaftliche Entwicklung macht. Im christlichen Sinn empfängt ferner der auf das Staatsganze gerichtete Reformwille der Klasse seine tiefste sittliche Begründung in der Wahrheit, daß der Staat seinem Wesen nach auf das Wohl der Einzelmenschen hingeordnet ist. Indem der Marxismus dieses Verhältnis von Einzelmensch und Gesellschaft umkehrt, verneint er das wahre sittliche Wesen des Staates und folglich auch der Klasse. Der marxistische Endzustand des „vergesellschafteten", wesenhaft staat- und klassenlosen Menschen ist daher ein „Ideal", das, abgesehen von seiner

Zweifelhaftigkeit im Licht der metaphysischen Prinzipien des Marxismus, als sittliche Idee gewiß nicht christlich ist.

Liberal-ökonomische Auffassung

Das Ideal der kapitalistischen Gesellschaft, wie es die „klassische" Nationalökonomie zu sehen scheint, stellt ein Nebeneinanderwirken atomisierter, dem freien Spiel der Kräfte überlassener Einzelmenschen dar. Ein angenommenes „Naturgesetz" der prästabilierten Harmonie der Interessen soll dann das Wohl aller sichern. Da ist für ein Eingreifen gesellschaftlicher Macht weder Notwendigkeit noch Raum, also auch nicht für Staat und Klasse. In der Tat sind die nach den „Klassikern" vorhandenen Gruppen der arbeitsteiligen Gesellschaft, auf der einen Seite Grundbesitzer und Kapitalisten, auf der anderen Seite Lohnarbeiter, lediglich Zusammenfassungen unter dem Gesichtspunkt der verschiedenen Stellung im Produktionsprozeß. Daß diese verschiedene Stellung durch den Besitz bzw. Nichtbesitz der Produktionsmittel hervorgerufen ist, schafft keinen Gegensatz zwischen den beiden Gruppen als solchen, also auch keine Klassen im eigentlichen Sinn, weil der kapitalistische Produktionsprozeß als Ganzes und für sich genommen der „klassischen" Idee nach reibungs- und störungslos verläuft. Wie fremd aber auch die eigentliche Klassenbildung dem Kapitalismus der „klassischen" Idee nach ist, so eigentümlich ist sie ihm der nüchternen Wirklichkeit nach. Das seinem Gesellschaftsideal zugrunde liegende „Naturgesetz" einer vorher festgesetzten Harmonie der Interessen erweist sich als Phantom.

Schon die Organisation der kapitalistischen Gesellschaft – Produktionsmittelbesitzer, Lohnarbeiter – ist weder in ihrem Entstehen noch in ihrem Bestand die Auswirkung eines „Naturgesetzes", sondern, wenn auch nicht ausschließlich, die Auswirkung sozialer Macht. Freilich ist sich die Gruppe der Produktionsmittelbesitzer des Umstandes, daß die konkrete, jede gesellschaftliche Bindung lösende Gestaltung der öffentlichen Ordnung und des Rechts, also eine soziale Macht, ihre Interessen fördert und schützt, durchaus nicht bewußt. Sie hält vielmehr diese Gestaltung für „naturgemäß" und eine auf das „öffentliche Wohl" zielende regelnde Funktion des Staates für überflüssig und fiktiv. Um so mehr aber empfindet die Schicht der von den Produktionsmitteln getrennten Lohnarbeiter ihre Lage als Auswirkung gesellschaftlicher Macht, vor allem des tatsächlichen Staates. Und diese gesellschaftliche Machtauswirkung des tatsächlichen Staates erscheint der Arbeiterklasse unter diesen Umständen nicht als Ausfluß einer sittlich-geistigen Staatsidee, sondern eines Gruppenegoismus der herrschenden Schicht, dem es den gleichen Gruppenegoismus entgegenzusetzen gilt. Die atomistische Gesellschaftsauffassung der „klassischen" Theorie des Kapitalismus, welche die sittliche Forderung sozialer Verbundenheit der Menschen im Staat leugnet, führt zwangsläufig zur Wiederanerkennung gesellschaftlicher Macht, aber in der labilen Form des Machtausgleichs von Interessengruppen ohne die Norm höherer Einheit, also zum rein triebhaften Klassenkampf.

Indem die christliche Auffassung diese wie die marxistische Idee des Klassenkampfes mit derselben Entschiedenheit ablehnt, vermag sie anderseits, wie oben angeführt, die positive Bedeutung der Klassen und ihrer Auseinandersetzung zu würdigen. Sie kann daher in den sog. „wirtschaftsfriedlichen" Vereinigungen auf religiöser Grundlage bei aller Anerkennung der dort wirksamen religiösen Energie nicht den *absolut* gültigen Weg der christlichen Sozialidee sehen. Man muß vielmehr die Gefahr zugeben, daß solche Vereinigungen unter Umständen unter dem Druck der realen Verhältnisse zur praktischen Einflußlosigkeit und sogar zur schweren Belastung des religiösen Gedankens führen können. Es wird vielmehr gegebenenfalls christliche Aufgabe sein müssen, das sittliche Wesen der Klassen und ihrer Auseinandersetzung zu sichern, das sittliche Ziel des Klassenkampfes immer wieder zu betonen und praktisch vor allem den gegenseitigen Verständigungswillen wie auch die Macht des Staates als des über den Auseinandersetzungen stehenden Faktors zu stärken.

18.

Beruf

In: Staatslexikon der Görres-Gesellschaft, Bd. I, 6. Aufl., Freiburg i. Br. 1957, Sp. 1087–1093 u. 1099–1100. (Band II, S. 253–261).

Der Beruf als eigentümliche Besonderung im gesellschaftlichen Prozeß menschlicher Wertverwirklichung hängt mit der Arbeitsteilung in der Gesellschaft eng zusammen, und zwar so sehr, daß eine nahezu völlige Gleichstellung zwischen Arbeitsteilung und Berufs-Teilung möglich ist und zeitweise sogar schon Tatsache war. Doch bezieht sich der Ausdruck „Arbeitsteilung" auf den gesellschaftlichen Prozeß der Verwirklichung der Menschheitszwecke als solchen und auf seine objektive Durchführung, während der Beruf die Betätigung einer Persönlichkeit in diesem Prozeß ausdrückt, und zwar die besondere, dieser Persönlichkeit eigentümliche und dauernde Betätigung, regelmäßig unter Gewähr des der gesellschaftlichen Bedeutung der Betätigung entsprechenden Unterhalts.

Daraus ergibt sich: Beruf ist *Lebensbetätigung des Menschen als Person im Dienst eines Gemeinschaftszwecks und demgemäß auch Grundlage des entsprechenden Unterhalts,* d.i. Einkommensquelle. Beruf und Berufs-

Teilung sind begrifflich nur zu fassen, wenn die menschliche Gesellschaft in Analogie zum Organismus als Sozialkörper aufgefaßt wird. Außerdem ist festzuhalten, daß der Tatbestand des Berufes die in der Begriffsbestimmung enthaltenen drei Elemente, nämlich Lebensbetätigung einer Person, Dienst an der Gemeinschaft, Unterhaltsquelle, in innerer Verknüpfung umgreift.

Entwicklung des Berufsgedankens vom Mittelalter bis heute. In der Auffassung des Mittelalters sind Beruf und berufliche Betätigung „Auftrag Gottes", vocatio, officium. Das Universum und besonders das menschliche Universum, die Gesellschaft, stehen unter dem Schöpfungszweck der Verherrlichung Gottes (gloria Dei). Daher sind auch die Berufe, einzeln und in ihrer Gesamtheit, als Gliederungen und Funktionen im Sozialkörper auf jenen Schöpfungszweck hingeordnet und somit „opus Dei". Davon ist kein Beruf auszunehmen, da die christliche Auffassung den positiven Wert und die Gemeinschaftsbedeutung der Handarbeit hervorhebt.

Freilich ist die Berufung durch Gott für den Einzelmenschen und einen bestimmten Beruf für gewöhnlich nicht unmittelbar. Sie ist dadurch gegeben, daß der einzelne durch das Wirken der Zweitursachen (Familienzugehörigkeit, Herkommen, gesellschaftliche Bedürfnisse, Neigung) zu seinem Beruf gelangt. Aber gerade dadurch hat er die Sicherheit, an „seinem Ort" in der Ganzheit des gesellschaftlichen Organismus zu stehen und durch ihn und in ihm die Ehre Gottes zu verwirklichen. Denn in den Zweitursachen, die auf das Werden eines Berufes wirken, waltet die Vorsehung Gottes als Erstursache und, soweit sie freie, menschliche Ursachen sind, auch die Vorsehung der Menschen, die ihnen als gottebenbildlichen Geistwesen eignet. (...)

Im Calvinismus, wie er sich besonders als Puritanismus in angelsächsischen Ländern ausbreitete, erhielt nach *Max Weber* der Gedanke vom Beruf seine eigentlichste religiöse und ethische Prägung, nämlich die der unmittelbaren „Berufung" des Einzelmenschen durch Gott. Einsam, nur in seinem Bewußtsein als Sünder, steht der Christenmensch seinem Herrgott gegenüber, um von der Majestät seines Willens, die alle Maßstäbe der Gerechtigkeit übersteigt, die Berufung zu ewiger Auserwählung oder Verwerfung zu empfangen. Im Rückgriff auf alttestamentliches Gedankengut wird für den Menschen der Erwerbserfolg seiner irdischen Arbeit Kennzeichen des Segens Gottes und der Auserwählung sein. Deshalb arbeitet er rastlos und nur zur Ehre Gottes, d.i. im Gehorsam gegenüber dem Berufungswillen seines einzigen, nämlich göttlichen Herrn. Kein anderes Motiv bestimmt ihn; er ist in diesem Sinn „aszetisch" und trägt eine eiserne Disziplinierung, Systematisierung und Methodisierung in sein Leben hinein, das zum Mittelpunkt und Inhalt das erfolgerstrebende Arbeiten hat.

Unabhängig davon, ob der behauptete Zusammenhang zwischen einem in der geschilderten Weise religiös und ethisch hergeleiteten Gedanken des Berufes und dem „kapitalistischen Geist" besteht, ist festzustellen, daß die drei Elemente, die eingangs als inneres Gefüge des Berufes genannt wurden, beim puritanischen Christenmenschen *Max Webers* hinfällig geworden sind. Die calvinische Überspitzung des Gedankens von dem Überstieg (Transzendenz) Gottes über das geschöpfliche Sein und die calvinische, alle echte kreatürliche Ursächlichkeit aufhebende Idee von der Alleinwirksamkeit Gottes machen aus der gloria Dei in dem Berufensein des Einzelmenschen etwas ihm rein Äußerliches; die „Berufung" tritt dauernd wie ein Kommando an ihn heran; sie bereichert ihn nicht innerlich, weder in der Wertfülle der Person noch durch den inhaltlichen und formalen Gehalt des Gemeinschaftsdienstes, noch durch das Einkommen als gesellschaftliche Anerkennung der Leistung. Was *Max Weber* herausstellt, ist eigentlich kein Ethos des Berufes, sondern allenfalls der individuellen Arbeit als eines formalen Gehorsams gegen Gott, wobei dann noch jenes Ethos durch die unhaltbare Zentralstellung der Arbeit zur Verkrampfung des Menschenwesens führen kann und wohl auch führt. Die mit jenem christlichen Ethos nach *Max Weber* verbundene „innerweltliche Aszese" ist nicht echt innerweltlich, weil gerade das Überweltliche draußen bleibt, und ist nicht Aszese, weil diese nur auf dem vom Puritanismus abgelehnten Fundament eines Sinn- und Wertgefüges des Menschen selbst möglich ist, indem sie sein Tun und Lassen samt den Motiven in Kontrolle nimmt.

Die neuere Zeit bringt eine allmähliche Entleerung des Gedankens vom Beruf bis zur bloßen *Beschäftigung*. Der Grad der Entleerung nimmt um so mehr zu, je mehr die Gesellschaft Objekt des alles regierenden und auch die Arbeit verwaltenden Staates wird oder den Charakter eines mechanisch kausalen oder funktionalen, quantitativ zu messenden Zusammenhangs annimmt. Das erstere ist im Zeitalter des Merkantilismus der Fall; das zweite hebt mit der Physiokratie an, setzt sich fort in der Zeit, wo der Mensch individualistisch nur als Träger von Arbeitskraft verstanden und das „Industriesystem" von *Adam Smith* herrschend wird, und findet seinen Höhepunkt heute, unter marktwirtschaftlichen Vorstellungen nicht weniger als unter planwirtschaftlichen. Das moderne Ideal der „Vollbeschäftigung" brauchte an sich die Aushöhlung des Gedankens vom Beruf nicht einzuschließen, schließt sie aber tatsächlich ein.

Dies bedeutet, daß Beruf mit Erwerbsarbeit zusammenfällt und mehr oder weniger die drei eingangs dargelegten Elemente echten Berufes nicht mehr enthält. Nur scheinbar ist im Beruf als Erwerbsarbeit, als „Brotberuf", das dritte Element, die Einkommensquelle, noch enthalten. Denn

Einkommen hat nicht mehr den Sinn der bei der Verteilung des Sozialprodukts erfolgenden materiellen Anerkennung seitens der Gesellschaft für den durch den Menschen als Person geleisteten Gemeinschaftsdienst; Einkommen ist vielmehr jetzt ein Element der Kosten der dauernden Bereitstellung von Gütern und Leistungen im gesellschaftlichen, funktionalen Zusammenhang. Man sieht, wie z.B. dieser Einkommensbegriff unter dem Kalkül der „Grenzkosten“ der Arbeit notwendig versagen muß in der Frage des Familienlohns. Daß Beruf in der heutigen Berufsstatistik mit Erwerbsarbeit zusammenfällt, ist gewiß vom technischen Vollzug statistischer Erhebung gefordert, ist aber auch ein Beleg dafür, daß Beruf weitgehend zu reiner Beschäftigung geworden ist. Zahlreich sind die Kreise, wo man allerdings gegen den Druck gesellschaftlicher Tatsachen seelisch und sittlich die volle Idee des Berufes sich zu bewahren entschlossen ist.

Das Verständnis des Berufs in heutigen sozialen Strömungen. Der bürgerliche Liberalismus ist wegen seines Individualismus und Subjektivismus nicht imstande, das objektive Wertfundament des Berufes in der Person und in der Gesellschaft anzunehmen. An die Stelle des Berufsethos tritt das bloß formale Verantwortungsbewußtsein für den sachgemäßen Vollzug der Erwerbsarbeit, begründet vielleicht in *Kant*scher Pflichtethik oder im religiösen subjektiven Gewissen und inhaltlich bezogen je nach der historischen oder einzelmenschlichen Ideenlage auf Humanität oder Nation (Volk). Auch unter der Rücksicht, daß echter Beruf jeweils ein Statisches am Menschen, ein geprägtes Sein und auch eine gesellschaftsstrukturelle Ungleichheit der Menschen als positiven Wert und als Bedingung gesellschaftlicher Fruchtbarkeit bedeutet, stellen sich die Grundbegriffe des Liberalismus entgegen: die formale Freiheit und Gleichheit aller, dazu die Betonung der Dynamik, die im Fortschrittsglauben und speziell in der Heils- und Harmonielehre der freien Konkurrenz alle Statik, alles geprägte Sein in der Gesellschaft angreift. Der sich vom Marxismus lösende „freiheitliche“ Sozialismus von heute legt die liberale Wurzel des Sozialismus wieder frei, geht also in der Frage des Berufes denselben Weg wie der bürgerliche Liberalismus, nur daß er, organisationsgläubiger als dieser, die Zusammenfassung der Individuen nach Erwerbsarten (z.B. gewerkschaftlich) betreibt.

Der im Marxismus verbleibende Sozialismus lehnt grundsätzlich die Idee des Berufes ab. An die Stelle des Berufes tritt der auch durch die Erwerbsarbeit „vergesellschaftete Mensch“. Zugrunde liegt die allerdings von den Tatsachen widerlegte Meinung, daß die künftige technische Entwicklung eine solche Teilung und Vereinigung der Arbeitsvornahmen ermögliche, daß fast jede Beschäftigung von jedem übernommen werden könne. Im Kommunismus entfällt die Idee des Berufes schon deswegen, weil ein objektives Wertfundament in Person und Gesellschaft der „Dialektik“ widerspricht; die Berufsidee wird zu den statischen „Fremdbestimmtheiten“ des Menschen gezählt, die ihn verhindern, sich im konkreten Vollzug tätigen Lebens im „Großmenschen“ der produzierenden Gesellschaft wiederzufinden.

Verhältnis zu Amt, Stand und Arbeit. Beruf liegt auf der inhaltlichen Linie des Lebens der Gesellschaft, insofern es als solches den dauernden Vorgang der Verwirklichung der mannigfachen Menschheitszwecke (Menschheitswerte) einschließt. Amt liegt auf der formalen Linie des Lebens der Gesellschaft, insofern es als solches unbedingt einer äußeren Ordnung (Organisation) bedarf, und zwar von Institutionen, die ein ordnendes Prinzip der Leitung (Autorität) und ein System organisierender Regeln (positive Rechtsordnung) einschließen. Da nun „Leben der Gesellschaft als solches“ besagt, daß durch ihre konkret-historischen Formen hindurch die dem Menschen wesentliche Gesellschaftlichkeit sich durchhält, hängen über sie Beruf und Amt zusammen. Daher konnte Beruf, zumal beim Vorliegen organisierter Berufsgemeinschaften, im Mittelalter als „quasi-Amt“ erscheinen; umgekehrt ist der beamtete Mensch, wenn man seine Tätigkeit auf den Sinn seines Lebens als Mensch bezieht, zugleich auch berufstätig im echten Sinn. Der moderne Begriff des „Beschäftigten im öffentlichen Dienst“ entleert sowohl Amt wie Beruf.

Sowohl Beruf als auch Stand prägen das Sein der ihnen zugehörigen Menschen. Beide bringen für die ihnen angehörigen Menschen eine bestimmte soziale Geltung und Angleichung der äußeren Lebensform mit sich unter Differenzierung von anderen Berufen und Ständen. Aber Stand trägt diesen Aufbauelementen einer hierarchischen Struktur des Gesellschaftsganzen auch auf der Ebene seiner äußeren Ordnung (Organisation) Rechnung und bringt unter Umständen für die Bürger des Staates oder der Gemeinde eine Differenzierung der Rechte gemäß der Zugehörigkeit zu Ständen mit sich. Diese ständische Gliederung kann auf der Berufsgliederung beruhen, braucht es aber nicht; man denke etwa an Geburtsstände oder politische Stände. Im letzten Ursprung liegt all dem und im allgemeinsten Sinn der Gedanke der Leistungsbedeutsamkeit für die Gesellschaft zugrunde. Jede menschliche Arbeit ist Tätigkeit der Person, weil die Person in und mit ihrer Gesellschaftlichkeit zum Herrn der Welt bestellt ist. In der Berufsarbeit kommt dies gemäß den eingangs entwickelten Elementen des Berufes am vollkommensten zum Ausdruck. Zwar ist nicht jede Arbeit Berufsarbeit, sie ist aber immer Ausdruck der Herrschaft über die Welt. Die Arbeit in der notwendigen Freizeit ist allerdings Ausdruck einer freiwillig oder unfreiwillig übernommenen Minderung jener Herrschaftsstellung, wenn solche Arbeit nicht der beruflichen Ertüchtigung oder einer öffentlichen Notwendigkeit gewidmet ist. (...)

19.

Berufsständische Ordnung

In: Staatslexikon der Görres-Gesellschaft, Bd. I, 6. Aufl. Freiburg i.Br. 1957, Sp. 1124–1136. (Band II, S. 276–288).

I. Die Idee der berufsständischen Ordnung

Bis Rerum novarum (1891)

Die ersten Anfänge bis Leo XIII. Über die Wurzel der Idee der berufsständischen Ordnung (. . .) in der katholischen Soziallehre des 19. Jahrhunderts gehen die Meinungen auseinander, zumal die Idee selbst mannigfache Abtönungen aufweist. Bezeichnend ist jedenfalls, daß es *praktisch* eingestellte Kreise katholischer Moraltheologen und Männer des öffentlichen Lebens sind, von denen die Idee der berufsständischen Ordnung verhandelt wird, bevor sie mit *Leo XIII.* in den Blick des höchsten Lehramts der Kirche tritt.

Dieser Zusammenhang der Idee der berufsständischen Ordnung in katholischen Kreisen mit den praktischen Problemen der vom beginnenden Industrialismus aufgeworfenen Fragen schließt es aus, daß man, wie es oft geschieht, *nur* einen Einfluß der Romantik, besonders *Adam Müllers,* am Werk sieht. Die romantische Intuition vom „Lebendigen", von „Gegensätzlichkeit" und „Gliedhaftigkeit" als seinen Strukturgesetzen konnte, auf das gesellschaftliche Leben übertragen, zwar wertvolle Tiefsichten vermitteln, mußte aber unfruchtbar bleiben, wo immer man wirkliche Gestaltung im Politischen und Gesellschaftlichen wollte. Denn hier mußte und konnte die Idee der berufsständischen Ordnung nur beim Rückgriff auf Mittel- und Zweckverhältnisse innerhalb der von der Vernunft geformten und geordneten Gesellschaft sich einstellen und sich empfehlen. Die Idee ständischer Ordnung bei *Adam Müller* aber ist von solcher Begründung weit entfernt; Stände bedürfen nach ihm überhaupt keiner rationalen Begründung, sie sind Gebilde des Lebens, geschichtliche Vorgegebenheiten.

Auch eine von der Romantik vermittelte Begeisterung für das Mittelalter kann man nicht als maßgebliche Triebfeder der Idee der berufsständischen Ordnung bei ihren ersten katholischen Vertretern annehmen. Sie alle waren gewiß dem geschichtlich Gewordenen zugewandt, schon deshalb, weil die Angriffe darauf von einem Liberalismus kamen, dessen Fortschrittsglaube meist eine betont antireligiöse und antikirchliche Note hatte. Aber das vorhandene geschichtlich Gewordene, das man bewahren, aber auch der neuen Zeit anpassen wollte, wies schon aus sich noch genug gegenwärtige ständische Elemente auf, vor allem auf dem agrarischen und handwerkerlich-gewerblichen Sektor. So stellte sich von selbst der Gedanke einer Neubelebung dieser Elemente ein, um den gesellschaftlich zersetzenden Wirkungen des neuen „Industrialismus" entgegenzutreten. Bei den adeligen katholischen Vertretern der berufsständischen Ordnung, sei es in der Donaumonarchie und in Deutschland, sei es in Frankreich und Belgien, ist dies überhaupt naheliegend; aber auch die damalige Sozialstruktur der katholischen Schweiz mochte eine ähnliche Richtung reformerischer Bestrebungen empfehlen. Was daraufhin an Gedanken aus diesen Kreisen und Zirkeln nach Rom gelangte, wurde in einem „römischen Studienzirkel" bereitwillig aufgenommen. Der eigene Beitrag italienischer Kreise dürfte zunächst nicht so groß gewesen sein, einmal, weil die sozialen Probleme in Italien sich langsamer ins Bewußtsein drängten, und dann, weil die geistige und materielle Lage katholischer Bestrebungen im damaligen Italien durch die Übermacht des vordringenden Liberalismus schwer beeinträchtigt war. *Leo XIII.* zehrte als Papst und in seiner vorpäpstlichen Zeit von den Erfahrungen des Auslandes, und die allerdings überragende Figur des Soziologen und Jesuiten *Taparelli* wirkte nach seinem Tod mehr in den grundsätzlichen Fragen des *Staates* und seines Aufbaus nach als in Fragen *gesellschaftlicher* Reform gegenüber dem neuen Industrialismus.

Ganz allgemein kann man also sagen, daß die Idee der berufsständischen Ordnung ihren ersten katholischen Vertretern sich nahelegte, weil das von ihnen erfahrene geschichtlich Gewordene noch genug ständische Elemente enthielt, die man der neuen Zeit anpassen und jedenfalls bewahren wollte. Bezeichnend hierfür ist einer der maßgeblichen Wortführer, *Karl von Vogelsang.* Ihm, dem Mecklenburger und ehemaligen Mitglied der ritterschaftlichen Stände seines Geburtslandes, ist die Idee der berufsständischen Ordnung einfachhin ein Bestandteil des auf ihn überkommenen Bildes einer wahren Gesellschaftsordnung. Die Abneigung gegen jeglichen Individualismus und Rationalismus kommt aus den gleichen Ursprüngen noch hinzu. Als Konvertit übt er von Wien aus einen maßgeblichen Einfluß auf die sozial-reformerischen Bestrebungen der katholischen Kreise in der österreichischen Monarchie, in Deutschland und in der Schweiz aus und knüpft auch Beziehungen zu Gleichgesinnten in Frankreich. Da ihm eine eigentliche philosophische und theologische Schulung abgeht, verwandeln sich ihm die *historischen* Kategorien der von ihm erfahrenen Ständeordnung sehr leicht in *metaphysische.* Bezeichnend hierfür ist die wenig positive Rolle, die bei *Vogelsang* für den *Staat* im System der Stände übrigbleibt. Seine spätere Einstellung zu jenen Bestrebungen katholischer Reformer, die von der Idee der berufsständischen Ordnung abgehen werden, hängt mit dieser Minderbewertung des Staates als solchen eng zusammen. Jedenfalls aber ist *Vogelsang* der beste Beweis für die Tatsache, daß die Idee der berufsständischen Ordnung bei ihren ersten katholischen Vertretern sehr stark mit deren eigenen geschichtlichen und aktuellen Erfahrungen zusammenhängt, ein Moment, das zu berücksichtigen ist, will man nicht der berufsständischen Ordnung Ziele unterstellen, so z. B. die Verdrängung des Staates, die sie nicht verfolgt.

Das Fehlen der berufsständischen Ordnung in Rerum novarum. Die Zeit unmittelbar vor dem Erscheinen von *Rerum novarum* zeigt die obengenannten Zirkel und Kreise in voller Tätigkeit, den Papst durch Denkschriften und Berichte über ihre Debatten zu informieren. Besonders der Protektor des inzwischen international gewordenen Kreises in Freiburg (Schweiz), Bischof *Mermillod,* zusammen mit dem späteren Kardinal *Jacobini* in Rom, nahm unmittelbaren Kontakt mit *Leo XIII.* auf. Unter diesen Umständen ist es verwunderlich, daß der endgültige Text des 1891 veröffentlichten Rundschreibens auf die Reformidee der berufsständischen Ordnung jedenfalls direkt nicht eingeht. Was mag da vorgegangen sein? Neuere Forschungen – wir berufen uns auf die von *L. v. Hertling* veröffentlichte Geschichte der katholischen Kirche in den Vereinigten Staaten – scheinen zu belegen, daß unmittelbar vor der Enzyklika der Papst sehr unter dem Eindruck der sozialen Berichte des amerikanischen Kardinals *Gibbons* stand. Diesem aber war die Idee der berufsständischen Ordnung völlig fremd; ihm kam es lediglich darauf an, daß die Kirche ein besonderes Interesse an den Ärmsten der Armen – das waren für ihn die Arbeiter – kundtat.

Entscheidend aber dürfte gewesen sein, daß andere katholische Kreise, besonders in Westdeutschland und Belgien, das soziale Problem des neuen Industrialismus anders sahen als die Männer der Idee der berufsständischen Ordnung. Die letzteren waren im Grunde genommen entschlossen, die Situation des von jeder Sicherung im Eigentum völlig gelösten Arbeiters nicht hinzunehmen. Die Idee einer berufsständischen Struktur der Wirtschaftsgesellschaft sollte gerade auch in diesem Punkt helfen; z. B. findet sich in den sog. „Thesen von Haid", aber auch in den „Thesen von Mainz" der Gedanke, daß ein Teil des investierten Kapitals jeweils von Unternehmern und Arbeitern gemeinsam verwaltet werden sollte, um aus seinem Ertrag den Arbeiter für die Wechselfälle des Lebens zu sichern, eine Vorstellung, die freilich von anderen Betriebsgrößen als den heute innerhalb derselben Branche gegebenen ausgeht. Bekannt ist in diesem Zusammenhang der Streit *Vogelsangs* mit dem Moralisten *P. Lehmkuhl* S. J.: *Vogelsang* verteidigte den Lohnvertrag als einen Gesellschaftsvertrag und faßte der Idee nach beide Vertragskontrahenten als Partner des Berufsstandes auf.

Die anderen katholischen Kreise nahmen die Tatsache des vom Produktionsmittelbesitz und der direkten oder indirekten Sicherung in ihm getrennten Arbeiters als gegeben hin und hielten sie jedenfalls mit der personalen Natur des Lohnvertrags nicht für unvereinbar. Die Lebenssicherung des Arbeiters konnte dann also entweder nur aus hinreichendem Arbeitseinkommen erreicht werden oder mußte durch kollektive Maßnahmen der Selbsthilfe (Gewerkschaften) und auch durch Initiativen der staatlichen Gesetzgebung (beispielsweise Arbeiterschutz, Pflichtversicherung) verwirklicht werden. Es scheint, daß die von diesen Kreisen und ihren Tagungen, besonders in Belgien, ausgehenden Beschlüsse auf den Papst entscheidenden Einfluß ausgeübt haben, so daß er formell von der Idee der berufsständischen Ordnung im Rundschreiben Abstand nahm. Damit ist nicht gesagt, daß er nicht persönlich ein Anhänger dieser Idee war. Nur dürfte er, ähnlich wie in Deutschland *Franz Hitze* und Bischof *von Ketteler,* unter den damaligen Umständen zu der Ansicht gekommen sein, daß bei dem tatsächlich gegebenen völligen Auseinandertreten der Partner des Lohnvertrags ein wirksames Funktionieren berufsständischer Ordnung nicht zu erwarten sei. Man mußte die Partner des Lohnvertrags darauf verweisen, nach den Normen der Gerechtigkeit in eigenen und getrennten Organisationen ihre Interessen zu vertreten.

In jene Richtung dürften auch Einflüsse gewirkt haben, die aus Österreich kamen, dort die Anfänge der christlich-sozialen Partei charakterisierten und sich in einem gewissen Gegensatz zu den adelig-konservativen Vertretern sozialreformerischer Bestrebungen befanden. Diese konservativen Vertreter gingen so weit, die anderen katholischen Sozialreformer in Rom anzuklagen. Es steht heute fest, besonders nach dem Erscheinen von *F. Funders* Selbstbiographie, daß neben dem damaligen Apostolischen Nuntius in Wien auch der von *Leo XIII.* sehr geschätzte italienische Soziologe *Giuseppe Toniolo* die Wiener Richtung der Christlich-Sozialen gegen solche Anklagen verteidigte. Damit dürfte auch *Toniolo* den Standpunkt gewählt haben, daß die berufsständische Idee in Anbetracht der moralischen und sachlichen Verhältnisse der neuen industriellen Gesellschaft zunächst nicht durchführbar sei.

Quadragesimo anno (1931) und nachher

Die Wiederbelebung der Idee der berufsständischen Ordnung. 40 Jahre später erscheint die Sozialenzyklika *Quadragesimo anno Pius XI.* In ihr nimmt die Ordnungsidee der berufsständisch gegliederten Gesellschaft einen hervorragenden Platz ein. Der *unmittelbare* Ausgangspunkt des päpstlichen Reformgedankens ist, daß die Klassengesellschaft überwunden werden müsse, d.h. jene Gesellschaft, die sich nach der Stellung der Menschen auf dem Arbeitsmarkt in zwei feindliche Lager zu zerklüften droht. Der *mittelbare* Ausgangspunkt aber ist die Feststellung der Enzyklika, daß die Gesellschaft der „in sich nicht ungerechten kapitalistischen Wirtschaftsweise" in Gefahr ist, einer unheilvollen Vermachtung zu verfallen. Bezogen auf die 40 Jahre vorher erschienene Enzyklika *Rerum novarum* und ihre Lehre von der Ordnung der Gesellschaft, heißt dies, daß der Gang der kapitalistischen Wirtschaftsweise sowohl die gesamtgesellschaftliche Ordnungsfunktion der Familie wie auch die des Privateigentums und des Staates, vor allem aber die interdependente Wirkweise dieser drei wesentlichen Ordnungsinstitutionen durch paralysierende Vermachtungsvorgänge anonymer Art schwer geschädigt hat. Die Hoffnungen, die Sicherung im Eigentum beim ausschließlichen Bezieher von Arbeitseinkommen durch anderweitige Veranstaltungen sichernder Art (Sozialpolitik) ersetzen zu können, haben *unter dem Gesichtspunkt der rechten Ordnung der Macht in der Gesellschaft* enttäuscht. Sie haben besonders in der Richtung enttäuscht, daß jene bloß ersetzenden Maßnahmen der Sozialpolitik gerade die Ordnungsinstitution des *Staates* sowohl wie die der *Familie* ungünstig beeinflußten. Der Papst drückt das Ergebnis mit den Worten aus, die Gesellschaft sei gestaltlos, amorph geworden. Familie und Staat sind nicht mehr die naturgemäßen Träger von Ordnung und Macht im gesellschaftlichen Leben. Die vom Eigentum getrennte Familie ist – auch zufolge einer fortschreitend individualistisch orientierten Sozialpolitik – nur noch eine schwache Einheit, und der Staat ist – auch durch eine dem Eigentum fortschreitend ungünstige und immer mehr auf Nivellierung der Einkommen gerichtete Steuer- und Sozialpolitik – zum Kampfobjekt der Gruppen entgegengesetzten Interesses geworden; von sich aus scheint der Staat weder Ordnung noch Macht zu sein.

Die Wiedereinführung der Idee der berufsständischen Ordnung durch *Quadragesimo anno* geht also im Licht der Zeitverhältnisse auf Überlegungen zurück, die vor *Rerum novarum* im katholischen Lager lebendig waren. Die damalige Angst vor der Gestaltlosigkeit der Gesellschaft durch das Herausfallen einer ganzen Schicht, nämlich der modernen Arbeitnehmerschaft, aus direkter oder indirekter Sicherung im Eigentum stellt sich nach 40 Jahren immer noch als sehr begründet heraus, ja bei der heute drohenden Vorherrschaft künstlicher Machtgebilde in der Gesellschaft als alarmierend. Daß nunmehr der Papst *das gesellschaftliche Gestaltproblem* vor die sozialpolitischen Bestrebungen rückt, ist bemerkenswert, zumal er ja deren Berechtigung und Erfolge unter bestimmten Rücksichten und in bestimmten Grenzen durchaus im Rundschreiben anerkennt. Ihm geht es um die Gestaltwerdung der Gesellschaft durch Stärkung und Wiederbelebung aller ihrer wesentlichen oder naturgemäßen *Träger von Ordnungsmacht,* wozu eben auch der Berufsstand, ähnlich wie die Gemeinde, nach der Enzyklika gehört. Damit ist aber auch gesagt, daß *Pius XI.* das mit der menschlichen Gesellschaftlichkeit verbundene Eigentumsproblem ebenfalls in die Überlegungen um die Idee der berufsständischen Ordnung einbezieht; mit anderen Worten, die Idee der berufsständischen Ordnung soll zu ihrem Teil auch einen Beitrag zur direkten oder indirekten gesellschaftlichen Sicherung des Menschen und seiner Familie im Eigentum miteinschließen (z.B. Maßnahmen zur Erleichterung des Erwerbs an Wohnungs- oder Hauseigentum). Für den Staat aber erhofft sich der Papst davon eine Befreiung von der ständigen Bedrohung durch die Gruppen der Interessenten und die Zurückführung zu seiner naturgemäßen Aufgabe als Ordnungsmacht.

Die Aufnahme der Idee der berufsständischen Ordnung im modernen Katholizismus (Europa und die USA). Die Aufnahme des Kerngedankens der berufsständischen Ordnung ist zwar überall sehr lebhaft gewesen, hat aber zu praktischen Ergebnissen in katholischen Kreisen selten geführt. Dort, wo die Sozialpolitik im wesentlichen, wie oben angedeutet wurde, als gesellschaftliche *Einkommenssicherung* für alle Fälle des Lebens betrachtet wird (und dies war in den meisten europäischen Ländern der Fall), war es nicht nur gedanklich, sondern auch praktisch schwierig, sich auf das gesellschaftliche *Gestaltproblem* und auf die Neubetonung des Eigentumsgedankens, die vom Beginn des Industrialismus an mit der Idee der berufsständischen Ordnung verbunden war, umzustellen. Die weitere Entwicklung, die die Sozialpolitik seitdem und besonders seit dem zweiten Weltkrieg genommen hat, dürfte diese ungünstige Lage für eine praktische Berücksichtigung des Gedankens der berufsständischen Ordnung nur noch verschärfen. Erst wenn die heute geradezu auf dem Glauben an eine ständig steigende Konjunktur aufgebaute Sozialordnung in ihrer Brüchigkeit erkannt ist, wird man auch der Idee der berufsständischen Ordnung und ihrem Zusammenhang mit der Sicherung des Menschen im Eigentum mehr Beachtung schenken.

Es besteht kein Zweifel, daß der da und dort aufgetretene Mißbrauch der berufsständischen Ideen der Enzyklika zu rein politischen, sehr aktuell gemeinten Zielsetzungen der Wirkung der päpstlichen Gedanken viel geschadet hat. In den USA ist die Diskussion um diese Teile des Rundschreibens zwar ebenfalls, wie in Europa, sehr lebhaft gewesen, aber zweifellos noch weniger praktisch fruchtbar als hier. Der bekannte katholische Nationalökonom *Bernhard W. Dempsey* meint, daß die Grundbegriffe und zentralen Gedanken weitgehend unbekannt waren und sind. So sei es gekommen, daß ein jeder für seine Ideen und Ziele auf dem Gebiet der Sozialreform die Enzyklika für sich in Anspruch genommen habe. Immerhin gebe die Enzyklika auch unter dem Gesichtspunkt nordamerikanischer Verhältnisse Anlaß, zu überprüfen, ob die sozialen Fortschritte hinsichtlich der Angleichung der Einkommen aneinander nicht auf einem Weg erreicht worden seien, der dem Gedanken der Enzyklika nicht entspreche, nämlich auf dem Weg über die aufs höchste ausgedehnte

Steuermacht des Staates, während die Enzyklika auf eine bessere Struktur der Gesellschaft ziele. Auch sei die Überwindung der Gegensätze zwischen Kapital und Arbeit in den USA nicht so sehr durch eine im Sinn der Enzyklika liegende Gemeinschaftsordnung mit Erfolg angestrebt worden als vielmehr durch einen sehr starken und andauernden Einsatz der *staatlichen* Gesetzgebung und Verwaltung zugunsten der Arbeiter-Organisationen. Abgesehen von diesem Urteil *Dempseys,* wird man auch sagen müssen, daß die Idee der berufsständischen Ordnung als einer autonomen Ordnung *öffentlichen Rechts* dem angelsächsischen juristischen Denken ferner liegt als dem kontinentalen. Allerdings ist hinzuzufügen, daß es im Kern dieser Lehre der Enzyklika ja nicht um historische Kategorien geht, sondern um naturrechtliche Positionen, die wenigstens inhaltlich in jedem wahren Rechtssystem ihren entsprechenden Ansatzpunkt haben müssen.

Ab und zu begegnet man auch in den USA selbst in katholischen Kreisen dem Gedanken, die Idee der berufsständischen Ordnung sei etwas „Undemokratisches“, etwas, was „Feudalzeiten“ angehöre; zudem sei sie verhüllter Kollektivismus und sei nicht wahrhaft „liberal“ (*P. M. Boarman*). Solchen Auffassungen wäre entgegenzuhalten, daß ja nach der Enzyklika auch die berufsständische Ordnung in der Verkehrswirtschaft den freien Wettbewerb wegen der gesamtgesellschaftlichen Ordnungsfunktion des Privateigentums bejaht, und zwar um der Herrschaft anonymer Machtgruppen anstelle persönlich verantwortlichen Eigentums entgegenzutreten. Dies folgt gemäß *Quadragesimo anno* aus dem naturrechtlichen Sinn der gesamtgesellschaftlichen Ordnungsfunktion der Einrichtung des Privateigentums. Er wird übersehen, wo immer man (beispielsweise in Aktiengesellschaften) leichthin den Aktionär wenigstens praktisch zum Obligationär werden läßt oder wo man bei Großunternehmungen die Herrschaft der Manager „demokratisch“ unbedenklich findet, weil heutzutage „public relations“ für den dauernden Kontakt der Unternehmungsführung mit dem Konsumenten und seiner angeblich entscheidenden Herrschafts- und Kontrollstellung sorgten.

II. Zur Theorie der berufsständischen Ordnung

Berufsständische Ordnung und das Problem der Machtordnung in der Gesellschaft

Die Macht als positives Element. Zunächst gehört die berufsständische Ordnung in den Kreis der *Machtordnungsprobleme* innerhalb der Gesellschaft. Damit setzt sie sich von der liberalen Auffassung menschlichen Zusammenlebens ab. Wer Macht innerhalb der Gesellschaft ordnen will, gibt damit zu erkennen, daß er das Machtelement an sich als ein positives Element ansieht, das allerdings der Ordnung bedarf. Genau dies ist der Standpunkt der Enzyklika *Quadragesimo anno* und der ihr zuzuordnenden Sozialphilosophie. Dies hängt mit dem Ausgangspunkt jener Sozialphilosophie zusammen, wonach alle äußere Ordnung (Organisation) gesellschaftlichen Lebens die innere Struktur menschlicher Gesellschaftlichkeit zu wahren und zu fördern hat. Diese Struktur aber ist die innere Zuordnung der Menschen als Personen zueinander, somit auch der Menschen als Träger von Personenrechten und somit auch als Träger von Macht, deren Zusammenleben auf die Menschheitszwecke hin der Machtordnung bedarf.

Die Macht im mechanischen Ordnungsdenken des Liberalismus. Dem Liberalismus liegt eine andere, die rationalistisch-individualistische Auffassung menschlicher Gesellschaftlichkeit zugrunde. Er wird deshalb immer die Unterstellung des Menschen unter gesellschaftliche Macht als ein an sich zu vermeidendes und tunlichst zurückzudrängendes Element betrachten und sieht gerade unter dieser Rücksicht in den Personrechten die Freiheit als Abwesenheit von gesellschaftlicher Machtunterwerfung. Das Hauptmittel dafür ist, die gesellschaftliche Macht und ihre Ausübung mechanischen Regeln zu unterstellen und dadurch zu neutralisieren. Das im Zusammenhang mit dem Problem der berufsständischen Ordnung heute am meisten naheliegende Beispiel ist die Idee des Liberalismus von der Wirtschaftsordnung. Hier gilt geradezu, daß Wirtschaftsordnung und individuelle Freiheit nur dann vereinbar sind, wenn die Wirtschaft der gesellschaftlichen Macht entzogen und der Selbstregulierungsmechanismus des freien Marktes wiederhergestellt wird.

Ohne daß mit Berufung auf die Enzyklika als eine lehramtliche Äußerung eine Diskussion der offenen Probleme abgeschnitten werden soll, darf festgestellt werden: Das im sog. Neoliberalismus vorliegende Modelldenken in der Kategorie der „vollkommenen Konkurrenz" ist auch erkenntnistheoretisch und nicht nur sozialphilosophisch auf einer anderen Ebene als das Ordnungsdenken von *Quadragesimo anno.* Das erstere hält sich völlig in der Sphäre hypothetischer logischer Zusammenhänge und arbeitet mit der Annahme einer wertfreien Gegenständlichkeit, während das zweite sich unmittelbar in der durch ein *objektives Wertziel* mit entsprechenden Mittel-Zweck-Beziehungen grundlegend geordneten gesellschaftlichen Wirklichkeit der Wirtschaft bewegt. Wer also vom Standpunkt des Neoliberalismus aus Widersprüche in den Ordnungsideen der Enzyklika feststellen möchte, wird jenen grundsätzlichen Unterschied in der Ausgangsstellung beachten müssen und dann den entscheidenden Satz der päpstlichen Lehre richtig verstehen: Die rechte *Ordnung* der Wirtschaft kann nicht dem freien Wettbewerb anheimgegeben werden. In der Tat kann Wirtschaftsordnung nur objektive Zielordnung und nicht mechanisch sein.

Das Subsidiaritätsprinzip und das Machtproblem. Schließlich erlaubt die Feststellung, daß die berufsständische Ordnung in den Kreis der Machtordnungsprobleme innerhalb der Gesellschaft gehört, eine Klärung des von der Enzyklika ausgesprochenen Subsidiaritätsprinzips. Da verschiedene wesentliche oder naturgemäße Machtordnungen in der Gesellschaft von *Quadragesimo anno* positiv anerkannt werden (Familie, Staat, Gemeinde und Berufsstand; auch der Hinweis auf internationale Einrichtungen fehlt nicht), erfüllt das Subsidiaritätsprinzip die Aufgabe, die *Kompetenzregel* unter den verschiedenen Machtordnungen auszusprechen. Das Subsidiaritätsprinzip hat also nicht, wie die liberalen Ausleger wollen, die Aufgabe, Machtordnungen nur im Rahmen des Unvermeidlichen zuzulassen, weil die Freiheit des Individuums vorangehe. Vielmehr ist um der Entfaltung menschlicher Gesellschaftlichkeit willen eine Mehrheit von Machtordnungen sachlich notwendig, wobei lediglich deren Zuordnung grundsätzlich zu regeln ist, was durch das Subsidiaritätsprinzip geschieht. Aus diesem Grund ist es auch in seinem Inhalt zu verstehen. Da es sich nämlich um die Organisierung der personalkonstituierten menschlichen Gesellschaftlichkeit handelt, ist klar, daß die Zuständigkeit gesellschaftlicher Machtordnungen an sich beim engeren Kreis anfängt und sich dann in dem Maß auf weitere Kreise ausdehnt, als die jeweils Beteiligten nicht zur Schaffung einer gesellschaftlichen Ordnung in der Lage sind. So wird im Verhältnis der Machtordnungen zueinander und innerhalb der Machtordnungen der Grundsatz gewahrt: soviel Freiheit, wie möglich – soviel Bindung, wie nötig. (...)

Aufgaben der berufsständischen Ordnung

Berufsständische Ordnung und Privatinitiative. Da den Berufsständen die Gemeinwohlswahrung innerhalb der gesellschaftlich zu verwirklichenden Kulturgebiete obliegt, ist klar, daß sie nicht die unmittelbare Verwirklichung kultureller Zwecke und Werte zu übernehmen haben. Dies ist vielmehr Sache der persönlichen, freien Initiative der Menschen und ihrer in Freiheit zu bildenden Gruppen. Deshalb kann beispielsweise in der Wirtschaft der Berufsstand niemals die Unternehmungen (Betriebe) und Haushaltungen ersetzen; er setzt sie vielmehr voraus und sichert ihnen von der Gesellschaft her die Bedingungen freien Wirkens. Er setzt sie auch voraus in ihrer gegenseitigen wesentlichen Zuordnung als Veranstaltung von freien Menschen, deren Nutzung materieller Güter wesentlich auf der Privateigentumsordnung ruht und deshalb auch in der Verkehrswirtschaft auf dem freien Wettbewerb. Alles dies kann der Berufsstand nicht aufheben, er kann es nur im Sinn der ihm zukommenden Gemeinwohlswahrung *ordnen.*

Berufsständische Ordnung und Staat. Der Berufsstand und die Einheit der Berufsstände können auch den Staat nicht ersetzen. Denn sie würden gegen ihre eigene Natur der Gemeinwohlswahrung verstoßen, weil ja auch der Staat ein Glied, und zwar ein wesentliches und unter bestimmter Rücksicht auch letztentscheidendes Glied, in der Gemeinwohlswahrung ist. Deshalb können zwar die Berufsstände den Staat und seine Gesetzgebung in Anspruch nehmen, um selber ins Leben zu treten, aber sie müssen auch bereit sein, daß der Staat ihre Maßnahmen unter dem Gesichtspunkt der harmonischen Wahrung der menschlichen Personrechte und des Bestandes des Volksganzen prüft. Dies gilt unbeschadet der Autonomie, die den Berufsständen als eigengearteten Trägern der Gemeinwohlswahrung von Natur aus und nicht durch staatliche Delegation zukommt. Aus dem Gesagten ergibt sich auch, daß die Existenz von Berufsständen und ihrer Ordnungsfunktion die Eigenart des Staates und seiner Ordnungsfunktion keineswegs berührt. „Ständestaat" und die Idee der berufsständischen Ordnung der Gesellschaft haben daher nach der Enzyklika nichts miteinander zu tun; die Frage der Staatsform bleibt offen.

Spezielle Aufgaben. Hierhin gehört zweifellos der ganze Bereich der ordnenden Einflußnahme auf die Berufsausbildung und auf die Wahrung der Berufsehre. In der Wirtschaft besonders ist die Einflußnahme auf die Nachwuchsfrage sehr naheliegend. Vor allem gehören hierher alle Aufgaben, die es mit dem *Gestaltproblem* der Volkswirtschaft zu tun haben, sei es in räumlicher, sei es in zeitlicher Hinsicht. Die berufsständische Ordnung der Wirtschaft vermittelt jedenfalls besser die Optik des Ganzen der volkswirtschaftlichen Zusammenhänge als das immer abstrakte Denken in Markt- und Preisrelationen. Unterstützt von der heutigen Verfeinerung statistischer Methoden, ist die berufsständisch geordnete Wirtschaft in der Lage, das *Werden* der Märkte durch *Rahmenregelung* zu beeinflussen, zur Verbesserung der Kosten- und Preiskalkulation beizutragen und eine gesunde Verhältnismäßigkeit im volkswirtschaftlichen Preisgefüge zu sichern. Damit leistet sie einen wichtigen Beitrag zur gerechten Einkommensverteilung. Denn keineswegs ist es ihre Aufgabe, Preise und Löhne unmittelbar festzusetzen oder gar die Investitionen zu dirigieren. Aber auch auf letzterem Gebiet kann sie Einfluß auf eine volkswirtschaftlich günstige zeitliche Verteilung der Investitionen nehmen und dadurch u. a. auch für die Stabilität der Währung wirken.

Menschliche Voraussetzungen der Aufgabenerfüllung durch die berufsständische Ordnung. Für die Erfüllung ihrer Aufgaben ist die berufsständische

Ordnung genauso wie jede andere Sozial- und Wirtschaftsordnung auf die entsprechende Gesinnung der Menschen angewiesen. Hier handelt es sich vor allem um das Verantwortungsbewußtsein für die Wahrung des Gemeinwohls. Es ist nicht recht ersichtlich, weshalb man diese Bewußtseinslage heutiger Menschen gerade für die berufsständische Ordnung als Problem stellt. Denn auch jede andere Ordnung, die man als dem modernen Menschen angemessener ansieht, ist ohne entsprechende moralische Verantwortlichkeit für das Gemeinwohl nicht durchführbar. So ist zu sagen, daß auch die nach neoliberaler Wirtschaftsverfassung unter starker „marktkonformer" Wirtschaftspolizei stehende „freie Konkurrenz" höchste moralische Anforderungen an den Gehorsam der beteiligten Menschen stellt, zumal sie ja nach Voraussetzung von der Ordnung des Marktmechanismus sich tragen lassen müssen.

Es ist ferner auch richtig, daß in der Idee der berufsständischen Ordnung stabilisierende Tendenzen in der im übrigen positiv zu wertenden Dynamik des Geschehens kräftig zum Ausdruck kommen. Aber ist dies der Bewußtseinslage des modernen Menschen so fremd? Auch er will „stehen" („Stand") und einen „Ort" in der Gesellschaft haben; er will nicht dauernd getrieben werden.

Schließlich ist das heutige Streben, im „Sozialrecht" den „Interessengruppen" eine Ausrichtung auf das Gemeinwohl zu geben, genau das gesellschaftliche Gestaltproblem der päpstlichen Lehre von der berufsständischen Ordnung.

20.

Irrwege der Sozialpolitik

Aus: Art. Ordnung der menschlichen Gesellschaft. In: Rheinischer Merkur 6. Jg. (1951), Nr. 41. (Band II, S. 363f.).

Es ist nun bei Gelegenheit der Debatten über das *wirtschaftliche Mitbestimmungsrecht* der Arbeiter im Betrieb vielfach gesagt worden, die bisherige Sozialpolitik habe den Charakter einer reinen Betreuungsaktion gegenüber dem Arbeiter gehabt und erst das erwähnte Mitbestimmungsrecht nehme den Arbeiter gewissermaßen für voll und betrachte auch ihn neben dem Unternehmer als wahres Subjekt der Wirtschaft. Besonders Kreise des französischen sozialen Katholizismus pflegen die Sozialpolitik der Katholiken in anderen Ländern, zumal in Deutschland, in dieser Weise abzuwerten. Es ist unerfindlich, wie eine solche Auffassung mit den Tatsachen übereinstimmt und vor allem mit der Auffassung, die die Kirche von der von *Rerum novarum* mit inspirierten Sozialpolitik hat. In

Quadragesimo anno ist jedenfalls der Sinn jener Politik klar umrissen: „rechte Eingliederung" der Arbeiterschaft in die moderne Gesellschaft und die der Arbeiterschaft „gebührende Achtung und Wertung". Dies alles klingt doch nicht nach bloßer Betreuungsaktion. Dies war eben unsere Sozialpolitik nicht.

Gewichtiger ist eine andere kritische Überlegung, nämlich: die Sozialpolitik hat den Gegensatz der sozialen Klassen nicht überbrückt, hat die Klassenspaltung nicht beendet. Wer unsere gegenwärtige Situation überschaut, wird jener Behauptung ihr Gewicht lassen müssen. Für die vergangenen Jahrzehnte mag allerdings beachtet werden, daß die Sozialpolitik mit dazu beitrug, große Teile der Arbeiterschaft an den Staat heranzuführen. Daß Zentraleuropa nach der Erschütterung des verlorenen ersten Weltkrieges die Hoffnung auf Weltrevolution, die *Lenin* – in Sorge um seine eigene sowjetrussische Schöpfung – hegte, so sehr enttäuschte, ist doch auch der Sozialpolitik zuzuschreiben, somit doch auch dem formenden Einfluß der katholischen Sozialidee. Aber die Hauptfrage ist: lag es an der Sozialpolitik als solcher, wenn sie den Klassengegensatz nicht beseitigte, oder sind da andere Gründe im Spiele? Wir sind der Auffassung, daß die Wendung zur Sozialpolitik seiner Zeit ein Beweis eines im deutschen Volke noch sehr starken Bewußtseins war, eine im Staat und seinem Zweck des Gemeinwohls verbundene Gemeinschaft zu sein. Dieses Bewußtsein war von starken religiösen und sittlichen Kräften getragen und von mancherlei Resten früherer wertvoller Sozialformen umhegt. Unser Unglück und das Unglück unserer Sozialpolitik ist, daß dieses geistige Fundament mehr und mehr zersetzt wurde. Es wurde aber zersetzt von der Vorherrschaft des Liberalismus, dessen individualistischer, mit einem rein formalen Freiheitsbegriff behafteter Grundcharakter mit echtem, objektiv fundiertem Gemeinschaftsleben unvereinbar ist. An dieser Zersetzungsarbeit waren beide Flügel des Liberalismus beteiligt, der bürgerliche und der proletarische Liberalismus, als welchen schon vor hundert Jahren auch katholische Soziologen den Sozialismus erkannten. Ja, man muß sagen, daß an jener Zersetzungsarbeit der Sozialismus mehr beteiligt war, seitdem er die Sozialpolitik als Mittel für die Durchsetzung seiner Ziele erkannt hatte und sich an ihr aktiv beteiligte. Indem er durch die Sozialpolitik entgegen den katholischen sozialen Prinzipien mehr und mehr sich seiner Idee des Versorgungsstaates annäherte, tat er dies mit machtmäßigem, mechanistischem Einfluß auf den Sektor der Verteilung des Sozialprodukts. Der Wurzelgrund der Sozialpolitik, ein starkes, auf persönlicher Verantwortung ruhendes Gemeinschaftsbewußtsein, wurde vernachlässigt, ja, indem die Sozialpolitik aus einem Mittel des Friedens ein Objekt des Kampfes wurde, wurde die Sozialpolitik geradezu eine Hemmung echten Gemeinschaftslebens. Wieviel echte Selbsthilfe im kleinen oder kleineren Lebenskreis wird heute durch manche sozialpolitische

Bestimmungen geradezu verhindert; wieviel Mangel an Verantwortungsbewußtsein kann sich heute unter sozialpolitischem Deckmantel auswirken, nicht zuletzt zum Schaden unserer Wirtschaft!

Niemand wird diese Worte als Anklage gegen die Sozialpolitik als solche auffassen, sie sind ja gerade als Verteidigung ihres echten Sinnes gemeint. Aber dies ist klar: jene Katholiken irren, die glauben, Sozialpolitik und Kulturpolitik trennen zu können. Sozialpolitik ohne umfassenden geistigen Wurzelgrund ist unmöglich. Man kann als Katholik keine Sozialpolitik betreiben, die im Sozialismus beheimatet ist. Man kann nur eine Sozialpolitik wollen, die geistig verwurzelt ist in der katholischen Welt- und Menschenauffassung. (...)

21.

Über das Mitbestimmungsrecht des Lohnarbeiters

In: Periodica 43 (1954), S. 25–31; Original lateinisch. – Anm. des Übersetzers: Das der romanischen Sprache nachgebildete Wort „con-gestio" kann sowohl „Mitwirkung" als auch „Mitbestimmung" bedeuten. Je nach dem besonderen Sinn im konkreten Kontext wird es daher mal in der ersten, mal in der letzten Bedeutung wiedergegeben. (Band I, S. 540–545).

Wir schicken voraus, daß wir hier nicht über die Regelung der verschiedenen Angelegenheiten sprechen, in denen sich heute die Lohnarbeiter beratend, ja sogar bisweilen entscheidend in die Leitung eines wirtschaftlichen Unternehmens mit den Eigentümern oder mit deren Repräsentanten teilen. Ohne auf andere Autoren näher einzugehen, findet man diese Problematik jüngst von P. *Louis Brouwers* SJ in seinem Artikel „Le problème de la cogestion" (Bulletin Social des Industriels, Dez. 53 u. Jan. 54, Bruxelles) gut dargestellt. Es sei nur vermerkt, daß auch die Lehre Papst *Pius XII.* weit davon entfernt ist, die allgemeine Idee einer Mitwirkung zu verwerfen. Im Gegenteil, sie hat sie des öfteren explizit und implizit empfohlen. Kein Wunder, denn *Pius XII.* macht sich die Worte seines Vorgängers in der Enzyklika *Quadragesimo anno* zu eigen, der, nachdem er den Arbeitsvertrag verteidigt hat, hinzufügt (Qu. a. 65): „Für den heutigen Stand der gesellschaftlichen Wirtschaft mag immerhin eine gewisse Annäherung des Lohnarbeitsverhältnisses an ein Gesellschaftsverhältnis nach Maßgabe des Tunlichen sich empfehlen. Erfreuliche Anfänge sind ja bereits gemacht zum beiderseitigen nicht geringen Vorteil, der Arbeitnehmer wie der Produktionsmittelbesitzer. Arbeiter und Angestellte gelangen auf diese Weise zu Mitbesitz oder Mitverwaltung oder zu irgendeiner Art Gewinnbeteiligung."

Solche Ziele können jedoch nicht mit gegenseitigem Vertrauen erstrebt werden, wenn nicht verschiedene Formen der Mitbestimmung bestehen, sei es auf der Basis des einzelnen Unternehmens oder auf der Basis des betreffenden Produktionszweiges oder der gesamten Volkswirtschaft. Ja, Wirtschaftswissenschaftler und Soziologen scheinen heute meistens Formen der Mitbestimmung auf der Basis der Produktionszweige vorzuziehen, besonders wenn unter den zu erstrebenden Zielsetzungen auch die Stabilität der Beschäftigung sowie die Sicherheit und das Vertrauen auf den ständigen Bezug eines wirklich ausreichenden Lohnes rangieren. Der Grund, weshalb jene Fachleute in Sachen Mitbestimmung so denken, liegt in der besonderen Eigenart der heutigen Sozialwirtschaft, die unter dem Einfluß der einzigartigen technischen Entwicklung mehr als zu irgendeiner Zeit dynamischer Natur ist und die Schicksale der einzelnen Unternehmungen im höchsten Grade voneinander abhängig macht (vgl. unter dieser Problematik Prof. Dr. Dr. *Hans Bayer*, Innsbruck: Internationale Erfahrungen, Wirtschaftstheoretische Untersuchungen, Wirtschaftspolitische Erkenntnisse; Wien 1952). Wir können daraus schließen, daß die gegenwärtige Wirtschaftsentwicklung einer gewissen Tendenz zur Mitbestimmung günstig ist, die nicht unähnlich ist der Idee einer „berufsständischen Ordnung", wie sie die Enzyklika *Quadragesimo anno* als Organisationsform auf der Basis der einzelnen Produktionszweige für die gesamte Wirtschaft vorschlägt. Eine solche Form der Mitbestimmung bezieht sich jedoch ihrer Natur nach unmittelbar zielhaft auf die Erhaltung und Förderung des Gemeinwohls der gesamten Volkswirtschaft. Sie bekräftigt sodann die Gegenstände und die rechtliche Parität der an der Mitbestimmung unter jenem umfassenden Aspekt Teilnehmenden und begrenzt sie zugleich. Der Grund dafür ist, daß durch jene Form der Mitbestimmung die ursprüngliche Eigenart des wirtschaftlichen Lebens als einer *privaten* Angelegenheit der Menschen und die privatrechtliche Struktur in den einzelnen Unternehmungen auf jeden Fall unberührt bleiben müssen, wobei Ausnahmefälle sicher nicht geleugnet werden sollen. Dieses schwerstwiegende Prinzip der Soziallehre der Kirche hebt *Pius XII.* in allen Ansprachen, in denen er das Problem der Mitbestimmung behandelt, immer hervor, und er schließt eine unmittelbare Leitung der Gesamtwirtschaft von seiten der Gesellschaft als Normalfall aus (vgl. Ansprache vom 7. Mai 1949, 3. Juni 1950, 14. September 1952).

Es ist offenbar, daß dies alles keineswegs ausschließt, daß Formen, sei es beratender, sei es entscheidender Mitwirkung, auch in der Struktur einer Einzelunternehmung rechtens existieren können, sondern sogar einschließt. In diesem Falle fragt es sich nur, wie weit sich eine solche Mitbestimmung der Lohnarbeiter erstrecken könne, denn die Worte der Enzyklika *Quadragesimo anno* „unter den heutigen Bedingungen menschlichen Zusammenlebens" deuten an, daß bestimmte personale und sachliche Voraussetzungen *erforderlich sind,* die zwar nicht oder noch nicht in allen Nationen verwirklicht sind und, wo sie verwirklicht sind, es nicht in gleicher Weise sind. Ein *Prinzip* jedoch, wie weit die Mitbestimmung der Lohnarbeiter im Hinblick auf die „heutigen Bedingungen des menschlichen Zusammenlebens" rechtens ausgedehnt werden kann, wird keineswegs konstituiert, wenn auch einige das unterstellen und behaupten, die heute in der politischen Welt vorherrschende demokratische Form würde auch auf die einzelnen Unternehmungen Anwendung finden.

Keine totale Mitbestimmung

Aus den oben zitierten Ansprachen des Papstes entnehmen wir, daß *Pius XII.*, auch wenn er Formen von Mitbestimmung in den Unternehmungen nicht abhold ist, das Recht der Mitbestimmung der Lohnarbeiter jedoch nicht auf eine *totale* Mitbestimmung ausgedehnt wissen möchte, wo also sowohl hinsichtlich der Gegenstände als auch der Art der Einwirkung volle rechtliche Parität mit den Eigentümern oder deren Stellvertretern gegeben wäre. Das will es bedeuten, wenn der Papst des öfteren das „Recht der wirtschaftlichen Mitbestimmung" zurückweist. Es liegt also im Eigentümer kraft Eigentumsrechts eine gewisse Leitungsbefugnis, die den Nichteigentümern, die dem Unternehmen durch den Arbeitsvertrag angehören, weder hinsichtlich ihrer Art noch ihres Gegenstandes zustehen kann. Diese Befugnis, wie immer man sie sich auch „unter den heutigen Bedingungen des menschlichen Zusammenlebens" mit Bezug auf ihre Ausübung durch die Gesetzgebung eingeschränkt vorstellen mag, besagt formaliter die Entscheidungsbefugnis über Sachen als eigene. Diese Befugnis darf keineswegs ausgehöhlt werden, wenn das auch selbst für den ökonomischen Bereich bei den Lohnarbeitern das Recht der beratenden Mitwirkung in Angelegenheiten von höchster Bedeutung nicht ausschließt, ja sogar das Recht, solche Entscheidungen des Eigentümers einem neutralen Schiedsrichter zur Prüfung auf ihre Vereinbarkeit mit den Sachzielen der gesamten Wirtschaft vorzulegen.

Pius XII. schärft ein, die falsche Auffassung vom Recht einer umfassenden Mitbestimmung auf seiten der Lohnarbeiter ergebe sich entweder aus einer unterstellten juridischen Natur der wirtschaftlichen Unternehmung als solcher oder aus einer unrichtigen Auffassung vom Arbeitsvertrag. Im ersten Fall wird die Unternehmung als gesellschaftlicher Zusammenschluß zurückgeführt auf die unterstellte seinsmäßige Quelle der menschlichen Gesellschaft in genere und implizit aller Einzelformen von Vergesellschaftung, nämlich auf das *Gemeinwohl* als das Totalwohl der spezifischen menschlichen Natur, das als solches gleichzeitig die ontologische Wurzel der Rechtsordnung ist. Folglich bekleidet die Rückführung auf dieses „Gemeinwohl" die einzelne Unternehmung als solche mit einer Rechtsnatur, durch die sie ein konkretisiertes „Sozialrecht“ ist, das konstitutiv alle Glieder einer Unternehmung und deren Rechte integriert, durch die sie der Unternehmung angehören, sei es auf Grund des Privateigentumsrechts, sei es auf Grund des Rechts, das aus dem Arbeitsvertrag erfließt. Auf diesem Wege gelangt man leicht zur Erstellung einer vollen rechtlichen Parität aller Glieder auf der Basis des „Gemeinwohls“ als des konstitutiven Prinzips der Unternehmung in ihrer Eigenschaft als gesellschaftlicher Zusammenschluß und zur Bejahung des Rechts auf umfassende Mitbestimmung bei den Arbeitnehmern. *Pius XII.* erkennt ein solches „Gemeinwohl“ als Wurzel aller Gesellschaftlichkeit und der Rechtsordnung nicht an, da er immer und immer wiederholt, die menschliche Person als Ebenbild Gottes sei Quelle aller Gesellschaftlichkeit und Gesellschaft sowie der Rechtsordnung. Daher kann das erste Argument für ein totales Mitbestimmungsrecht, das aus der juridischen Natur der Unternehmung abgeleitet wird, keinen Eingang in die päpstliche Lehre finden (vgl. besonders die Ansprache vom 7. Mai 1949).

Im zweiten Falle versucht man das totale Mitbestimmungsrecht der Arbeitnehmer aus der Natur des *Arbeitsvertrages* zu entwickeln. Man sagt nämlich, beide Partner im Arbeitsvertrag seien in gleicher Weise Subjekt, nicht Objekt im sozialen Leben. So weit, so gut; aber durch den um der unternehmerischen Produktion willen eingegangenen Arbeitsvertrag erleiden beide Vertragsteile im Hinblick auf ihre Subjektstellung in der gesellschaftlichen Wirtschaft aus determinierten Sachvorgängen heraus eine gegenseitige Beschränkung, insofern der Arbeitgeber sein Eigentum, der Arbeitnehmer seine Arbeitskraft bereitstellt. Da der Arbeitsvertrag auch heute nach *Quadragesimo anno* nicht gegen die Sittennorm verstößt, kann auch jene Einschränkung im Hinblick auf die Subjektstellung bei beiden Teilen nicht gegen die guten Sitten sein. Daraus folgt, daß das Recht auf totale Mitbestimmung bei den Arbeitnehmern keineswegs aus der Überlegung abgeleitet werden kann, die Subjektstellung im gesellschaftlichen und wirtschaftlichen Leben zu erneuern.

Daß jedoch der Arbeitsvertrag für den Arbeitnehmer eine gewisse Subordination und Beschränkung der Freiheit in der Unternehmung mit sich bringt, gehört zu den selbstverständlichen Folgen des Arbeitsvertrages, nicht jedoch zu seinem Wesen, da wir uns nicht im Marxismus befinden. Aber in diesem Bereich eingeschränkter Freiheit gibt es auch nach *Pius XII.* ein sehr ausgedehntes Feld für die Einräumung eines Mitbestimmungsrechts, mithin für eine Lockerung der Freiheitsbeschränkung und der Ausübung eigener Verantwortung bei den Arbeitnehmern, soweit es „für den heutigen Stand der gesellschaftlichen Wirtschaft“ tunlich und unter den notwendigen Voraussetzungen erlaubt ist. Jedoch können solche Formen der Mitwirkung niemals zu einer totalen Mitbestimmung ausgedehnt werden, weil sonst der Arbeitsvertrag in der soeben erläuterten Weise zerstört würde. Es würde nämlich beim anderen Vertragsteil eine bestimmte Qualität zerstört, wodurch auch er selbst Subjekt des gesellschaftlichen und wirtschaftlichen Lebens ist und unter deren Rücksicht er ausdrücklich den Arbeitsvertrag geschlossen hat, nämlich als Eigentümer (vgl. vor allem die Ansprache vom 3. Juni 1950, wo der Papst die Stelle in *Quadragesimo anno* über die Art und Weise, wie der Arbeitsvertrag zu „temperieren" sei, interpretiert).

V. ZUR ORDNUNG DES WIRTSCHAFTSLEBENS

22.

Die menschliche Person im Wirtschaftsleben

In: Doctor communis; acta et commentationes Pontificiae Academiae Romanae S. Thomae Aquinatis II (1945), S. 37–49; Original italienisch. (Band II, S. 417–427).

Der Mensch als *Person* begründet unter dem Gesichtspunkt des Seins und des Wertes die vollkommenste Wirklichkeit der sichtbaren Welt; denn er ist nicht nur wie die anderen Seienden eine Spur Gottes, sondern dessen Ebenbild. Genau dies drückt das innerste Wesen des personalen Seins des Menschen aus. Indem er in seiner Subsistenz Herr seiner selbst, *dominus sui* ist, ist er ein wahres Ebenbild des göttlichen Sich-selbst-Besitzens, des göttlichen dominium sui. Der Mensch ist auf Grund seiner geistigen Natur fähig und bestimmt zu einem geistigen Leben vermittels von Erkenntnis- und Willensakten. Als Person ist er deshalb nicht nur Herr seiner selbst, sondern auch Träger eigener Verantwortung.

Dieses Wesensmerkmal des Menschen als Person nimmt in unserem Thema den ersten Platz ein, weil wir uns hier im Bereich des Handelns und Wirkens befinden. In diesem Sinne gilt, daß eine Verminderung der Verantwortung im Menschen für sein Leben auch den Menschen in seiner Vollkommenheit als Person beschränkt; in dem Ausmaß, als wir diese seine Verantwortung zum Tragen kommen lassen, nehmen wir den Menschen in seiner Vollkommenheit als Person.

Das wirtschaftliche Leben kennen wir alle, heute mehr denn je. Denn selbst der weltabgewandte Mensch spürt heute das Gewicht und die Bedeutung, welches der normale oder anormale Ablauf des wirtschaftlichen Lebens für ihn hat. In normalen Zeiten sehen wir die ungeheure Fülle der Bedürfnisse des Menschen; Bedürfnisse, die ständig oder nur einmalig auftreten, unausweichlich notwendige, nützliche oder schließlich nur angenehme Bedürfnisse. Wir können beobachten – besonders im Lichte der Geschichte –, wie sich diese Bedürfnisse wandeln hinsichtlich ihres Gegenstandes, zeitlich und örtlich, auch gemäß den gesellschaftlichen Gruppen. In diesem Wandel offenbart sich die Tatsache des menschlichen Fortschritts, gleichzeitig aber auch dessen recht problematische Natur.

Gegenüber dieser unbegrenzten Möglichkeit der Bedürfnisse und des Verbrauches beobachten wir den Bereich der Erzeugung. Sie ist eine dauernde Folge oder auch ein vielfach verschlungenes Netz menschlichen Handelns, damit für die eben aufgewiesenen Möglichkeiten des Verbrauches Güter und Dienstleistungen dauernd zur Verfügung gestellt werden. Die technische Fähigkeit des Menschen und sein Organisationsvermögen vereinigen sich, damit die menschlichen Kräfte ihre Begrenztheit, die Kargheit der äußeren Natur sowie die Hindernisse des Raumes und der Zeit überwinden.

Wir nehmen an, daß dieses Zur-Verfügung-Stellen von Gütern und Diensten den Produktionsprozeß verlängert, bis sie schließlich unmittelbar für den menschlichen Verbrauch zugänglich werden. Zur Produktion gehört daher nicht nur das tägliche Werk der Familie, sondern auch der weite Bereich der Tauschbeziehungen, des Marktes, mit ihren verschiedenen Mitteln, insbesondere des Geld- und Kreditwesens.

Es genügt nicht, daß die Produktion die Güter und Dienste dem Konsumenten zugänglich macht: Diese müssen auch von seiten des Konsumenten selber erreichbar sein. Dort, wo der einzelne nicht selbst die notwendigen Güter herstellt und darüber verfügen kann, dort, wo sodann diese Güter ihm auch nicht von einer öffentlichen Instanz zugeteilt werden oder als Geschenk zufallen, entsteht das Bedürfnis, auf dem Tauschwege vorzusorgen bzw. im allgemeinen durch den Erwerb. Daher ist die Einkommens- und Vermögensbildung ein weiterer wichtiger Zweig des wirtschaftlichen Lebens. Weil dies jedoch letzten Endes nichts anderes als die dauernde Verteilung des gesamten Produktionsertrages ist, deshalb spricht man in der wirtschaftlichen Theorie und Praxis von der Verteilungssphäre.

Die drei Sphären – *Verbrauch, Erzeugung und Verteilung* – schöpfen die Wirklichkeit des wirtschaftlichen Lebens noch nicht aus. Denn was die Konsumsphäre und ihre Ausprägung angeht, so trägt hierzu das Gesamt der kulturellen und religiösen Bedingungen des Menschen bei; dasselbe kann auch für die beiden anderen Sphären gesagt werden. Wir kennen diese Tatsache aus der alltäglichen Erfahrung und aus der Geschichte.

Umgekehrt wirken alle drei Wirtschaftsbereiche auf die Gesamtheit des kulturellen und religiösen Lebens ein: Die Dinge bestehen aus jenen Faktoren, die ihren Namen von den Bedingungsursachen des wirtschaftlichen Lebens herleiten, nämlich von körperlichen, psychischen, geographischen und demographischen Faktoren. Endlich darf man nicht den sittlichen Faktor im Leben des einzelnen und der Gruppe vergessen, der im wirtschaftlichen Bereich seinen Einfluß ausübt und auch von ihm wiederum beeinflußt wird.

Wer das wirtschaftliche Leben erfassen will, darf auch einen anderen wichtigen Punkt nicht außer acht lassen: Weil dieses Leben sich inmitten der *Gesellschaft* verwirklicht, deshalb ist es *gesellschaftliches Leben.* Wir haben diesen Punkt, wenigstens implizit, schon berührt. Jedenfalls beobachten wir, wie alle Vereinigungen und Institutionen, die das Leben der Gesellschaft ordnen und organisieren, immer eine Beziehung oder besser eine wechselseitige Beziehung mit dem wirtschaftlichen Leben haben: zwischen den organisierenden Vereinigungen wie Familie und Staat, zwischen den ebenfalls organisierenden Institutionen wie die Rechts- und Eigentumsordnung.

Die gesellschaftliche Natur des wirtschaftlichen Lebens läßt auch die Ökonomie an der geschichtlichen Entwicklung mit ihren verschiedenen Formen, Phasen und Epochen teilhaben. Es scheint in der Tat so, als ob die Geschichte nichts anderes ist als die Gesellschaft in ihrer dynamischen Entfaltung. (...)

Die größte und entscheidende gesellschaftliche Einheit des wirtschaftlichen Lebens beruht für die Menschen, oder besser für die zum selben Staat gehörenden und durch ihn in ihrem Sozialzweck geeinten Familien, in der konkreten gemeinsamen Wohlfahrt. So können wir definieren: *die wesentlich gesellschaftliche Wirtschaft ist die Wirtschaft des staatlich geeinten Volkes.* Um jedes Mißverständnis auszuschließen, „staatlich" bedeutet die gemeinsame Verantwortung aller für die gemeinsame Wohlfahrt. Diese Verantwortung erfordert in ihrem konkreten Bezug auf das Gemeinwohl im wirtschaftlichen Bereich, daß alle Menschen – vermöge ihrer Kooperation in den drei Sphären: Verbrauch, Erzeugung und Verteilung – dauernd die Möglichkeit für jedes Glied schaffen, den notwendigen materiellen Unterhalt als Grundlage seiner gesamten personalen Entfaltung zu besorgen.

Das wirtschaftliche Handeln

Die wahre Auffassung des wirtschaftlichen Lebens führt also zur vollen Wirklichkeit der menschlichen Person. Nunmehr wenden wir uns dem wirtschaftlichen Akt als solchem zu. Generell bezieht er sich auf den Gebrauch der materiellen Dinge, wie *Thomas von Aquin* diesen Begriff entwickelt hat, wo er vom menschlichen Recht des Gebrauchs der Dinge spricht. Dieses Gebrauchen meint einfach das Nehmen, sodann auch die weitere Herstellung der Dinge, was also der Doctor Angelicus das „procurare et dispensare" nennt. Jedenfalls handelt es sich um den Vollzug der Herrschaft des Menschen über die Dinge.

Das erste und wesentliche Kennzeichen des wirtschaftlichen Aktes liegt darin, daß er ein wahrhaft *personaler und geistiger* Akt ist, den Vollzug der

Herrschaft und damit eine personale Verantwortung besagt, die immer – wie wir gesehen haben – eine gesellschaftliche Rücksicht auf die anderen einschließt, welche selbst als Personen für die Verwirklichung des Sachzieles der Wirtschaft verantwortlich sind.

Der wirtschaftliche Akt besitzt ein zweites Wesensmerkmal: Der einfache Akt des Nehmens oder auch der weiteren Zubereitung der Dinge bedeutet immer eine gewisse Zerstörung, wie man zweifellos beim Vorgang des Verbrauchs, der Erzeugung und Verteilung beobachten kann. Dies hängt mit der Materialität der Dinge zusammen sowie mit der Notwendigkeit, daß der Mensch immer innerhalb bestimmter räumlicher und zeitlicher Grenzen lebt. Wir sehen hier den tiefsten Sinn der Herrschaftsausübung über die Dinge, wie sie sich im wirtschaftlichen Akt vollzieht: Der Mensch überwindet die dem Gebrauch der materiellen Dinge entgegenstehenden Hindernisse, insofern diese natürlicherweise eine verhältnismäßig geringe und kostspielige Verfügbarkeit besitzen. Schließlich ein drittes Kennzeichen des wirtschaftlichen Aktes: er ist ein eminent geistiger Akt, weil er immer die Hinordnung der Mittel auf das Ziel bedingt und somit einen Akt der Vorsorge speziell für die Zukunft darstellt.

Wenn die Nationalökonomen im allgemeinen vom wirtschaftlichen Handeln sprechen, notieren sie nur einen mehr oder weniger negativen Aspekt, daß nämlich der Mensch bestimmte materielle Bedürfnisse hat, deren Mangel er verspürt, wodurch sich dann die Wirtschaft entwickelt. Selbstverständlich leugnen wir nicht diese Tatsache; aber wer nur dieses Faktum, und zwar leichthin analysiert, kann nicht klar einsehen, daß der Mensch immer, auch im wirtschaftlichen Leben, als eine *personale Ganzheit* steht, mit anderen Worten als Herr im Gebrauch der Dinge; seine materiellen Bedürfnisse schaffen sogar eine unvermeidliche Abhängigkeit von der materiellen Welt. Sodann darf man nicht vergessen, daß die Nationalökonomen hier oft und ausschließlich im sensitiven und vegetativen Bereich steckenbleiben, während doch der Mensch in seiner Existenz eine geistig-körperliche Ganzheit ist. Folglich bezieht sich jedes Ding, das ihm ermangelt, auf diese ganze Existenz, also auf die Person mit ihrer Herrschaft über sich selbst und über die Dinge des Gebrauchs. Andererseits bestätigt auch das negative Element im wirtschaftlichen Akt (d. s. die Bedürfnisse) die eben entwickelten positiven Aspekte, weil der Mensch in jedem Falle im wirtschaftlichen Akt eine aktive und keine passive Rolle spielt. Diese aktive Rolle schließt eine personale Vervollkommnung ein vermittels der Überlegenheit über die von Natur aus kargen und kostspieligen materiellen Dinge.

23.

Das Eigentumsrecht

In: Sguardi Cattolici su Questioni Marxiste, Rom 1945, S. 57–75; Original italienisch. (Band I, S. 493–504).

Die natürliche Wurzel des Eigentumsrechts

(...) Die Wurzel des Eigentumsrechts liegt nach gemeinsamer Lehre im *ursprünglichen Recht des Menschen,* die materiellen Dinge zu gebrauchen. Das menschliche individuelle und gesellschaftliche Leben ist tatsächlich in keinem Bereich möglich ohne den Gebrauch materieller Dinge. Der Schöpfer mußte also, da er der menschlichen Person die Sozialanlage eingesenkt hatte, ihr auch das Recht gewähren, die materiellen Dinge zu gebrauchen. Dieses Recht bringt eine wahre Herrschaftsbefugnis über die materiellen Dinge mit sich, eine Herrschaftsbefugnis selbstverständlich, die innerlich auf das Ziel des menschlichen Lebens hingeordnet ist, d.h. letzten Endes auf die Entfaltung und Vervollkommnung der menschlichen Person, insofern sie Ebenbild Gottes ist.

Welches ist also das erste Subjekt dieses ursprünglichen Rechtes auf den Gebrauch der materiellen Dinge? Das ganze Menschengeschlecht oder die einzelnen Menschen? Manche vertreten die erste Auffassung und leiten daraus in anderen Fragen, z.B. im Hinblick auf das Kolonisationsrecht, gewisse Konsequenzen für die Besitzergreifung fremden Territoriums ab.

Die primäre Wirklichkeit, die uns dahinter zu stehen scheint, ist die menschliche Person selbst. Nur wenn man diese in Betracht zieht, kann man vom Menschengeschlecht als von einer *wahrhaft* sozialen Einheit mit einem eigenen „Gemeinwohl" sprechen. Wir sagen: *wahrhaft* soziale. Denn die menschliche Art als solche, insofern sie allen Menschen eignet, stellt aus sich allein noch keine wahre soziale Einheit dar. Die Wurzel der Gesellschaftlichkeit ist nicht die spezifische Natur als solche, sondern der Mensch selbst als *Person.* Daher findet sich in ihr das primäre Subjekt des ursprünglichen Rechts zum Gebrauch der Dinge.

Ableitung des Privateigentumsrechts

Der *hl. Thomas* beruft sich bekanntlich auf die *Sicherung der Ordnung und des Friedens* unter den Menschen. Jene Herrschaftsbefugnis über die materiellen Dinge, die von Natur aus dem Menschen zukommt, kann ja den objektiven Zielen des menschlichen Lebens, vor allem dem Ziel der Entfaltung der Person, nicht dienen, wenn nicht ein jeder persönlich für sich selbst sorgt.

Dieses Argument verdeutlicht in besonderer Weise den Gedankengang des Aquinaten und unserer ganzen Lehre über diesen Punkt. Die Institution des Privateigentums ist nicht ein zufälliges organisatorisches Element des menschlichen Lebens in bezug auf seine objektiven Ziele oder in bezug auf das Gesamtwohl des Menschen. Sie ist vielmehr ein wesentliches *Organisationselement*. Die Verwirklichung aller menschlichen Ziele, des gesamten menschlichen Wohls, ist streng mit dieser Institution verbunden. Mit anderen Worten: Die innere Struktur des menschlichen Gesellschaftslebens wird in seiner Verwirklichung innerlichst gestört, sobald man diese Institution aufhebt. Einerseits ist es evident, daß wir nur jene Verwirklichung des Privateigentumsrechts verteidigen können, die tatsächlich der Gesamtheit des menschlichen Lebens dient. Hier liegt ein starker Anstoß, wenn es notwendig sein sollte, die tatsächliche Verteilung, den wirklichen Gebrauch des Eigentums, im Lichte seiner Finalität einer Prüfung zu unterziehen. Andererseits erhellt, daß wir unter keinen Umständen eine Gesellschaftsordnung zulassen können, die durch ihre Prinzipien die Institution des Privateigentums nicht zuläßt oder aufhebt; „unter keinen Umständen“: also nicht einmal unter der Annahme, daß die menschliche Gesellschaft im Zustand der Unschuld im Paradies weiterbestanden hätte. Es gibt tatsächlich Auffassungen, daß jenes Eigentumsrecht, das seiner Natur nach dem Paradies entsprochen hätte, das kollektive Eigentum gewesen wäre und daß folglich das Privateigentum nichts anderes sei als eine Folge der Erbsünde. Sie berufen sich auf den *hl. Thomas*, indem sie erklären, daß der Doctor Angelicus behauptet und lehrt, das kollektive Eigentum sei ein Recht der *idealen* menschlichen Natur, eine sog. „prima intentio naturae“, im Hinblick auf die materiellen Güter.

Nun, diese “prima intentio naturae“ ist bei *Thomas* nichts anderes als jene Hinordnung der materiellen Güter auf alle Menschen, von der wir vorher gesprochen haben. Diese „prima intentio naturae“ ist und bleibt also verbunden mit allen hypothetischen Zuständen, ob man nun die menschliche Natur als im Paradies im Gnadenzustand erhöhte oder als gefallene oder als reine voraussetzt.

Eine andere Ableitung des Rechts auf Privateigentum, die man allgemein vorbringt, nimmt man bekanntlich aus der Notwendigkeit eines *Anreizes zur Arbeit*. Ich will mich nicht darüber ausführlich verbreiten. Es sei bloß bemerkt, daß auch dieses Argument streng mit der dauernden Verwirklichung der inneren Struktur des menschlichen Gesellschaftslebens verbunden ist. Entsprechend dieser Struktur müssen sich die objektiven Zwecke der einzelnen Lebensbereiche dauernd entfalten. Das menschliche Gesellschaftsleben verwirklicht sich ja insofern, als die Menschen in dieser Hinsicht untereinander kommunizieren und durch diese Kommunikation ihre eigene personale Gutheit vervollkommnen. Das setzt Arbeit, intensive Arbeit auf allen Gebieten voraus. Nun leistet aber der Mensch diese Arbeit nicht, und er kann sie gar nicht vernünftig leisten, es sei denn, er besitzt ein sicheres Fundament seiner materiellen Existenz nicht nur für *Hier und Jetzt*, sondern auch für die über die Tagesnotwendigkeiten hinausgehenden Bedürfnisse. Das alles erlangt man nur mit dem Privateigentum. Dieses Argument stellt also die Wichtigkeit, die die Institution des Privateigentums für die Entwicklung der menschlichen Kultur besitzt, eindeutig heraus. Ohne allen Zweifel wird es überreich durch die Erfahrung der Geschichte belegt.

Sollte jemand einen Einwand erheben und auf die sehr reiche wirtschaftliche Produktivität im kollektivistischen Sowjetrußland hinweisen, so müßte man antworten, daß eine reine Steigerung der Produktion noch keine Wirtschaft ist. Sie ist ein reiner Chrematismus, aber in keiner Weise eine wahre gesellschaftliche Wirtschaft als Teil des menschlichen Kulturlebens. Übrigens ist der Anreiz zur Arbeit, den wir im Privateigentum bemerken, in Rußland durch einen vielfältigen direkten oder indirekten Druck der kollektiven Gesellschaft ersetzt.

Aus unserem Argument vom Anreiz zur Arbeit leiten sich aber zwei andere Punkte ab. Man könnte tatsächlich meinen, daß die Gesellschaft als solche die Sorge für die Existenz der einzelnen in dem, was die täglichen Bedürfnisse übersteigt, übernehmen könnte. Das könnte z.B. durch eine maximale Ausdehnung der öffentlichen Versicherung auf alle Glieder der Gesellschaft und auf alle Wechselfälle des Lebens sowie der Bedürftigkeit erreicht werden. Da aber unsere Beweisführung vom Anreiz zur Arbeit, der innerlich mit der inneren Struktur des Gesellschaftslebens verknüpft ist, abgeleitet wird, so verlangt diese Verknüpfung, daß die Sorge und Verantwortung des Menschen für sein Schicksal und für seine Entwicklung in erster Linie beim Menschen selbst liege. Denn diese Struktur ist eine *grundsätzlich personale*. Von da sieht man, daß die öffentlichen Bestrebungen – unter bestimmten Voraussetzungen – ein gutes Mittel sind, die Sicherheit des Lebens zu erhöhen, daß sie aber von ihrer Natur her ein *subsidiäres* Mittel sind. Das primäre Mittel wird immer darin bestehen, daß der Ertrag der personalen Arbeit des Menschen so groß ist, daß sie direkt jene Sicherheit des Lebens herbeiführen kann.

Der berühmte „*Beveridge*-Plan“ hat allem Anschein nach gerade diesen Fehler. Soweit wir in Erfahrung bringen konnten, hat die Kritik an diesem Plan schon unterstrichen, daß er die Frage der ausreichenden Löhne, anstatt sie zu lösen, erst recht aufwirft. Wir erinnern schließlich an das, was wir über die sozialistischen Tendenzen hinsichtlich der öffentlichen Versicherungen in unserem ersten Vortrag gesagt haben.

Eine andere Weise, mit der die Gesellschaft als solche die Sorge für die

Existenz der einzelnen, insofern sie die täglichen Bedürfnisse übersteigt, übernehmen könnte, würde darin bestehen, den größten Teil der Bürger in einen Zustand zu versetzen, in dem sich normalerweise die modernen *Staatsbeamten* befinden. Wir bemerken in der Tat besonders in den totalitären Staaten ein ungeheures Anwachsen der Zahl jener, die direkt oder indirekt in ihrem Unterhalt vom Staat abhängen.

Freilich gibt es bereits Leute, die richtig bemerken, daß eine solche Entwicklung eine ernste Gefahr für die kulturelle Entwicklung des Volkes, auch für die öffentliche Moral bedeutet, da sie eine gewisse kulturelle Sterilität und eine moralische Anfälligkeit hervorruft.

Wiederum also: Die Sorge und die Verantwortung für die Sicherheit der Existenz liegt vor allem bei den einzelnen Personen und ist ein unmittelbares Ergebnis ihrer Arbeit! All das führt uns immer wieder zur Notwendigkeit der Institution des Privateigentums zurück.

Der andere Punkt, der sich von unserem Argument über den Anreiz zur Arbeit ableitet, berührt die Frage des Privateigentums in bezug auf die Mittel des Verbrauchs und der Erzeugung. Wenn dieses Argument innerlich mit der Entwicklung der Kultur durch die personale Arbeit verbunden ist, dann leitet sich davon ab, daß der Ertrag der Arbeit nicht nur aus Konsumtionsmitteln, sondern auch aus *Produktionsmitteln* bestehen muß. Denn gerade mit Hilfe der Produktionsmittel vollzieht sich dieser Fortschritt der Kultur auf allen Gebieten. Es kann also der arbeitende Mensch allgemein betrachtet allein durch das Privateigentum in bezug auf diese Produktionsmittel seiner, immer personalen Verantwortung für die Entwicklung der Kultur Genüge leisten. Wir sehen also, daß, wenn das Recht auf Privateigentum ein Naturrecht ist, es sich wenigstens seinem Begriff nach auf Konsumtions- und Produktionsmittel erstrecken muß.

Die heutigen Bestrebungen, hier gewisse Unterscheidungen zu machen, sind zu sehr von der marxistischen Kritik des kapitalistischen Systems ausgelöst. Abgesehen von der Frage, ob sich diese Kritik immer gesunder Prinzipien bedient, bemerken wir, daß man einen teilhaften und historischen Aspekt des Problems mit der allgemeinen Frage des Eigentumsrechts, in sich selbst betrachtet, verwechselt. Hieraus folgt auch, daß wir von der Größe eines Eigentums als solcher noch nicht ableiten können, dieses konkrete Eigentum sei gegen das Naturrecht. Denn auch ein solches Eigentum kann der Entwicklung des Gesellschaftslebens dienen. Dies ist eine Tatfrage und eine Frage der positiven Gesetzgebung.

Die konstitutiven Elemente des Eigentumsrechts

Dieses Recht, das sich vom ursprünglichen Recht des Gebrauchs der Dinge ableitet, besagt wie jenes eine wahre *Herrschaftsbefugnis* und gerade als Privateigentum die Verfügungsgewalt über eine bestimmte Sache, die Macht, einen bestimmten Gegenstand „procurandi et dispensandi", zu beschaffen und zu gebrauchen. Man beachte hinsichtlich dieser Verfügungsgewalt bloß dies, daß sie auch die Macht einschließt, eine Sache auf einen anderen zu übertragen. Denn da die innere Struktur des Gesellschaftslebens die Kommunikation unter den Menschen als Personen fordert und da die Institution des Eigentums an materiellen Gütern als dessen organisatorisches Mittel dient, ist es notwendig, daß das Privateigentumsrecht absolut die Möglichkeit enthält, die Güter von einem Träger auf den anderen zu übertragen.

Es ist nicht unnütz zu bemerken: viele, die den Marxismus zu verteidigen suchen, weisen auf die Tatsache hin, daß das russische kommunistische System das Privateigentum zuläßt. Wir selbst haben im ersten Vortrag ein Beispiel aus der russischen Landwirtschaft gebracht. Nun, man müßte eher sagen, daß dieses System das betreffende Eigentum zu gegebener Zeit aufheben wird, insoweit es sich als *kommunistisches* System bewahren will.

Aber auch das kann unseren Forderungen der wahren Lehre vom Privateigentum nicht genügen. Denn das charakteristische Element des marxistischen Systems besteht, formal gesehen, nicht darin, daß es die Einrichtung des Privateigentums nicht anerkennt, sondern daß es *das Recht des Tausches auf dem Markt abschafft.* Unser System behauptet hingegen, daß die Menschen, sofern sie die Herrschaftsgewalt über die Dinge innehalten, auch das Recht haben, durch einen freien Vertrag ihre Güter vom einen auf den anderen zu übertragen.

Als wir in unserem ersten Vortrag von der Mehrwerttheorie sprachen, wurde auch der innerste Grund sichtbar, warum der Marxismus die Möglichkeit zu tauschen leugnet. Denn nach dem Marxismus übt bei jedem Tausch der Eigentümer eine Gewalt über einen anderen aus; falls dieser andere ein Nichteigentümer ist, wie der Proletarier, ergibt sich durch den Tausch selbst und gerade durch die Gewaltausübung der berühmte Mehrwert. Die stärkste Gewalt übt der Monopolist aus, sei es nun auf dem Arbeitsmarkt, sei es auf anderen Märkten. Es muß also wegen dieser Gewalt, die auf den Schwächeren ausgeübt wird, die Möglichkeit, auf dem Markt zu tauschen, beim Eigentümer beseitigt werden. Wer vom Begriff des Privateigentums dieses Element der Tauschmöglichkeit abstreicht, der hebt wesentlich dieses Recht selbst auf.

Hieraus folgt für die Organisation der gesellschaftlichen Wirtschaft, daß diese gerade in der Möglichkeit des Tausches ihre vornehmliche Kraft besitzen und bewahren muß. Mit anderen Worten: es muß eine wahre Freiheit unter den Wirtschaftssubjekten gewahrt bleiben. Hierfür also muß jede Regelung und Ordnung des wirtschaftlich-gesellschaftlichen Lebens seitens der Gesellschaft selber – so sehr sie auch wünschenswert ist, ja, so sehr sie verstärkt werden soll – auf jeden Fall einen großen Respekt aufbringen. Wenn wir also vielleicht dazu neigen, den nach Art der kapitalistischen Wirtschaft ausgeübten Markt aufzuheben, dann folgt daraus nicht, daß wir jede Möglichkeit des Marktes abschaffen wollen oder dürfen. Es wird nur durch eine bessere Ordnung der gesellschaftlichen Wirtschaft in allen ihren Gestaltelementen möglich sein, zu einer Wiederherstellung der Institution des Marktes und des Tausches zu gelangen. Ansonsten zerstört man – implizit oder explizit – die Institution des Privateigentumsrechts selbst.

Ohne allen Zweifel beinhaltet das Privateigentum eine mehr oder weniger große *Macht des Eigentümers über die anderen*, die z.B. in jedem Kauf- und Verkaufsakt und in jedem Falle der Einstellung von Arbeitskräften ausgeübt wird. Aber ein solches Element der Macht und der Gewalt findet sich in jeder anderen menschlichen Eigenschaft; so übt der Mensch mit einer höheren Begabung natürlich schon seinen Einfluß auf die anderen von geringerer Begabung aus. Mit anderen Worten, das Element der Macht ist notwendig in das soziale Leben eingesenkt. Folglich darf man auf Grund der bloßen Tatsache, daß mit dem Eigentumsrecht eine gewisse Macht verbunden ist, ein solches Recht noch nicht leugnen oder abschaffen.

Der *Monopolismus* der kollektiven Gesellschaft hingegen stellt, wie die Tatsachen beweisen, in allen Lebensbereichen ohne allen Zweifel eine untragbare Machtzusammenballung dar. Daher muß das Element der Macht, das notwendig mit der Wesensordnung der Dinge im konkreten sozialen Leben verbunden ist, der objektiven Struktur dieser Ordnung entsprechend gestaltet und reguliert werden. So ist erforderlich, daß die Verteilung des Eigentums in einem bestimmten Volke so beschaffen sei, daß sich immer ein wahres Gleichgewicht unter den Eigentümern ergibt. Es ist klar, daß zu diesem Zwecke der Staat in den Gebrauch des Privateigentums eingreifen kann. Es ist ebenso sicher, daß der Staat, freilich nicht ohne entsprechende Entschädigung, das große Privateigentum enteignen kann, wenn es nicht möglich ist, auf eine andere Weise das Gleichgewicht der Macht, die mit dem Privateigentum verbunden ist, zu erreichen. Aber es ist vor allem anderen besser und auf jeden Fall erlaubt, mit einer angepaßten Wirtschaftspolitik danach zu trachten, daß die mittleren Eigentümer zahlenmäßig die Mehrheit bilden. So wird sich das Gleichgewicht nicht von außen, sondern von innen her ergeben und erhalten.

Wir gelangen so im Hinblick auf das Privateigentumsrecht zu dem von alters her überkommenen Postulat unserer Soziallehre: Erneuert, pflegt und bewahrt den wahren *Mittelstand!* Mir scheint, daß die Idee der sozialen Wirtschaftsgesellschaft, die das soziale Wirtschaftsleben mit eigenen Organen öffentlichen Rechts berufsständisch organisiert und ordnet – eine Idee, in *Quadragesimo anno* formuliert –, nichts anderes ist als eine neue, den modernen Zeiten angepaßte Formulierung jenes alten Postulates. Es kann tatsächlich jene autonome Selbstverwaltung aller Zweige der Wirtschaft im einzelnen und in ihrer organischen Einheit, nicht gut verwirklicht werden ohne das innere Gleichgewicht der Produzenten, vom Privateigentum her betrachtet. Wenn das innere Gleichgewicht fehlt, muß der Staat dauernd intervenieren, und so verfehlt eine solche korporative Ordnung ihren Zweck. Das ist der Grund, warum fast alle bisher gemachten Versuche, diese Ordnung einzuführen, kein Ergebnis zeitigten.

Man darf hoffen, daß ein *internationaler Regionalismus* in vieler Hinsicht zum größeren Gleichgewicht der wirtschaftlichen Kräfte als Voraussetzung der berufsständischen Ordnung beitragen wird. Der schlechte Ruf, der der Idee der berufsständischen Ordnung heute aus hinlänglich bekannten Gründen anhaftet, darf uns nicht daran hindern, den zweiten Teil von *Quadragesimo anno* in die Tat umzusetzen.

Bildung und Anhäufung von Kapital

Vor allem müssen wir sagen, daß jede Form gesellschaftlicher Wirtschaft, in welcher Weise auch immer sie organisiert sei, die Frage der Bildung und Anhäufung des Kapitals lösen muß. An dieser Frage ist sogar die kollektivistische Sowjetwirtschaft interessiert, die gezwungen war, um der Kapitalbildung willen den Konsum des Volkes einzuschränken. Die Erneuerung des bestehenden Produktionsapparates und die Vermehrung der Produktion für die wachsende Bevölkerung und die steigenden Bedürfnisse des Volkes erfordern dauernd eine neue Kapitalbildung. Schließlich gehen schlecht angelegte Kapitalien verloren und müssen ersetzt werden. So etwas kommt nicht nur in der auf Privatinitiative beruhenden Wirtschaft vor, sondern auch, und vielleicht noch öfter, in der streng kollektivistischen und zentralverwalteten Wirtschaft. Darum muß sie immer auf einen Teil des möglichen Konsums verzichten, und dieser vom jährlichen Einkommen ersparte Teil muß als Kapital im Prozeß der wirtschaftlichen Produktion angelegt werden.

In der auf das Privateigentum gegründeten gesellschaftlichen Wirtschaft geschieht die Kapitalbildung durch das *Sparen*. Bekanntlich verlangt *Quadragesimo anno*, daß nicht nur die Besitzer der Produktionsmittel, sondern auch die Lohnempfänger mittels entsprechender Löhne Ersparnisse machen können. In der Tat haben wir gesehen, wie in der Hochblüte des kapitalistischen Systems die Lohnempfänger in der Vergangenheit mit ihren Ersparnissen viel zur Kapitalbildung beigetragen haben. Mit anderen Worten, nicht nur die Produktionsmittelbesitzer konnten, wie *Karl Marx* vorgibt, Ersparnisse beiseite legen. Freilich war das Verhältnis zwischen den Kapitalisten und den Lohnempfängern bei der Bildung des

Kapitals so, daß die größte Rate der Anhäufung auf die ersteren fiel. Dazu kommt die Tatsache, daß das Ersparen und das Anhäufen von Reichtümern bei den Kapitalisten das Ergebnis nicht der bloßen unmittelbaren Arbeit sein konnte, während für die Lohnempfänger die alleinige Quelle ihr jährliches Einkommen war, ein Einkommen, das für sehr viele als durchaus unzureichend bezeichnet werden mußte. Dieses unbefriedigende Verhältnis muß aus verschiedenen Gründen verurteilt werden. Es ist ja allbekannt, daß die größeren und größten Einkommen nicht nur gespart werden, sondern auch für eine Ausweitung des Konsums dienen müssen. Nun wird diese Ausweitung selbstverständlich in den meisten Fällen für den Erwerb von Luxusgegenständen verwendet. Es ist nicht unsere Absicht, dem Luxus jeden positiven Wert im sozialen Leben abzusprechen, aber allzuleicht entzieht die Produktion von Luxusgütern der Produktion notwendiger Güter die Kapitalien. Hierin hat das steigende Mißverhältnis zwischen den relativ sehr niedrigen Preisen der nichtnotwendigen Güter und den relativ sehr hohen Preisen der notwendigen Güter seinen Ursprung. Daraus folgt, daß die Eigentümer von privatem Großbesitz gegen die soziale Gerechtigkeit verstoßen, sobald sie die freien Teile ihres Eigentums nicht zugunsten eines wirklichen Gleichgewichts der Preise in der gesellschaftlichen Wirtschaft verwenden. Und von daher leitet sich auch das Recht der öffentlichen Autorität ab, in einer günstigen und angepaßten Weise in den Prozeß der Bildung und Anlage von Kapitalien einzugreifen.

Jene allzu einseitige Möglichkeit, neues Kapital zu bilden und in der Folge anzulegen, das die Unternehmer und die Kapitalisten haben, und demgegenüber die mehr oder weniger große Unfähigkeit des größten Teils der Lohnempfänger in dieser Hinsicht muß nicht nur aus dem eben angeführten wirtschaftlichen Grund getadelt werden. Es besteht auch ein viel dringenderer Grund, der das Wohlergehen des gesamten gesellschaftlichen und politischen Lebens betrifft. Eine größere Möglichkeit der Lohnempfänger, mit ihren Lohnersparnissen Kapital zu bilden, würde zur Bildung eines wahren Privateigentums in ihren Händen beitragen. Und das bedeutet eine Vermehrung der personalen Unabhängigkeit und der Möglichkeit einer personalen Vervollkommnung in jedem Lebensbereich, besonders hinsichtlich einer besseren Erziehung der Nachkommenschaft. Demgegenüber steht besonders in unseren Zeiten allen die Gefahr vor Augen, die in jeder Hinsicht der menschlichen Gesellschaft und vor allem der politischen Gesellschaft von der steigenden Zahl jener Menschen droht, die, ohne alles Privateigentum, sich in einer vollkommen abhängigen Existenz befinden. Es ist dies die Gefahr der „Masse". Die Praxis des wirtschaftlichen Liberalismus hat diese moderne „Masse" geschaffen. Der antiliberale Totalitarismus hingegen benützt diese Masse als Fundament seines Bestandes und seiner Dauer und fährt fort sie zu benutzen – eine Masse, die um so brauchbarer ist, je passiver und indifferenter sie sich verhält.

Es ergibt sich also aus dem Gesagten, daß durch eine Erhöhung des Einkommens auch die abhängige Arbeit für die Bildung und Anhäufung von neuem Kapitel gewonnen werden muß.

24.

Wettbewerb

In: Staatslexikon der Görres-Gesellschaft, Bd. V, 5. Aufl. Freiburg i.Br. (1932), Sp. 1269–1275. (Band II, S. 466–472).

Wesen

Wettbewerb oder *Konkurrenz* ist ein Vorgang des gesellschaftlichen Lebens, wobei zwei oder mehrere Individuen oder Gruppen ihr Begehren nach demselben Vorteil gleichzeitig betätigen und gerade durch ihren Einsatz oder Aufwand zur möglichst günstigen Erlangung des Vorteils unter einen diesen Aufwand mehrenden oder mindernden Druck setzen. Immerhin liegt also im Sachverhalt des Wettbewerbs ein Schauen des einen Bewerbers auf den oder die anderen vor und hält den eigenen Aufwand zur Erlangung des erstrebten Vorteils in den Grenzen des Nichtzuviel und Nichtzuwenig. Es handelt sich nämlich immer um eine möglichst günstige Erlangung des Vorteils, und zwar sowohl vom Standpunkt der einzelnen Bewerber als auch im Hinblick auf den Wettbewerb als sinnvollen Vorgang im Ganzen des gesellschaftlichen Lebens. Weder für die einzelnen Bewerber noch auch für die gesellschaftliche Einheit, in der sie den Wettbewerb betätigen, wäre der Wettbewerb sinnvoll, wenn etwa ein oder alle Bewerber sich durch den Aufwand zur Erlangung des Vorteils aufreiben würden oder wenn umgekehrt nicht das ihnen vernünftigerweise mögliche Höchstmaß oder nötige Mindestmaß des Aufwands zum Einsatz käme. Grundsätzlich muß eben der Wettbewerb nicht als triebhafter Vorgang zwischen konkurrierenden Individuen oder Gruppen aufgefaßt werden, sondern als Lebensäußerung im Rahmen des gesellschaftlichen Sinnzusammenhangs, in dem die Bewerber stehen und sich betätigen. Bedingung für das Zustandekommen des Wettbewerbs sind erstens die Betätigung des nicht triebmäßigen, sondern sinnvollen Selbstinteresses mehrerer Individuen oder Gruppen und zweitens die tatsächlich gegebene Möglichkeit, daß mehrere ihr Begehren in gegenseitigem Sichmessen bezüglich Anstrengung und Aufwendung betätigen können; dabei ist es für den Tatbestand des Wettbewerbs zunächst gleichgültig, ob die Bewerber ihr Bemühen gegenseitig kennen oder sich lediglich durch die Vorstellung von gegenseitigem Aufwand bestimmen lassen, wie es etwa bei dem Wettbewerb um die Erlangung öffentlich ausgeschriebener Arbeiten der Fall ist.

Die Möglichkeit, daß mehrere ihr Begehren nach demselben Vorteil im Wettbewerb betätigen, kann allerdings aufgehoben oder mindestens begrenzt sein. Aufgehoben ist die Möglichkeit in einer Gesellschaftsordnung, die alle oder einen Teil der begehrenswerten Güter von einer zuteilenden Stelle her den einzelnen Begehrenden zukommen läßt; dies geschieht beispielsweise in einer sozialistischen Planwirtschaft. Aufgehoben ist die Möglichkeit auch dann, wenn ein Individuum oder eine Gruppe für sich allein in der Lage ist, das Streben anderer nach demselben Vorteil von vornherein unwirksam zu machen. Diese günstige Lage eines einzelnen oder einer Gruppe kann verschiedene Ursachen haben. Sie kann auf Maßnahmen der öffentlichen Gewalt, sei es des Gesetzgebers, sei es der Verwaltung, oder auf dem ganzen Aufbau der staatlichen Gesellschaft selbst beruhen. Derartige Beispiele einer vor Wettbewerb gesicherten Lage haben wir in der Einrichtung fiskalischer Monopole, in der früher sehr gebräuchlichen Verleihung privilegierter Stellung an koloniale Handelsgesellschaften, im Patentschutz und ähnlichen Einrichtungen, und endlich in der Sicherung wirtschaftlicher, sozialer und politischer Vorteile durch den öffentlich-rechtlichen Aufbau der alten ständischen oder zünftlerischen Gesellschaft. Die günstige, vor Wettbewerb gesicherte Lage eines einzelnen oder einer Gruppe kann endlich rein tatsächlich und bloß privatrechtlich begründet sein, wenn diese Lage auf natürlichen Bedingungen oder auf geschaffenen, z.B. produktions- oder marktpolitischen Maßnahmen beruht, wie es etwa beim Monopol von Trusts oder Kartellen der Fall ist.

Eigenartig sind die Folgerungen, die sich aus der Natur des Wettbewerbs für sein eigenes Fortbestehen oder Nichtfortbestehen ergeben. Dadurch nämlich, daß es sich beim Wettbewerb immer um eine möglichst günstige Erlangung des erstrebten Vorteils handelt, tritt das oben erwähnte Bestreben der Bewerber ein, ihren Aufwand und Einsatz beim Wettbewerb in den Grenzen des Nichtzuviel und Nichtzuwenig zu halten. Diese Haltung der Bewerber drängt aber darauf hin, daß jeder Bewerber den Wettbewerb eigentlich gern vermeiden würde und für gewöhnlich auch dann vermeiden wird, wenn er ohne Wettbewerb günstiger in den Besitz des erstrebten Vorteils gelangen zu können vermeint. Der Drang zum Monopol ist also gerade aus der Situation des Wettbewerbs heraus für jedes der konkurrierenden Individuen naheliegend. Unter anderem Gesichtspunkt kann alllerdings gerade die Situation des Wettbewerbs den konkurrierenden Individuen zu umgekehrten Folgerungen Anlaß geben. Sie haben nämlich auch zu bedenken, daß das

Wegfallen des Wettbewerbs zur Beeinträchtigung ihres Selbstinteresses führen kann, sei es daß ein Bewerber gerade durch einen Sieg im und durch Wettbewerb vermehrtes Ansehen erstrebt, sei es daß alle Bewerber von der Aufrechterhaltung des Wettbewerbs ein ständiges Wecken und Wachhalten ihrer eigenen geistigen und materiellen Anstrengung, kurz ihrer dauernden Lebendigkeit, zu erwarten haben. Diese scheinbar widersprechende Stellungnahme zum Wettbewerb vom Selbstinteresse der Individuen her dürfte dadurch geklärt werden, daß man feststellt: die aus der Situation des Wettbewerbs sich ergebende Monopolfreundlichkeit der Individuen beruht auf einer nur den gegebenen Augenblick und einen Teilbezirk der eigenen Vitalität berücksichtigenden Betrachtungsweise, während eine weitsichtige, auf Dauer abgestellte und die Gesamtvitalität beachtende Auffassung den Vorteil des Fortbestehens des Wettbewerbs auch für das Individuum nicht übersehen kann und darf. Damit stimmt dann überein, daß der Wettbewerb, wie schon ausgeführt, auch als Lebensäußerung der Gesellschaft, näherhin der gesellschaftlichen Einheit, der die Konkurrenten angehören, betrachtet werden muß und daß vom Standpunkt des gesellschaftlichen Interesses der Wettbewerb eher zu befürworten als zu widerraten ist. Diese Ausführungen zum Wesen des Wettbewerbs sind übrigens immer anwendbar, ob es sich nun um Wettbewerb auf materiellem oder geistigem Gebiet handelt.

Aufgabe

Die Bedeutung des Wettbewerbs erhellt aus der ihm wesentlichen Verknüpfung mit der Entfaltung des Selbstinteresses der Individuen und Gruppen und mit der möglichst günstigen Verwirklichung des Sinnzusammenhangs des menschlichen Gesellschaftslebens überhaupt und seiner Einzelgebiete, z.B. Wirtschaft, Wissenschaft, Kunst, Technik, Politik usw. Hier erweist sich der Wettbewerb als ein Mittel, zur bestmöglichen Erfüllung der gesellschaftlichen Sachzwecke dauernd beizutragen und nach der persönlichen Seite des Gesellschaftslebens hin dem Grundsatz der individuellen Leistung deutlich und wirksam Geltung zu verschaffen. Zwar kann nicht geleugnet werden, daß beide Notwendigkeiten – Erfüllung der gesellschaftlichen Sachzwecke und personale Gruppierung und Platzanweisung in der Gesellschaft – auch durch andere Mittel, z.B. durch den autoritären Zwang von Führern und gesellschaftlichen Institutionen (etwa Erbrecht) oder durch die Macht von Tradition und Gewohnheit, erreicht werden können, aber die genannten Wege vermögen doch nicht, so wirksam, so dauernd und so zwanglos das unentbehrliche Selbstinteresse der Individuen in den Dienst der Gesellschaft zu stellen wie der Wettbewerb. Darin liegt seine bleibende Bedeutung.

Freilich unterliegt diese Bedeutung gewissen Einschränkungen. Das eigentliche und freieste Gebiet des Wettbewerbs dürfte im Bezirk des geistigen und künstlerischen Lebens liegen. Hier kann die durch den Wettbewerb herbeigeführte Dynamik der bestmöglichen, immer vollkommeneren Erfüllung der Sinngehalte dieser Kulturgebiete nur förderlich sein. Hier ist ja auch am wenigsten zu fürchten, daß die Dynamik sich stets übertreffender Leistungen durch den Wettbewerb übergroß wird und dem Kulturleben jene Statik nimmt, die es wesensmäßig verlangt, um tiefer in die Menschen einzudringen und gewissermaßen „sich zu setzen". Nicht so steht es mit den Gebieten der staatlich-politischen und wirtschaftlich-technischen Kultur. Da hier die Entfaltung individueller Leistung und Neuschöpfung verhältnismäßig leichter ist, muß die gerade hier nötige relative Statik des Kulturlebens vor einer allzu großen Dynamik infolge des Prinzips des Wettbewerbs gesichert werden. Hierbei ist allerdings auch zu berücksichtigen, daß auf manchen der zuletzt erwähnten Gebiete die Eigenart des betreffenden Lebensgebietes von selbst eine gewisse Neigung zur Statik und eine innere Hemmung gegenüber der allzu großen Dynamik des Wettbewerbs enthält. Man denke an das Bauerntum, das wohl durch seine Bodenständigkeit zur Statik neigt, und an das Handwerkertum, das von jeher ein Musterbeispiel für die Zielsetzung der gesicherten, standesgemäßen Nahrung und des nach Personen mehr oder weniger abgegrenzten Kundenkreises war. Ist also auch in diesen Schichten die Scheu vor der frischen Luft des Wettbewerbs oft sogar allzu groß, so ist doch nicht zu übersehen, wie in der angedeuteten naturhaften Anlage der erwähnten Schichten zur Statik auch tiefe allgemeingesellschaftliche Weisheit liegt. Denn das Abstellen der bäuerlichen Wirtschaft z. B. auf das Prinzip des schlechthin freien Wettbewerbs und der individuellen Leistung, die vorbehaltlose Förderung des jeweils rein marktmäßig „besten Wirts" unterliegt sicherlich vom Wohl des Kultur- und Volksganzen her schwersten Bedenken, weil man eben auf diese Weise in eine gerade wegen ihrer Bodenständigkeit wertvolle Volksschicht eine übermäßige Labilität hineintragen würde.

Man kann sagen, daß auf dem Gebiet des wirtschaftlichen Kulturlebens jene Betätigungsgebiete am wenigsten von sich aus eine innere Hemmung gegenüber der Dynamik des Wettbewerbs mit sich bringen, deren Gegenstand mehr oder weniger abstrakt, d. h. losgelöst von allen bodenmäßig naturhaften und persönlichen Zusammenhängen ist; man denke an den Effektenhandel. Da hier im Hinblick auf die Natur des betreffenden Tätigkeitsgebiets nicht wie beim Bauern- oder Handwerkertum eine im Personen- und Sachzusammenhang begründete innere Neigung zur Statik festzustellen ist, an die eine etwaige Regelung des Wettbewerbs bewahrend oder vorsichtig auflockernd anknüpfen könnte, so muß die Regelung des Wettbewerbs sich anders, mehr negativ orientieren. Sie muß den

Wettbewerb insoweit regeln, daß nicht durch ihn, durch ein Niederkonkurrieren, eine rein äußerlich begründete Statik auf dem betreffenden Gebiet sich entwickelt. Ein Beispiel haben wir in der Entwicklung des ursprünglich auf Wettbewerb abgestellten bankmäßigen deutschen Kreditwesens. Dort verbleibt am Schluß geradezu die gesicherte Verfügungsmacht relativ Weniger. Diese Lage ist eine rein äußerliche Statik und keineswegs mit der aus der inneren Natur des bäuerlichen oder handwerklichen Lebensgebiets sich ergebenden Statik vergleichbar. Die Regelung des Wettbewerbs hätte also in diesem Fall darauf auszugehen, nicht einer strukturell überhaupt nicht vorhandenen Statik jeweils sachgemäße Gestaltung zu verschaffen, sondern umgekehrt durch möglichste Freiheit des Wettbewerbs und durch entsprechende Maßnahmen, etwa des Steuerrechts, eine bloß äußerlich-mechanische Statik zu verhindern.

Aus den geschilderten, mannigfaltigen und überhaupt nicht ablösbaren sachlichen und personalen Zusammenhängen, in denen der Wettbewerb auf den verschiedenen Gebieten des Gesellschaftslebens infolge ihrer Struktur steht, ergibt sich, daß der Wettbewerb jedenfalls grundsätzlich nicht das *alleinige* Ordnungsprinzip gesellschaftlichen Lebens, auch nicht des wirtschaftlichen, sein kann. Lediglich die abstrakte, alles unter den Generalnenner der „Geldrechenhaftigkeit" bringende Eigenart der sog. klassischen Nationalökonomie konnte diese übertriebene Vorstellung von der Ordnungsfunktion des Wettbewerbs in den Mittelpunkt ihrer Lehre stellen. Zweifellos kommt dem Wettbewerb eine Funktion des Ordnens zu; aber diese Funktion liegt gemäß dem oben entwickelten Wesen des Wettbewerbs lediglich in einer formalen, inhaltlich noch leeren Aufgabe, nämlich in der Richtung der Regulierung der überhaupt in der Gesellschaft vorhandenen Kräfte und Möglichkeiten nach dem Gesichtspunkt des größtmöglichen Erfolgs durch den möglichst geringen Aufwand. Dabei darf man aber gerade dies nicht übersehen, daß der Wettbewerb in die eben erwähnten sachlichen und personalen Strukturzusammenhänge der verschiedenen Lebensgebiete und des kulturellen Wesens der Gesellschaft überhaupt eingeordnet ist und bleiben muß. Diese innere Natur des Wettbewerbs macht ihn mithin selbst der steten Ordnung und Regelung bedürftig. Eine Lehre also, die die Ordnung erst aus dem Wettbewerb entstehen läßt, ist widerspruchsvoll.

Hinzu kommt, daß jene wirtschaftstheoretische Vorstellung von der überragenden Ordnungsaufgabe des Wettbewerbs ein einseitig intellektualistisches Weltbild voraussetzt. Ihr erscheint der Gesamtumfang des Handelns in der menschlichen Gesellschaft als ein großer, letztlich berechenbarer und „gesetzmäßiger" Zusammenhang. Dabei hätte dann der Wettbewerb die Aufgabe, die genaue Anpassung jedes Handelns an diese umfassende Gesetzmäßigkeit und Rationalität zu erreichen, und zwar gerade durch das dem Wettbewerb eigentümliche Abwägen jeder einzelnen Handlung in den Grenzen des Nichtzuviel und Nichtzuwenig. In Wirklichkeit aber ist die Situation des Handelns immer individuell und inhaltlich-konkret und niemals in allgemeine Gesetzmäßigkeiten auflösbar und demgemäß erkennbar; ferner sind auch die handelnden Menschen keineswegs in ihrem Handeln von einer bloß passiven, hellsichtigen und der erkannten „Gesetzmäßigkeit" der Situation sich anpassenden Rationalität bestimmt, sondern vielmals von andern Momenten. Notwendig spielt neben der berechenbaren rationalen Gesetzmäßigkeit auch die Willensentscheidung der Individuen und Gruppen und auch – mittelbar oder unmittelbar – der gesellschaftlichen Autorität beim Handeln eine Rolle; ja, erst durch jene Entscheidungsmomente bekommt das Handeln seine letzte inhaltliche Bestimmtheit und somit Wirklichkeit. Deshalb kann das Prinzip des Wettbewerbs im Sinn der klassischen Nationalökonomie, weil es ausschließlich auf der Voraussetzung eines in den Bahnen allgemeiner Gesetzmäßigkeit verlaufenden Handelns beruht und niemals das Inhaltlich-Konkrete der Handlung voll begründen kann, auch nicht das entscheidende Ordnungsprinzip gesellschaftlichen Lebens sein.

Der Wettbewerb hat lediglich den schon erwähnten Charakter einer relativen Ordnungsfunktion, indem er mit dazu beiträgt, die überhaupt in der Gesellschaft oder ihren einzelnen Bezirken verfügbaren Kräfte möglichst günstig dem Sinnzusammenhang der betreffenden Lebensgebiete dienstbar zu machen. Er ist ein Mittel zur Verwirklichung des nicht nur für die Wirtschaft, sondern für jedes vernünftige Handeln wesentlichen „ökonomischen Prinzips", des Prinzips der bestmöglichen Zielerreichung mit dem geringstnötigen Aufwand. Dieser rein formale, inhaltlich leere Charakter des Wettbewerbs schließt es aber aus, daß er dem stets nach Mitteln und Zielen inhaltlich bestimmten Gesellschaftsleben vornehmliches oder sogar einziges Ordnungsprinzip sein kann. In der Tat muß die liberale Wirtschaftstheorie selbst zugeben, daß das sog. Ordnungsprinzip der Konkurrenz wichtigste Aufgaben, etwa die befriedigende Verteilung und Gestaltung der Konsumeinkommen innerhalb der Volkswirtschaft, nicht löst.

Betrachtet man aber die Ordnungsfunktion des Wettbewerbs im Gesamtgesellschaftlichen, etwa in Auswirkung des Satzes „freie Bahn dem Tüchtigen", so stößt man auch hier auf Grenzen seiner günstigen Auswirkung und seiner Fähigkeit, gesellschaftliches Leben zu ordnen. Er kann nämlich das Prinzip der individuellen Leistung derartig in den Vordergrund drängen und eine solche Dynamik in der sozialen Platzanweisung der Glieder der Gesellschaft herbeiführen, daß die von uns oben geforderte relative Statik des kulturellen Lebens dadurch zerstört wird. Diese dem Kulturleben und seiner Entwicklung wesentliche relative Statik schließt ein, daß Menschen in jenen Platz, den sie nach ihrer individuellen

Leistung an sich haben könnten, vorerst hineinwachsen müssen – eine Angelegenheit der Formung und Reifung durch Tradition und Sitte in den gesellschaftlichen Zusammenhang ihres neuen Platzes hinein – und daß umgekehrt Menschen oder Schichten, die nach ihrer individuellen Leistung den innegehabten Platz an sich nicht behaupten könnten, trotzdem dort verbleiben, weil und solange sie die wesensmäßig nötige relative Statik des kulturellen Lebens durch ihre traditions- und sittenmäßige Verwurzelung im gesellschaftlichen Sinnzusammenhang ihrer Stellung positiv sichern. Auch hier sieht die liberale Soziologie im Gesellschaftsleben nur abstrakte, wesensmäßig gleiche Individuen, übersteigert das Prinzip der individuellen Leistung und verklärt einseitig den Heilscharakter des Satzes von der „freien Bahn dem Tüchtigen". Umgekehrt zeigt zwar das konservative Denken durch seine Abneigung gegen jenen Satz gesunden Instinkt, verkennt aber doch auch seinerseits die, allerdings nur relative, Ordnungsfunktion im Gesellschaftsleben, die das Prinzip des Wettbewerbs, verkörpert in jenem Satz, ausübt. Eine genauere Betrachtung des Wesens des Wettbewerbs deckt die Quelle solcher Einseitigkeiten auf.

Wertung

Positiv ist zur Wertung des Wettbewerbs bei der Behandlung seiner Bedeutung schon das Nötige gesagt. Jene Gesellschaftstheorien, die den Wettbewerb einseitig in den Vordergrund stellen, fußen entweder auf materialistisch-darwinistischen Vorstellungen (Kampf ums Dasein) oder auf einem das Gesellschaftsleben atomisierenden Individualismus. Jene Gesellschaftstheorien aber, die den Wettbewerb verwerfen, vertreten entweder den Standpunkt eines kollektiven Individualismus, wie er etwa in der sozialistischen Zukunftsgesellschaft vorliegt, oder einen Organizismus bzw. Universalismus. Wesensmäßig aber ist nach der auf katholischem Boden entwickelten Soziallehre das Gesellschaftsleben anders strukturiert, und zwar im Sinn des solidarischen Prinzips. Gemäß der Funktion, die dort sozialphilosophisch für das Selbstinteresse der Individuen und für das Lebensrecht der einzelnen Gebilde des Gesellschaftslebens festgestellt wird, ergeben sich die Bedeutung des Wettbewerbs und ihre Grenzen.

25.

Das Unternehmerbild der katholischen Soziallehre

In: Rundbrief des BKU, Köln, Februar 1955. (Band II, S. 561–569).

Ich möchte von dem Unternehmer ausgehen, wie er als christlicher Unternehmer aufgefaßt werden muß, und von dort aus, soweit das möglich ist, in gesellschaftspolitische Fragen hineinleuchten. Sie wissen um die große Schwierigkeit heute, sich über den Begriff des Unternehmers zu verständigen. Er gilt als der Mann, der betriebliche Wirtschaftspläne aufstellt und durchführt, und zwar auf eigenes Risiko. Da haben Sie nicht mehr ganz den Unternehmer, der in fremdem Auftrag die Verantwortung führt und leitet; aber immerhin, er ist, da er ja beauftragt ist und für diesen Auftrag einzustehen hat, in einer gewissen Weise doch noch unter diese Definition zu fassen. Sie müssen dann die Worte „auf eigenes Risiko" eben etwas weiter nehmen.

Anders bei Wirtschaftstheorien, die den Markt und den Marktmechanismus in den Mittelpunkt stellen; hier ist der Unternehmer eigentlich nicht mehr ein Mann, der „unternimmt", sondern der am klügsten dann ist, wenn er eine passive Anpassung an die gesetzmäßigen Vorgänge nimmt; und je vollkommener er das tut, desto mehr ist er in dieser Auffassung Unternehmer. Das ist natürlich nicht mehr ganz vereinbar mit dem Wort Unternehmer. Aber es ist eine logische Folgerung, wenn man den gesellschaftlichen Wirtschaftsprozeß als durch den Marktmechanismus motorisiert auffaßt.

Eine andere Auffassung findet sich z.B. bei dem berühmten *Schumpeter.* Hier haben wir eine *dynamische* Auffassung des Unternehmers, der nun wirklich etwas unternimmt, eben Neuerungen einführt und durchführt. Ich glaube, es wäre um den Unternehmer geschehen, wenn er wirklich nur dieser Passive wäre, wie ihn die reine Markttheorie darstellen muß. Es ist etwas Dynamisches, etwas Aktives, etwas, was auch wirklich auf Neuerungen, auf nichtschematische Meisterung von Situationen ausgeht. Dies haben wir auch in christlicher Auffassung absolut zu bejahen. Denn wenn ich von der christlichen Ethik rede, die auf das Wirtschaftsleben angewandt wird, so muß ich, wenigstens vom katholischen Standpunkt aus, von vornherein feststellen: sie ruht auf den *wesensmäßigen Zusammenhängen,* die im Wirtschaftsleben selbst sind. Die Enzyklika *Quadragesimo anno* stellt, bevor sie sagt, was das moralische Gesetz ist, fest, was das Wirtschaftsgesetz ist. *Der innere Zusammenhang zwischen dem Wirtschaftsgesetz und dem moralischen Gesetz* liegt eben für uns in der katholischen Auffassung darin, daß das moralisch Gute auch in der Wirtschaft ja nur aufruhen kann auf dem, was wirtschaftlich gut ist, d.h.

richtig und zweckmäßig ist. An diesem Grundsatz ist unter allen Umständen festzuhalten, und in diesem Grundsatz liegt meines Erachtens auch die Stärke des katholischen Standpunktes in dieser ganzen Frage. Letzten Endes sind diese Wirtschaftsgesetze die wesensmäßigen Zusammenhänge, die da bestehen zwischen den Bedürfnissen des Menschen, die ihm durch seine Natur aufgegeben sind, und der Ordnung der materiellen Dinge, die ihm für diese Bedürfnis-Befriedigung zur Verfügung stehen, wobei diese materiellen Dinge nicht nur eine quantitative Beziehung einschließen, sondern auch eine qualitative Beziehung.

Ein sehr starkes Versehen in der sog. reinen Theorie der Wirtschaft ist die Vernachlässigung des *Qualitativen* schon in den Grundkategorien der Wirtschaft. Letzten Endes ist natürlich das unternehmerische Handeln als das Handeln eines Christenmenschen gebunden an das *Gewissen,* wobei das Gewissen sich orientiert an dem, was *objektiv* wirtschaftlich richtig ist. Das unternehmerische Handeln kann von diesem letzten Motor und dieser letzten Auslösung des Entschließens nicht losgelöst werden. Wir müssen daran festhalten, daß das Gewissen ein elementarer Motor, ein ganz elementarer Ursachenvorgang im wirtschaftlichen Geschehen ist. Wir können nicht, wenn wir den christlichen Unternehmer hier in den Mittelpunkt der Betrachtung stellen, eine Weltauffassung voraussetzen, die von vornherein mit einem „Minimum von Moral" in gesellschaftlichen und wirtschaftsprogrammatischen Dingen auskommen zu können meint. Wo wir heute gerade in der Organisierung der sog. Sicherheit auf kollektive Dinge stoßen, können wir erst recht nicht von der Höhe der Moral im Volke absehen. Je mehr wir nach dieser Richtung kommen, desto mehr gilt die Frage: Wie steht es mit der objektiv moralischen Ausrichtung im Volke und wie ist diese Moral lebendig? Da spüren wir unmittelbar den *Zusammenhang des wirtschaftlichen Geschehens mit der moralischen Haltung des Menschen.* Die päpstlichen Enzykliken, die mit ihrer Gesinnungsreform dauernd drängten, wurden oft abgelehnt als etwas, was mit der Realität nichts zu tun hat: Heute spüren wir gerade auf dem Wege der kollektiven Organisierung der Sicherheit, wie real, wie wirtschaftlich bedeutsam eigentlich das moralische Verhalten und die moralisch richtige oder die objektiv richtige Orientierung im Volk ist. Ein Verband, der den katholischen Unternehmer als solchen in den Mittelpunkt stellt, kann nicht mehr tun als diesen Punkt der Moral, und zwar gerade von seinem wirtschaftlichen Gewicht her, immer und immer wieder betonen.

Unternehmersein ist Beruf

Ich komme dann zu der weiteren Erwägung: *Unternehmersein ist ein Beruf,* es ist keine bloße Funktion. Denn dies Unternehmersein ist ein

Inhalt, der einen Bildungswert für das Ganze dieses Menschen einschließt, gleichzeitig eine Bezogenheit auch auf die Gemeinschaft und ihre Bedürfnisse und drittens auch die Grundlage einer materiellen Existenz in der Gesellschaft. Diese drei Dinge gehören dazu, wenn man sagt, Unternehmersein ist ein Beruf. Man muß erstens in dem Unternehmersein die wirkliche *Erfüllung einer Persönlichkeit* sehen. Der Unternehmer muß gerade da den Weg gehen, wo er das volle Ebenbild Gottes wird, also auf diesem Weg des Unternehmerseins. Er muß zweitens auch davon durchdrungen sein, daß er dies nicht kann, wenn er nicht seine *soziale Anlage*, die jeder Mensch hat als Ebenbild Gottes, durch dieses Unternehmersein verwirklicht. Und drittens muß er in seiner Leistung auch die *Sicherung seiner materiellen Existenz* finden, die ihm überhaupt erst die Führung seines übrigen Lebens, seines privaten, religiösen, wissenschaftlichen, kulturellen Lebens ermöglicht.

Es handelt sich darum, daß das Unternehmersein ein *Beruf* ist, weil es diesen Menschen persönlich verfolgt. Dieser Mensch ist wirklich eine *Ganzheit*, mit Leib und Seele, mit all den Fähigkeiten eben, die mit seiner leibseelischen Einheit zusammenhängen. Wenn der Unternehmer durch sein Unternehmersein diese Ganzheit, diese Vervollkommnung des Menschen als Ganzes, immer wieder erstrebt, dann darf er nicht das sein, was man einen engen Spezialisten nennt, dann muß er in diesem seinem Beruf ausstrahlen lassen, was ihn erfüllt.

Es gibt Leute, die über eine solche Berufsauffassung – die natürlich nicht nur für den Unternehmer gilt, die für jeden gilt, der im menschlichen Arbeitsprozeß steht – lächeln. Und wenn Sie heute die Tendenzen sehen, die Freizeit immer mehr auszudehnen, überhaupt da keine Grenze zu sehen – besonders auch in einem etwas harmlosen Vertrauen auf unsere technische Entwicklung –, so steckt hier doch leicht die Gefahr einer *Irrlehre*, als liege das Zentrum des menschlichen Lebens in der *Freizeit* und nicht in der Arbeit, in der *Berufsarbeit*. Vom katholischen Standpunkt aus wird dieser Gedanke allzuwenig in die heutige Debatte um die Verkürzung der Arbeitszeit hineingetragen. Ohne mir ein abschließendes Urteil zu erlauben, möchte ich nur darauf hinweisen, daß in dieser Tendenz, den Inhalt des Menschenlebens in die Freizeit zu verlegen und von der Berufsarbeit weg, ein eigentlich *Unchristliches* liegt. Natürlich, dem Unternehmer von heute ist mehr Freizeit zu gönnen, mehr noch als manchen Arbeitern. Im allgemeinen wird man das wohl sagen können. Aber ein Unternehmer, der sein Unternehmertum nur noch als eine Art Stückwerk betrachtet, was seine Freizeit unangenehm oder angenehm unterbricht, verstößt gegen die natürliche Ordnung.

Der Unternehmer, in dieser seiner Ausrichtung auf die persönliche Vervollkommnung durch seinen Beruf ist natürlich ein Mann, der auf den *Erfolg* ausgeht. Dies liegt durchaus in der Natur der Sache. Das ist nicht etwas Ungeistiges, sondern der Erfolg ist schließlich in jedem menschlichen Tun, wenn es vernünftig ist, beabsichtigt, beim Unternehmer erst recht. Jenes Ungeistige läge dann vor, wenn er den Erfolg anstrebte unter Belastung seiner eigenen persönlichen Vervollkommnung, seiner moralischen Würde, seiner Qualität als Mensch, wenn nämlich dies alles zu einer ungeheuren Hast und Verhastung führte und der Mensch am Schluß nur noch ein Nervenbündel wäre. Dann wäre dieses Erfolgsmoment im Sinne des Berufsgedankens zum Verhängnis geworden. Er wird also immer wieder, indem er sein Unternehmersein auf die persönliche Vervollkommnung als Mensch, als Ebenbild Gottes bezieht, in diesem Gedanken auch ein Heilmittel suchen gegen die dauernde Versuchung zur Überhastung, zu einer Art von Arbeitsdämonie, die nicht mehr menschlich, sondern *gottferne Unruhe* ist.

Der Unternehmer soll sich an seinem Ergebnis und an dem Inhalt seiner Arbeit freuen. Die katholische Berufsauffassung ist ja nicht diejenige, die etwa den Sinn des Berufslebens nur darin sieht, daß ich mir bewußt bin, eine kalte Pflicht zu erfüllen, die der Herrgott mit auferlegt hat. Das wäre puritanisch. Die katholische Unternehmerauffassung als Berufsauffassung ist so gemeint, daß er sich freuen kann an dem Teilabschnitt der Schöpfung, dem er unternehmerisch dient. Diese Freude am Werk ist ihm zu gönnen, sie ist ihm sogar, von Gott her gesehen, durchaus zugedacht.

In der jetzigen Zeit, die sich manchmal zu sehr harten Kritiken – auch am Unternehmertum – hinreißen läßt, tut die Besinnung not, wie man diesen Kritiken am besten begegnet. Das kann nur geschehen durch die Entwicklung eines sehr hohen *Unternehmerethos.* Das zweite – was ich deshalb betonen möchte, wenn ich von dem Unternehmersein als einem Beruf ausgehe –, ist: es handelt sich hier, wie bei jedem Beruf, auch um einen *Dienst an der Gemeinschaft.* Das folgt aus der sozialen Anlage jedes Menschen. Er ist hingeordnet auf den Dienst an der Gemeinschaft, auf die Zwecke der Gemeinschaft. Beim Unternehmer ist dieses Hingeordnetsein auf die Gemeinschaft zweifellos ein Hingeordnetsein auf die Zwecke der gesellschaftlichen Wirtschaft. Das bedeutet – wenigstens nach katholischer Auffassung und nach der ihr zugeordneten Wirtschaftstheorie –, daß der Unternehmer der sozialen Anlage seines Berufes dann entspricht, wenn sein Tun dem *volkswirtschaftlichen Zweck* förderlich ist.

Sie wissen um den Streit um die reine Wirtschaftstheorie. Man hat uns eingeprägt, daß der Sozialwissenschaftler es nicht zu tun habe mit objektiven Zwecken des gesellschaftlichen Lebens, daß er nur das „reine Sein" festzustellen habe, daß dieses reine Sein vollkommen wertfrei sei und daß im Grunde genommen alle Zwecksetzung auf Subjektivität beruhe, sei es des einzelnen, sei es der Gruppe, der er angehört. Letzten Endes ist das eine philosophische Frage. Für uns, innerhalb des katholischen Weltbildes, ist zu sagen, daß wir schon sozialwissenschaftlich diese Wertfreiheit nicht anerkennen. Die Sozialwissenschaften sind in der Lage, objektive Zwecke des gesellschaftlichen Lebens festzustellen. Keine von ihnen kommt ohne Philosophie aus, weder die Jurisprudenz, noch auch die Nationalökonomie. Sie alle müssen in ihren allgemeinen Teilen Philosophie unterlegen, ob sie es nun anerkennen oder nicht.

Die Enzyklika *Quadragesimo anno* sagt ausdrücklich, die menschliche Vernunft sei in der Lage, den Zweck der gesellschaftlichen Wirtschaft zu erkennen, also die dauernde materielle Bedarfsdeckung eines Volkes als Grundlage seines übrigen kulturellen und religiösen Lebens. Danach bestimmt sich auch die soziale Richtung jedes wirtschaftlichen Tuns, danach bestimmt sich auch der Begriff der *volkswirtschaftlichen* Produktivität, der keineswegs mit der *technischen* Produktivität zusammenfällt, was bei den heutigen Rationalisierungsdebatten immerhin zu beachten ist. Der Unternehmer wird in seinen Maßnahmen dann der sozialen Anlage seines Berufes entsprechen, wenn sein Tun *volkswirtschaftlich* dienlich ist. Das ist die Norm, die ihm auch sein Gewissen auferlegt. Bleibt er innerhalb dieser Norm, handelt er auch sozial.

Ich sagte schon, diese volkswirtschaftliche Produktivität – nämlich die dauernde Erreichung des volkswirtschaftlichen objektiven Zwecks, den *Heinrich Pesch* den materiellen Volkswohlstand nennt – ist nicht ohne weiteres konform mit der sog. technischen Produktivität. Man kann nicht einfach die Probleme der Rationalisierung lösen, indem man sich nur auf die technische Produktivität zurückzieht, die privatwirtschaftlich bei dem betreffenden Unternehmer durchaus zuträglich, volkswirtschaftlich aber einen Schaden bedeuten kann. Die Pflege der technischen Produktivität wird sich immer unterordnen müssen der Pflege der volkswirtschaftlichen Produktivität. Sie können in einem Volke mit einem Überangebot an Arbeitskräften die Entwicklung der technischen Produktivität nicht so sehen, wie in einem Volke, das Mangel an Arbeitskräften leidet oder wenigstens für die Zukunft zu befürchten hat. Die Realisierung der technischen Produktivität liegt jeweils in einer anderen Richtung.

Die Entwicklung der letzten 150 Jahre stellt zweifellos in bezug auf die technische Produktivität einen großen Fortschritt dar. Aber ist dies auch unter dem Gesichtspunkt der volkswirtschaftlichen Produktivität der Fall, nämlich der wirklichen dauernden materiellen Bedürfnisdeckung des Volkes als der Grundlage seines übrigen kulturellen Lebens? Wenn etwa im Gefolge dieser technischen Produktivität eine dauernd größere Abhängigkeit des volkswirtschaftlichen Prozesses von seinen Export-Aussichten auftritt, so wird man sich fragen müssen, ob das unter dem Gesichtspunkt der *volkswirtschaftlichen* Produktivität das richtige ist. Ähnliche Bedenken treffen für die kleinen und mittleren Unternehmen zu, die von der

Entwicklung der technischen Produktivität ungünstig beeinflußt werden. Ich mache auf den reichen Inhalt dieser Begriffe aufmerksam. Dieser Inhalt ist so reich, daß manche Nationalökonomen meinen, mit diesen Begriffen sei nichts anzufangen. Das ist nicht wahr. In dem Maße, wie Sie etwa den Begriff „Gerechtigkeit" verwenden können ohne Gefahr, einem vollkommenen Subjektivismus zu erliegen, können Sie auch mit dem Begriff des materiellen Volkswohlstandes arbeiten. Daß der Unternehmer auf den volkswirtschaftlichen Zweck hin gebunden ist – objektiv –, auf diese dauernde Erreichung und Förderung des materiellen Volkswohlstandes als Grundlage des übrigen kulturellen und religiösen Lebens des Volkes: dieses macht den sozialen Inhalt seines Berufes aus.

Schließlich sichert die Unternehmerleistung dem Unternehmer und den Seinigen auch den Lebensunterhalt. Man kann, wenn man vom echten Berufsgedanken innerhalb des gesellschaftlichen Lebens spricht, nicht davon absehen, daß die Ausübung dieses Berufes in der Gesellschaft und für die Gesellschaft eben doch auch dem einzelnen das Auskommen sichert; das ist wesentlich. Das trifft auch auf den Unternehmer zu. Seine Leistung wird honoriert.

An diesem *Leistungsgedanken* müssen wir unter allen Umständen festhalten, und zwar unter volkswirtschaftlichem Gesichtspunkt, weil sonst der volkswirtschaftliche Prozeß zu Schaden käme. Wer sagen wollte, der Unternehmer bekommt mehr Geld, weil er in seinem Betrieb Autorität braucht, der griffe auf mittelalterliche Gesellschaftsvorstellungen zurück. Damals mußte der Feudalherr ein Leben der magnificentia und der liberalitas führen, andernfalls es um seine Autorität geschehen wäre. Der *hl. Thomas* hat diese Tugend der liberalitas so sehr in den Mittelpunkt gerückt: Der Mensch soll von seinem Einkommen, das er nicht zu seinem standesgemäßen Unterhalt braucht, spenden. Modern interpretiert aber heißt dies: die höheren Einkommen sollen volkswirtschaftlich richtig investieren.

Unternehmersein und Menschenführung

Wenn Unternehmersein ein echter Beruf nach allen drei Richtungen ist, so gilt auch: der Unternehmer ist ein wirklicher *Führer.* Das muß er heute mehr sein als je. Das gesellschaftliche Leben, in dem er führen muß, ist zunächst sein *Betrieb.* Die patriarchalischen Formen sind heute selten geworden, und man muß auch diesen Dingen nicht nachtrauern. Ist dieses Führertum im Betrieb etwa zu verstehen im demokratischen Sinne? Ich glaube nicht. Denn Sie können den Betrieb nicht aufziehen wie eine Gemeinde, wie einen Staat, der demokratisch organisiert ist. Beim Betriebsverfassungsgesetz hat mir das Wort „Verfassung" immer Schwierigkeiten gemacht. Schließlich hat eine Gemeinde oder ein Staat eine Verfassung, weil es sich hier unmittelbar um das öffentliche Wohl handelt. Aber Sie wollen doch hoffentlich nicht zugeben, daß der Betrieb von sich aus unmittelbar eine Angelegenheit des öffentlichen Wohles ist. Sie wollen doch hoffentlich noch daran festhalten, daß der Betrieb eine Angelegenheit des Privatwohls ist, unmittelbar. Wir haben uns gewehrt gegen das Mitbestimmungsgesetz bei Kohle und Eisen. Warum? Weil wir hier die Möglichkeit einer demokratischen Überstimmung des Unternehmers haben, und man kann auch in dem Betriebsverfassungsgesetz die Stellung des Unternehmers nicht einfach in eine demokratische Gleichheit zahlenmäßiger Art auflösen. Das ist unmöglich.

Selbstverständlich würde ich das Führertum nicht *machtmäßig* begründen, insofern der Mann vielleicht Privateigentümer der Produktionsmittel oder wenigstens von den Privateigentümern delegiert ist. Das Eigentum ist nur dann gesellschaftsordnend, wenn es nicht als Individualisierung der Macht gesehen wird, sondern wenn der einzelne Eigentümer sein Eigentum in entsprechender Weise verwendet und einsetzt. Nur so kann sein Führertum vom Eigentum her begründet sein. Man hat dieses Führertum in der Hitlerzeit, das wissen Sie, durch Gesetz gemacht, im Sinne des Gesetzes zur Ordnung der nationalen Arbeit. Darüber ist kein Wort zu verlieren. Wir können von einem christlichen Standpunkt aus, der das Wirtschaftsleben als einen Vorgang unter der Vorsehung Gottes betrachtet, das Führertum des Unternehmers nur *menschlich* begründen. Er muß davon überzeugt sein, daß die göttliche Vorsehung die Menschen um ihn zusammengebracht hat, damit alle so oder so ihre Lebensaufgabe vor Gott erfüllen. Nur indem er so seinen Betrieb sieht, wird er auch sein Führertum innerlich begründen und nicht nur in rein äußerlichen Möglichkeiten. Er muß seine sittliche Persönlichkeit den anderen vorleben; er muß Wissen haben, allgemeines Wissen, Fachwissen; er muß dem anderen vorangehen durch eine klare Willenskraft und Entscheidungsbereitschaft, die auch vor dem Risiko nicht zurückschreckt, und wo die anderen darum wissen und ihm das danken. Dann ist er Führer. Diese menschlichen Dinge muß er unter allen Umständen in sein Führertum hineinbringen. Und er wird in dem Betrieb die Eigenschaften anderer, die in ihrer Weise führen, Verantwortung übernehmen wollen, zu entwickeln suchen. Er wird immer darauf ausgehen, in der Gestaltung des Produktionsprozesses, in der Einteilung des Arbeitsprozesses, Möglichkeiten zu schaffen, wo auch die anderen etwas von ihrem Führertum entwickeln können.

Ich sehe dies alles, was in den Betrieben vor sich geht, in bezug auf die menschlichen Beziehungen des Führens und Folgens, des gegenseitigen Auskommens, untergeordnet unter den Sachzweck der Produktion. Dies ist mit der Natur des Betriebs gefordert. Ein Betrieb ist nicht dafür da, Gesinnungen zu pflegen, Vorträge zu halten, die Kirche zu ersetzen, Seelsorge zu treiben. Man sollte sich sehr nüchtern darauf besinnen, daß ein Betrieb dafür da ist, diese oder jene Werkfertigung dauernd bereitzustellen, diese oder jene Leistung dauernd zu verwirklichen. Menschliche Beziehungen gehen insofern unmittelbar den Betrieb an, als sie für die *Werkfertigung* wichtig sind. Alles andere kommt an den Betrieb von außen heran, ob die Menschen etwa kirchlich sind oder nicht kirchlich, musikalisch sind oder nicht musikalisch, geistig interessiert oder nicht. Das ist zwar auch von Bedeutung für das Zusammenleben im Betrieb, aber doch nur auf einer allgemeinen Ebene. Diese Beziehungen werden nicht unmittelbar vom Sachzweck des Betriebes gestiftet. Soweit diese Art der Beziehungen anderswo gepflegt werden können und dann auch Menschen des Betriebes näher verbinden, ist dies Sache dieser Menschen. Der Betrieb als solcher hat nichts zu veranstalten, allerdings – Friede und Ordnung vorausgesetzt – auch nichts zu verhindern. Sonst gerät man in einen Betriebstotalitarismus hinein.

Neulich berichtete mir ein Unternehmer, er habe in seiner Arbeiter- und Angestelltenschaft eine humanistische Gruppe, ferner eine christliche und eine liberale Gruppe. Nun habe er es fertiggebracht, daß sie alle einen Vortrag über die Urzeugung zusammen angehört hätten. Ich habe geantwortet: Selbstverständlich ist das etwas Positives, daß diese Menschen, die sich sonst bekämpfen, nun durch den Betrieb dazu gekommen sind, nebeneinander zu sitzen und einen Vortrag anzuhören. Aber man wird sich doch fragen müssen, ob dies die Aufgabe eines Betriebes ist und ob dasselbe Ergebnis nicht auch anders erreicht werden kann. Ich glaube, daß man in dieser Richtung heute vor gewissen Übertreibungen steht und den Betrieb überfordert. Ich bin der Auffassung, daß z. B. in den Betriebsmännerwerken die Menschen, die katholisch sind und leben, darauf ausgehen, jene persönlichen Beziehungen, die innerhalb des Betriebes vom Sachzweck herkommen, unter katholischen Gesichtspunkten zu fördern und zu erneuern. Man hat jedoch keineswegs die Absicht, etwa hier Seelsorge im eigentlichen Sinne zu treiben. Das gehört wo anders hin.

Am Schluß möchte ich noch einen Gedanken bringen, der heute zweifellos naheliegt. Infolge der Entwicklung unserer Technik sind wir in großer Gefahr, den technischen Prozeß als *Schicksal* anzusehen, das über uns kommt. Ich glaube, daß diese Auffassung von der Technik als einem Schicksal nicht wahr und vor allem auch nicht christlich ist. Wahr ist sie nicht, weil sie weitgehend genährt wird von Einflüssen der Philosophie des Existentialismus in unserem Denken. Man hält nicht mehr daran fest, daß es eben doch die Person ist, die im Mittelpunkt steht, und daß ihr die ganze Sachwelt gegenübersteht als etwas, das von ihr zu meistern ist. Diese Position einer wahren Philosophie und mit ihr auch die noch tiefergreifende christliche Auffassung gibt man unter dem Eindruck existentialistischer Gedankengänge auf. Wenn der Unternehmer nicht bloß

Vollzieher von technischem Fatum sein will, sondern auch noch einer, der wirtschaftlich die Realität gestaltet, dann muß er sich bewußt sein, daß er an der Meisterung des Menschen über die Sachwelt teil hat und den technischen Prozeß samt den sich selbst steuernden „denkenden" Maschinen letzten Endes unter den volkswirtschaftlichen Zweck zu bringen hat. Das Fatum würde bedeuten, daß die Gesellschaft sich in Nummern auflöst, wo die einzelnen nur noch summiert existieren, aber nicht mehr in ihrer personalen Würde. Gerade in bezug auf den technischen Prozeß und seine Unterordnung unter die volkswirtschaftliche Aufgabe scheint mir heute der Hauptberuf des Unternehmers zu liegen, wenn er wirklich sich bewähren will als einer, der der Wirtschaft als menschlichem Geschehen angehört und nicht einer Apparatur von Menschen in der Welt der Maschinen. Das würde bedeuten, daß er wirklich eine wirtschaftliche Aufgabe hat, die ihm niemand abnimmt. Er ist berufen, und er vor allem, in der heutigen Welt der Technisierung durch die Unternehmerleistung zu beweisen, daß der Mensch es ist, der im Mittelpunkt der Dinge steht.

26.

Volkswirtschaft und internationales Gemeinwohl

In: Bekenntnis zu Europa, hrsg. von *Fritz Burgbacher*, Herderbücherei Bd. 158, Freiburg-Basel-Wien 1963, S. 211–218. (Band II, S. 449–456).

(...) Gibt es, von der gesellschaftlichen Wirtschaft her gesehen, so etwas wie „internationales Gemeinwohl", ein „wirtschaftliches Gemeinwohl auf Weltebene"? Und, wenn ja, wie verhält sich ein solcher Einheits- und Ordnungsbegriff zu dem Begriff „*Volks*wirtschaft", dem man bisher, mehr oder weniger allgemein, die Bedeutung eines Einheits- und Ordnungsbegriffs gab?

Verhältnis von Volkswirtschaft und Weltwirtschaft

Wir beginnen mit der zweiten Frage, weil die Erörterung der Einheit der „Volkswirtschaft" uns erlaubt, leichter die erste Frage anzugehen. Dies entspricht auch der tatsächlichen Lage der bisherigen theoretischen Überlegungen zum Begriff der „Weltwirtschaft". Ganz deutlich nämlich gehen die Autoren von einer ihnen eigenen Einheitsvorstellung der „Volkswirtschaft" aus, um diese Vorstellung dann in dem, was sie als „Weltwirtschaft" erkennen, wiederzufinden oder auch nicht wiederzufinden. Und, wenn sie die Einheitsvorstellung nicht wiederfinden, kann dies zwei

Gründe haben. Entweder nämlich konstatieren sie einen *wesentlichen* Unterschied von „Volkswirtschaft“ und „Weltwirtschaft“, oder sie beziehen einen rein historischen Standpunkt und sagen: es handelt sich um eine Verflechtungsentwicklung in Weltweite, die aber *einstweilen* bei den auf verschiedener Entwicklungsstufe stehenden Volkswirtschaften oder Nationalökonomien aufgehalten ist; oder aber sie meinen – ebenfalls in rein historischer Sicht –, daß zunehmende marktwirtschaftliche Verflechtung in Weltweite und Entstehung neuer politisch-staatlich umfaßter, gesellschaftlicher Wirtschaftseinheiten, also neuer „Volkswirtschaften“, neuer Einheitsräume gesellschaftlicher Wirtschaft in der Welt, wenigstens in der neueren und neuesten Geschichte, dauernd sich ablösen.

Um Klarheit zu gewinnen, wird man zunächst fragen müssen, worin die Einheit der Volkswirtschaft liege. Wer das „Soziale“, das Gesellschaftliche im Geschehen der Wirtschaft lediglich im „Ineinandergreifen der Einzelwirtschaften“ sieht, wird jeglichen *wesentlichen* Unterschied von Volkswirtschaft und Weltwirtschaft leugnen müssen. Rechtlich liegen Vertragsbeziehungen unter den einzelnen vor und wirtschaftlich ein unterm Rationalprinzip in freier Konkurrenz dauernd erfolgender Prozeß der Kostenminimisierung, der gerade deshalb auf möglichste Weltweite hingewiesen ist.

Die Vertreter dieser Auffassung sind daher der Ansicht, daß nur das Heranziehen eines der Wirtschaftstheorie als Theorie völlig fremden *Wert*-gesichtspunkts bewirken könne, daß man der „Volkswirtschaft“ eine besondere Einheit zuschreibt, zu der man dann das Weltwirtschaftliche in Beziehung setzt. Oder umgekehrt, daß man der Weltwirtschaft eine eigene Einheit zuschreibt, zu der man dann das Volkswirtschaftliche in Beziehung setzt.

Aber man wird wohl einwenden können, daß gerade beim Problem Volkswirtschaft-Weltwirtschaft sich zeigt, daß die „wertfreie“ Theorie von der gesellschaftlichen Wirtschaft als einer nach dem Rationalprinzip sich vollziehenden „Logik menschlichen Handelns“ sich als ungenügend herausstellt. Als ungenügend stellt sich heraus, daß man das mit der gesellschaftlichen Wirtschaft untrennbar verknüpfte *soziologische* Moment übersieht, vor allem die eigenartige Verbundenheit *bestimmter* Menschen in *bestimmtem* Raum, eine Verbundenheit, die sich nicht mit dem dauernden, formalen „Ineinandergreifen von Einzelwirtschaften“ deckt.

Dies stellt sich schon an Hand der neueren geschichtlichen Erfahrung heraus. Als England zum Freihandelsprinzip im vorigen Jahrhundert überging und die anderen europäischen Völker dafür zu gewinnen sich anschickte, schien die gesellschaftliche Wirtschaft der Menschheit – von allen nationalen Diskriminierungen gelöst – nur noch dem formalen und rationalen Prinzip von den komparativen Kosten und einer von allen anderen Rücksichten gelösten „internationalen Arbeitsteilung" zu folgen. Was aber bei dem damals ausgelösten Expansionsdrang herauskam, war zunächst, wie man sich ausdrückte, „*englische* Weltwirtschaft".

Es war also eine sehr *soziologisch* bestimmte Einheit von „Volkswirtschaft" herausgekommen, zu der „Weltwirtschaftliches" hingeordnet war. Man hat diese Hinordnung gesellschaftlich-wirtschaftlichen Geschehens wiederum nur *soziologisch* festlegen können und das Ganze als *Imperium* bezeichnet.

Man weiß, daß dieselbe Entwicklung auch anderswo in Europa und bei den Vereinigten Staaten von Nord-Amerika vor sich ging. Es kam jeweils zu starker, nur soziologisch begründeter Einheit von Volkswirtschaft und zur jeweiligen Hinordnung von „Weltwirtschaftlichem" auf sie; es kam also zu imperialistischen Entwicklungen, ja, man konnte schließlich von „neuem Merkantilismus" sprechen hören.

Man muß also an Hand der Geschichte die Anwendung der rein formal-rationalen, wertfreien Theorie auf das Problem Volkswirtschaft/Weltwirtschaft als unrealistisch bezeichnen. Die Eigenart der Einheit von Volkswirtschaft setzt sich immer wieder durch. Aber gleichzeitig hat sich die imperialistische Zuordnung von „Weltwirtschaftlichem" heute ebenfalls als unrealistisch erwiesen. Die ehemaligen Kolonialformen des „Weltwirtschaftlichen" und auch – nach dem ersten Weltkrieg – ihre Milderungen im „Mandatssystem" konnten die „Volkswirtschaften", die das imperialistische Gewand angelegt hatten, nicht durchhalten. Das „Weltwirtschaftliche" der gesellschaftlichen Wirtschaft sucht ebenfalls nach neuen Formen.

Wie wir aber diese neuen Entwicklungen auch betrachten, es scheint uns, daß die Eigenart der Einheit von *Volks*wirtschaft immer bestimmend sein wird. Dieses Sichbehaupten der eigenartigen Einheit „Volkswirtschaft" ist um so merkwürdiger, je mehr bei den eben erwähnten Entwicklungen der gesellschaftlichen Wirtschaft Elemente sich ausprägen, die an sich das rein formal aufgefaßte dauernde Ineinandergreifen der Einzelwirtschaften in weltweite Abhängigkeit gewissermaßen stoßen und einen Zustand herbeiführen, wo alle sich gegenseitig brauchen. Ein solches Element ist z.B. ein sich erweiterndes Preisnetz, das immer mehr alle Marktbewegungen in der Welt einfängt, etwa eine äußerst empfindliche, interkontinentale Beziehung zwischen Rohstoffpreisen und Endproduktpreisen einschließt. Ferner bilden sich gewisse feste Produktions- und Konsumgewohnheiten, die ohne weltwirtschaftliche Beziehungen nicht bestehen können und eine Arbeitsteilung auf Weltebene wie einen relativ festen Zustand hervorrufen. Und rechtlich ist der Vertrag, die kontraktuelle Beziehung des Willens von einzelnen oder auch von beliebigen Gruppen ein so einfaches und universal handliches Instrument, daß es genügt, den Beziehungen der Einzelwirtschaften in Weltweite einen rechtlichen Gesamtrahmen zu geben.

Trotzdem entsteht keine Weltwirtschaft als Einheit, die sich als solche gegenüber der Einheit der jeweiligen Volkswirtschaften durchsetzt, geschweige denn sie allmählich auflöst.

Wir haben zwar eine Zunahme von internationalen Institutionen auf dem Gebiete der Wirtschaft. Sie erstreben auch eine Regelung der wirtschaftlichen Beziehungen auf mehr oder weniger umfassender Weltweite. Trotzdem erstreben sie nicht eine Einheit der Einzelwirtschaften auf Weltebene unmittelbar. Auch diese Institutionen – und dies ist bemerkenswert – erfassen die Einzelwirtschaften und ihr etwaiges Ineinandergreifen auf Weltebene nur, indem sie diese Einzelwirtschaften als Glieder einer jeweiligen Volkswirtschaft in den Blick nehmen und dementsprechend internationale Regelungen des wirtschaftlichen Verkehrs ins Auge fassen. Diese Institutionen repräsentieren also keineswegs die Weltwirtschaft als unmittelbare Einheit von Einzelwirtschaften auf Weltebene.

Man muß sogar darüber hinaus feststellen, daß die Eigenart der gegenwärtigen gesellschaftlichen Wirtschaft Entwicklungen auslöst, die die Einheit der Volkswirtschaft noch ausgeprägter hervortreten lassen. Wo die Dynamik der „Industriellen Gesellschaft" den gesellschaftlichen Wirtschaftsprozeß bestimmt, wo also Vollbeschäftigung, dauernde Steigerung der Produktivität und Preis- und Währungsstabilität im Vordergrund des Interesses stehen, sind solche Probleme vorerst notwendigerweise in den *volks*wirtschaftlichen Rahmen gestellt. Und auch da, wo man zu ihrer Bewältigung an internationale Regelungen denkt, meint man Vereinbarungen, die die Einheit der einzelnen Volkswirtschaften voraussetzen.

Mehr konkret ist also zu sagen, daß die heute fast überall vorhandene Steigerung der Intensität wirtschaftspolitischer Bemühungen, ferner moderne, besonders finanzpolitische Wege der Konjunkturpolitik, schließlich auch die vielfach angewandten Systeme „Sozialer Sicherheit" mehr denn je dem gesellschaftlich wirtschaftenden Menschen bewußt machen, daß er im Rahmen einer *Volks*wirtschaft als ihn umfassender Einheit handelt, sei es innerhalb der Grenzen, sei es über sie hinaus. Dieser Eindruck verstärkt sich, wenn wir an die gegenwärtigen Probleme der Entwicklungshilfe denken.

Die Entwicklungshilfe heischen, sind ja nicht unmittelbar die einzelnen Wirtschaften in den betreffenden Ländern, sondern sind meist die jeweiligen Regierungen. Diese aber tun es nicht unmittelbar im Namen eines dauernd ineinandergreifenden Verkehrs von Einzelwirtschaften, erst recht nicht im Gedanken an die Weite des weltwirtschaftlichen Verkehrs, sondern sie tun es für eine ihnen vorschwebende Einheit der Volkswirtschaft, die mit der neuen Staatlichkeit verbunden sein soll. Sie tun dies notwendigerweise, weil ja schon bisher die wirtschaftliche Einheit des betreffenden

Landes meist durch das politische Faktum des Kolonialstatus gegeben war. Für diese Regierungen handelt es sich darum, daß sie ein gesamtes Ordnungsbild der gesellschaftlichen Wirtschaft ihres Landes haben und ihr dadurch jene Einheit zuerkennen, die vorher von außen, nämlich durch den Kolonialherrn bestimmt war.

Dieselbe volkswirtschaftliche Vorstellung beherrscht aber auch die Entwicklungshilfe gebenden Länder. Auch sie unterstellen ihre Maßnahmen einem Programm, das sowohl die volkswirtschaftliche Einheit im empfangenden Lande, wie auch im gebenden Lande einschließt und voraussetzt. Denn wie sehr auch die Entwicklungshilfe vielfach auf der Initiative und den Beziehungen von Einzelwirtschaften aufruht, so handeln sie doch immer aus der Einordnung heraus, die ein volkswirtschaftlicher Zusammenhang diktiert. Auch da, wo die Entwicklungshilfe seitens der Gebenden eine internationale einheitliche Regelung erfährt, sind es doch immer wieder die einzelnen Volkswirtschaften, die solchen Zusammenschluß zur Betätigung der Entwicklungshilfe bilden. Abschließend ist also festzustellen, daß die neueren Entwicklungen in der gesellschaftlichen Wirtschaft zwar gesteigerte weltwirtschaftliche Aspekte darbieten, daß aber von einem Zurücktreten der Bedeutung der Volkswirtschaft als Einheit keine Rede sein kann. Im Gegenteil: Wir stellen aus vielen Gründen eine tatsächliche Steigerung der Bedeutung volkswirtschaftlicher Einheit fest.

Der Einheitsgrund der Volkswirtschaft

Die Konstanz, mit der sich die Einheit „Volkswirtschaft" behauptet, läßt einen tieferen Grund hinter dem tatsächlichen Geschehen vermuten. Die bekannten, mehrfach aufgestellten Theorien über die Stufen der wirtschaftlichen Entwicklung enthalten zwar jeweils Interessantes und Zutreffendes, vermögen aber den gesuchten tieferen Grund nicht anzugeben. Auch die schon erwähnte Vorstellung genügt nicht, wonach es eine ständige Abwechslung gäbe zwischen zunehmender marktwirtschaftlicher Verflechtung in der Welt und der Entstehung neuer politisch-staatlich umfaßter gesellschaftlicher Wirtschaftseinheiten, also neuer „Volkswirtschaften".

Vielmehr ist mit dem Gedanken der gesellschaftlichen Einbettung des menschlichen Wirtschaftens Ernst zu machen. Das bloße dauernde „Ineinandergreifen von Einzelwirtschaften" genügt diesem Gedanken nicht, auch, wenn man den rechtlichen Rahmen des Vertrags in die Betrachtung der gesellschaftlichen Wirtschaft hineinnimmt. Gesellschaftliche Wirtschaft als Gegebenheit menschlichen Kulturlebens ist immer die Wirtschaft eines *staatlich (politisch) geeinten Volkes.* Dies gilt auch da, wo Staatlichkeit nur in ihren ersten Elementen vorhanden und ihr einender

Einfluß auf das gesellschaftliche Wirtschaftsgeschehen gering ist. Dieser einende Einfluß ist aber immer da und sicher dort naturgemäß am größten, wo wir eine hochentwickelte Verkehrswirtschaft haben. Daß gesellschaftliche Wirtschaft immer im Rahmen eines soziologisch, rechtlich eigenartigen *Verbandes* sich vollzieht, eben des Staates, macht die Eigenart des Begriffs „Volkswirtschaft“ aus und macht diesen Begriff zu einem zentralen, einheitlichen Ordnungsbegriff.

Folgerichtig muß man die Einheit „Volkswirtschaft“ wegen der Einbettung des gesellschaftlichen Wirtschaftsgeschehens in die Staatlichkeit als höchste organische Einheit gesellschaftlicher Wirtschaft betrachten. Diese Einheit beruht auf einem Rechtsprinzip, das die Rechtsbeziehung individueller vertraglicher Art umschließt und sie einem *Sozial*prinzip unterstellt, dem vom Staat auch in der Wirtschaft zu wahrenden *Gemeinwohl*. Was aber ist dieses? Wenn „Wirtschaften“ die menschliche Kulturfunktion der Unterhaltsfürsorge ist, so ist auch in der Wirtschaft die grundsätzliche Freiheit und Gleichheit aller, die um die Verwirklichung der Menschtumswerte, auch der Wirtschaft, kreisen, sicherzustellen. Auf der anderen Seite ist der naturhaft gegebenen Verschiedenheit der Menschen und ihrer Lebensbedingungen Rechnung zu tragen. Um beiden Anforderungen zu genügen, ist eine äußere Ordnung erforderlich, deren Wahrung dem Staat dauernd obliegt und deren Betreuung eben die Verwirklichung des Gemeinwohls bedeutet. So betrachtet, stellt sich die Volkswirtschaft als die Wirtschaft eines im Staat verbundenen Volkes, als ein Ordnungsbegriff und als ein Ordnungsgeschehen von höchster Wichtigkeit dar. Dauernd muß der Staat kraft dieser seiner Ordnungsaufgabe die äußeren Bedingungen sichern und immer wieder herbeiführen, durch die die einzelnen Wirtschaftenden, die Bürger des Staates, ihr Wirtschaftsziel, die Kulturfunktion der Unterhaltsfürsorge, erreichen können.

Diese Zusammenhänge machen klar, warum in den päpstlichen Enzykliken bei der Erörterung von Wirtschaftsfragen immer wieder auf die Gemeinwohlfunktion des Staates zurückgegriffen wird. Es wird aber auch klar, daß diese Gemeinwohlfunktion des Staates weder das Gewissen des kraft seiner gesellschaftlichen Natur in der gesellschaftlichen Wirtschaft handelnden Menschen ersetzen kann und soll. Ebenso wird auch klar, daß jene Gemeinwohlfunktion des Staates in der Wirtschaft keinen Dirigismus bedeuten kann, der die Freiheit der einzelnen zum Handeln und Sichzusammenschließen aufhebt. Ebenso wird auch klar, daß die Volkswirtschaft als die Wirtschaft eines im Staat verbundenen und einem bestimmten Gebiet zugeordneten Volkes die räumlichen und beruflichen naturgemäß gegebenen Differenzierungen und wirtschaftlichen Möglichkeiten berücksichtigen muß.

Wenn also in dieser Auffassung die Wirtschaft eines im Staat verbundenen Volkes, also die Volkswirtschaft, die höchste organische Einheit gesellschaftlicher Wirtschaft ist und bleibt und wenn der Begriff des Gemeinwohls in erster und ursprünglicher Weise sich auf diese Einheit bezieht, erhebt sich die Frage, was denn vom „internationalen Gemeinwohl“, von dem wirtschaftlichen Gemeinwohl auf Weltebene zu halten ist. Zweifellos kann ein solcher Begriff nicht einfach dadurch in seiner Berechtigung geklärt werden, daß man auf die zunehmende marktwirtschaftliche Verflechtung in der Welt verweist oder auf das zunehmende, auch wirtschaftliche Zusammenrücken der Völker. Gerade der Blick auf die drängende Frage des Verhältnisses der mehr entwickelten Völker zu den weniger entwickelten Völkern zeigt, daß auch hier ein Prinzip gesucht werden muß. Wir finden es darin, daß jene sog. unentwickelten Völker zu einer eigenen Staatlichkeit gekommen sind. Das Recht zu ihr kann ihnen, wenigstens grundsätzlich, nicht von den anderen abgesprochen werden, nachdem die Entwicklung nun einmal auf diesen Punkt gekommen ist. Damit ist aber auch gegeben, daß ihnen das Recht, eine eigene Volkswirtschaft zu entwickeln, nicht abgesprochen werden kann. Die anderen Völker haben also die Verpflichtung, bei der Entwicklung ihres eigenen wirtschaftlichen Gemeinwohls auf die Ermöglichung der Verwirklichung des wirtschaftlichen Gemeinwohls bei den zu eigener Staatlichkeit gekommenen Völkern Rücksicht zu nehmen. Umgekehrt haben diese Völker die Verpflichtung, bei der Inanspruchnahme der Entwicklungshilfe das Gemeinwohl der anderen Volkswirtschaften anzuerkennen. In dieser wechselseitigen Richtigkeit, in dieser „Gerechtigkeit“ der gegenseitigen Beziehungen liegt die Wahrung des „internationalen Gemeinwohls“, liegt die Wahrung des Gemeinwohls auf Weltebene.

Wer den Zusammenhang so sieht, erkennt klar, daß das internationale Gemeinwohl aufruht auf dem Gemeinwohl der einzelnen Volkswirtschaften, der einzelnen in Staatlichkeit verbundenen Völker, auch in der gesellschaftlichen Wirtschaft. Wenn man von einem Hineinwachsen der einzelnen Völker in die Weltwirtschaft mit Recht spricht, so kann dies doch nie bedeuten, daß die Einheit der Volkswirtschaft von einer angeblich übergeordneten Einheit der Weltwirtschaft aufgesaugt wird. Vielmehr ist es so: Die Volkswirtschaft als die Wirtschaft eines in Staatlichkeit verbundenen Volkes bleibt die höchste organische Einheit gesellschaftlicher Wirtschaft. Die Weltwirtschaft stellt sich dar als eine *Verkehrs*beziehung zwischen ihnen, deren Blüte an die Blüte der einzelnen Volkswirtschaften geknüpft ist und bleibt.

Wer den Weg zu diesem Ergebnis überdenkt, wird ein Mißverstehen volkswirtschaftlicher Einheit vermeiden, das leicht zu autarkistischer oder nationalegoistischer Deutung jener Einheit führen könnte. Zur näheren Klärung kann man vielleicht eine Analogie zur Ordnungsfunktion des Privateigentums als gesellschaftlicher Einrichtung der Menschheit heranführen. *Pius XI.* hat in seiner Sozialenzyklika *Quadragesimo anno* den Satz, daß auch nach der (naturrechtlichen) Unterstellung der Erdengüter unter das Privateigentum diese nicht aufhören, dem Nutzen *aller* zu dienen. Gemeint ist, daß dieses Dienen gerade durch jene Unterstellung am besten gefördert werde und gefördert werden solle.

In analoger Weise ist zu sagen: auch nach der (naturrechtlichen) Einbettung gesellschaftlichen Wirtschaftens in der Staatlichkeit hört jenes Wirtschaften nicht auf, der gesamten Menschheit zu dienen. Gemeint ist wiederum, daß dieses Dienen gerade durch jene Einbettung am besten gefördert werde und gefördert werden solle. Gesunde, zu harmonischer Gestaltung fähige und immer wieder geordnete Volkswirtschaften sind eben der beste Garant weltwirtschaftlichen Verkehrs, besonders des Austauschs von Menschen und Gütern. Nur unter dieser Bedingung ist das weltweite Sichbrauchen unter den Einzelwirtschaften wirklich ein Ordnungszustand der Menschheit. Die bloße Dichtigkeit der Außenhandelsbeziehungen bedeutet einen solchen Zustand ohne weiteres noch nicht, denn es kann sich unter diesem Tatbestand auch ein sehr einseitiges Sichbrauchen verbergen.

Wer die gebrachten Gedankengänge auf die Einheitsvorstellung anwendet, die mit der EWG gegeben sind, wird unschwer finden, daß wir diesen ganzen Prozeß als einen Prozeß zum Werden einer neuen Volkswirtschaft betrachten müssen. Dieses Werden ist mithin ohne eine irgendwie beschaffene politische Einheit, in die das wirtschaftliche Geschehen eingebettet ist, nicht vorstellbar und nicht abgeschlossen.